IN THE STRUGGLE

Chronicles and Columns
1996-2015

by

Randy Jurado Ertll

Contents

FOREWORD

What is quite remarkable about this book is that the issues it addresses beginning in the 1990s—immigration, violence, ethnic conflict, environmental degradation, underfunded education, community and political organizing, as well as cultural identity and political invisibility—are problems that continue to tear at the fabric of many communities and countries today. The author, Randy Jurado Ertll, experienced first-hand all of these. The son of a Salvadoran mother he was 8 months old when his Mother was deported. Randy and his mother returned to the United States when he was 5 years old and settled in South Central Los Angeles where violence and gangs had invaded the schools and poverty and environmental degradation abounded. His mother obtained permanent residency through her U.S. born son. She eventually became a U.S. citizen. To escape the author buried himself in reading and writing, going into the fourth grade, he had slowly learned to read and write in English since he was of the bilingual public education programs within Los Angeles Unified School District (LAUSD). He first learned how to read and write in Spanish.

In junior high he heard about a program, A Better Chance (ABC) that provided scholarships for inner city children to attend elite schools. Initially not admitted into the program, Randy pleaded his case with ABC officials and was accepted by a high school in Rochester, Minnesota. There his housemates were predominantly African Americans and Randy had to overcome the attitudes that he had absorbed in South Central towards "the other." He was also one of the few Latino students attending John Marshall High School in Rochester, Minnesota. In 1991 he enrolled in Occidental College where he majored in politics and graduated with distinction. Thereafter he worked in the environmental movement with special emphasis on poor and immigrant communities, taught, and moved to Washington D.C. to serve as a communications director and legislative assistant to Representative Hilda L. Solis (D-El Monte). It is not surprising, as a consequence, that his books and newspaper columns tend to focus on the issues he grew up with.

Principal among them are challenges faced by immigrants, both documented and undocumented, mired in poverty and lack of access to safe neighborhoods and first-rate schools. The increased flow in 2013-14 of Central American migrants, including unaccompanied children, once again focused attention in the US on the many unresolved issues related to immigration at the federal, state, and local levels. The push factors for Central Americans migrants of all ages from the 1970s to the present are similar including increased violence in their home countries, particularly that perpetuated by criminal cartels and gangs, as well as a desire for greater economic security. From 2000 to 2010 the Latino community in the US grew 43%. In 2014 24.8 million Latinos were eligible to vote making them an increasingly influential political actor. Organizing and mobilizing recent migrants to register and vote has been difficult, although the failure to achieve immigration reform, as well as improve access to government services, has stimulated some community and political organizing, a process in which Randy has participated and used his access to the media to promote.

Related to the insertion of new arrivals into poor neighborhoods in Los Angeles, Washington, Chicago, New York, and other major cities has been an increase in ethnic tensions that, at times, led to the organization of Latino gangs to compete with and defend against existing gangs. Salvadoran children who grew up in LA in the 1970s-90s frequently encountered, as did Randy, gang violence not only in the streets but also in schools. He attended public schools that had some of the highest rates of gangs and violence – within and outside of the schools. Shootings in the schools and outside of the schools was common. By the 1980s the Latino gangs Mara Salvatrucha-13 and Calle 18 had consolidated in such communities as Pico Union, Westlake, and Hollywood and would eventually emerge in Central America with the increase in deportations after the 1992 Los Angeles riots. Today there are an estimated 25,000 gang members in El Salvador who account for approximately a third of the homicides currently afflicting the country. In June 2015 the New York Times reported that 677 people had been murdered during that month. Approximately 300 gang members have been killed by the Salvadoran police in the first half of 2015. Thousand of innocent civilians have also been tortured and murdered. This violence has given rise to a sense of chaos similar to that of the 1980s during the civil war and has once again encouraged migration abroad. High levels of violence in Honduras and Guatemala has led to similar outflows to Mexico and the US. In a July 16, 2015 column in the *Pasadena Weekly* Randy faulted both the Salvadoran and US governments for not responding more effectively to gang violence and assisting the communities most afflicted by it. He had previously argued for more community policing as a result of his experiences in Pasadena and Los Angeles. Of note is the fact that in Honduras, which currently has one of the world's highest annual homicide rate, the government and civil society organizations have recently agreed to cooperate in devising strategies to reduce both criminal and police violence, reflecting policies that have been adopted not only in Los Angeles, but also in Europe and the rest of Latin America. Critical to the success of such efforts is the increasing involvement of migrant and multi-ethnic communities in exercising political pressure on local, state and national representatives a point that Randy has repeatedly emphasized.

Beginning in the 1990s he was calling for the Salvadorans in the US to avail themselves of civic education and leadership training as he had in order to more effectively pressure public officials. Only in this fashion, he argued, would their basic rights as citizens, as well as the rights of the undocumented, be secured. In addition, he posited that success lay in building multiethnic coalitions to ensure a full measure of influence on candidates and office holders. Such alliances, he felt, would also help reduce tensions among ethnic groups traditionally at odds, particularly in communities with limited resources. Broad based coalitions, he insisted, were the best hope to improve public services particularly in poor neighborhoods. Such coalitions could, Randy argued, extract more cooperation between school districts, the police and fire departments, the private sector and community based organizations. He urged special attention to education and youth leadership programs. Without such mobilization, Randy felt that the invisibility he and other Latinos felt not only politically, but also culturally, could not be effectively diminished.

A priority of the author's has been combatting environmental degradation in poor neighborhoods. His many articles on the topic repeatedly point out the need to reduce the gap between the environmental movement and the Latino community in order to strengthen laws and policies to protect communities particularly those near contaminated sites. He cites the estimate that 60% of the Latino population in LA County lives near toxic dumps. Moreover, he has pointed out that 16 schools in South Central LA are near industrial areas that spew contaminants. The strategy he recommends from his own experience is for more civic education and organization to generate stronger pressures on public officials to adopt effective policies. He, himself, has worked for years in environmental organizations focused on organizing Latin communities.

When Randy Ertll was a student of mine at Occidental College in the early 1990s, he stood out in terms of the incisiveness of his questions and comments in class discussions. In addition, he wrote remarkably well in English especially since he didn't learn the language until he was in fourth grade. Today his books and columns in English and Spanish reflect a remarkable felicity of language and of analysis. He has integrated his experiences in El Salvador, South Central Los Angeles, Minnesota, Washington D.C., and in a variety of diverse communities in an effort to promote the common good. Much attention has been paid in the media to young Salvadorans who have fallen prey to gang violence both as perpetrators and victims. More attention needs to be paid to the strategies of those like Randy Ertll who have used their experiences to improve the lives of those who suffer poverty, deprivation, discrimination, and violence. He is but one of the many Latinos who teach, heal, provide jobs, and lead their communities. It is time to focus more attention on them and their recommendations.

Dr. Margaret E. Crahan
Senior Research Scholar
Institute of Latin American Studies
Columbia University

La Opinion newspaper – English language version
Sleeping Giant:Latinos mobilize for environmental justice
1996

Latino voters in California are poised to make history. In the last two years, record numbers of Latinos have applied to become U.S. citizens and registered to vote, setting the stage for reversal of a tragic pattern:

Latinos make up a third of the state's population, but in 1994 they represented less than 10 percent of actual voters. By Election Day, according to the Southwest Voter Registration Education Project, more than 2 million Latinos will be registered to vote in California - a force the *Wall Street Journal* calls "sleeping political giant."

But rousing the giant means getting out the vote, requiring a massive campaign by Latino leaders, community organizations and media to inform voters about the issues at stake in November. Although much of this voter-education effort has so far focused on the so-called California Civil Rights initiative and an initiative to raise the state's minimum wage, Latino voters should also be informed about an issue that affects us all: environmental protection.

Many people still think of "the environment" only in terms of trees or endangered species. But protecting the environment is really about protecting the health of our families and communities by ensuring clean air, pure water and safe food. And it is these public health issues that have a disproportionate impact on Latinos and other non-Anglo communities.

Consider these facts~and actions by state lawmakers, as continuing evidence of what has come to be known as 'environmental racism":

In March, Gov. Pete Wilson and the pesticide industry pushed a law through the Legislature overturning the state ban on methyl bromide, an acutely toxic pesticide used on strawberry fields and other crops throughout California. Methyl bromide is responsible for poisoning hundreds of farmworkers and packing-house employees, most of whom are Latino migrant workers, and 18 fatalities have been recorded. Although members of the United Farm Workers packed a state Senate hearing to protest, the bill's proponents prevailed with an argument that protecting workers by banning methyl bromide was not worth the additional cost - about 25 cents added to the price of a supermarket basket of strawberries.

For the second year in a row, the state Assembly has killed a bill by Sen. Hilda Solis (D-La Puente) to authorize the state to study the health effects of airborne particulates emitted by industrial facilities in inner-city areas. Yet the *Los Angeles Times* recently reported that the Natural Resources Defense Council estimates almost 6,000 people in Los Angeles are dying annually from breathing these particulates.

According to a report by the Commission for Racial Justice of the United Church of Christ, Los Angeles County is home to more uncontrolled toxic waste sites than anywhere else in the United States - and 60 percent of the county's Latinos live in proximity to one or more of the sites. Yet in recent years, legislators led Sen. Charles Calderon (D-Whittier) - have continually attacked the California Environmental Quality Act, the state law that guarantees communities the right to fight to keep hazardous waste facilities out of their neighborhoods.

Environmental racism may not be as overt as the discrimination sanctioned by Proposition 187 or the California Civil Rights Initiative. But the results are just as harmful.

Latino voters in California unite to exercise their potential political power - by registering to vote, getting involved in campaigns of candidates who promise to protect public health, and getting out the vote on Nov. 5 - they could begin to move the state's legislative agenda from environmental racism to environmental justice.

And that would truly be making history. .

Randy Jurado Ertll is coordinator of the CLCV Education Fund's New Voter Project. This commentary was written for La Opinion newspaper.

La Opinion
No olvidemos el medio ambiente
5 de octubre de 1996

Los votantes latinos en California estan en posicion de hacer historia.

En los ultimos dos años, un numero record de latinos ha solicitado la ciudadania de Estados Unidos y se ha registrado para votar. Los latinos component un tercio de la poblacion del estado; sin embargo, en las elecciones de 1994 representaron menos del 10% de los votantes. De acuerdo al Programa Educativo para le Registro de Votantes en el Suroeste, el dia de las elecciones mas de 2.1 millones de latinos estaran registrados para votar en California, una fuerza que el Wall Street Journal llama "el gigante dormido de la politica."

Pero desperar al gigante significa obtener el voto, lo que require una campaña masiva por parte de los dirigentes latinos, de las organizaciones comunitarias y los medios de informacion para dar a conocer a los votantes los puntos en juego en noviembre.

A pesar de que mucho de este esfuerzo ha sido enfocado en la llamada Iniciativa sobre los Derechos Civiles de California y la propuesta para aumentar el sueldo minimo en el estado, los votantes latinos tambien deben ser informados sobre algo que nos afecta a todos: el medio ambiente.

Mucha gente piensa aun sobre "el medio ambiente" solo en cuanto a arboles o especies en peligro. Pero proteger el medio ambiente es realmente proteger la salud de nuestras comunidades y nuestras familias asegurando agua pura, aire limpio y comida segura. Y son estos puntos sobre la salud publica los que tienen un impacto desproporcionado en los latinos y otras comunidades no anglosajonas.

Considere estos hechos, y las acciones de los legisladores, como evidencia de los que se ha dado en conocer como "racism ambiental."

En marzo, el gobernador Wilson y la industria de los pesticidas promovio una ley por medio de la Legislatura cancelando la prohibicion estatal del bromuro de metilo, un pesticide muy toxico usado en los campos de fresas y otros cultivos de California.

El bromuro de metilo es responsible de envenenar a cientos de trabajadores del campo y empleados de empacadoras, la mayoria de ellos trabajadores migratorios latinos, y se han registrado mas de un docena de muertes. A pesar de que los miembros de la United Farm Workers han colmado una audiencia del Senado estatal para protestar, los impulsores de la legislacion prevalecieron con el argumento de que la proteccion de los trabajadores mediante la prohibicion del bromuro de metilo, no valia el costo adicional – unos 25 centavos agregados a la canasta de fresas del supermercado.

Por Segundo año consecutive, la Asamblea estatal dio por tierra con la propuesta de la senadora Hilda Solis (D-La Puente), que autorizaria al estado a estudiar los efectos en la salud de las particulas sostenidas en el aire emitidas por las instalaciones industrials de las areas centrales de las ciudades. Sin embargo, el periodico *Los Angeles Times* report recientemente que un studio hecho por la Junta de Defensa de los Recursos Naturales (NRDC) estima que casi seis mil personas mueren anualmente en Los Angeles por respirar estas particulas.

De acuerdo a un reporte de la Comision por la Justicia Racial de la Iglesia Unida de Cristo, el condado de Los Angeles alberga mas sitios de residuos toxicos no controlados que cualquier otro lugar en el pais – y 60% de los latinos del condado vive en las proximidades de esos sitios. Aun asi, en los ultimos años, los legisladores-incluso el senador Charles Calderon (D-Whittier)- han atacado continuamente la ley estatal que garantiza a las comunidades el derecho a luchar por mantener instalaciones de residuos peligrosos de sus vecindarios.

Las luchas de las comunidades Latinas contra los incineradores de residuos peligrosos en el Este de Los Angeles y en Kettleman City son bien conocidas, y su oposicion ha dificultado que las companies que manejan residuos construyan nuevos incineradores, desproporcionadamente ubicados en areas donde viven las minorias. Sin embargo, en esta session, una propuesta de ley recorria la Legislatura alentando la creacion de mas incineradores, dandole a la incineracion una posicion equivalente con el reciclado como metodo aprobado para la disposicion de residuos.

El racism ambiental tal vez no sea tan manifiesto como la discriminacion sancionada por la Proposicion 187 o la Iniciativa de Derechos Civiles de California. Pero el resultado es igual de prejudicial. Si los votantes latinos en California se unieran para ejercer su poder politico pontencial – registrandose para votar, participando en las campañas de los candidatos que representan la comunidad, y saliendo a votar – podrian mover la agenda legislative de la fase del racism ambiental a la justicia ambiental.

Eso seria hacer historia.

Randy Jurado Ertll es coordinador del Programa para el Nuevo Votante de la Liga de Electores de California por la Conservacion.

La Opinión
Pujanza salvadoreña en EU
1996

Desde comienzos de la decada de 1980 cientos de miles de salvadoreños emigraron de El Salvador hacia Estados Unidos llevados por la Guerra y la confusion economica. A pesar de que antes de la decada de 1980 miles de salvadoreños ya habian emigrado hacia Estados Unidos, no fue sino hasta la llegada de esta decada cuando el interes de la politica internacional norteamericana en El Salvador se centro en la poblacion salvadoreña residente en Estados Unidos.

Desde entonces, la comunidad salvadoreña ha pasado por una serie de cambios. Este contigente se habia caracterizado por su voz vibrante y activa en oposicion a la Guerra en El Salvador y, al mismo tiempo, por exigir derechos civiles y humanos para los salvadoreños que se encontraban en Estados Unidos.

Ademas, dado el estatus de indocumentados de los salvadoreños y su dificil situacion economica, aclarar el estatus legal y la subsistencia eran la mayor preocupacion de la mayoria de los integrantes de la comunidad.

Como sucede con otras poblaciones inmigrantes de America Central y de otras partes, se han creado organizaciones para vigilar por la satisfaccion de sus necesidades. El Centro de Recursos Centroamericanos, El Rescate, la Asociacion de Salvadoreños y, mas recientemente, la Organizacion Salvadoreña Americana, son organizaciones creadas para canalizar las preocupaciones especificas de la comunidad salvadoreña

La comunidad salvadoreña, tanto en Estados Unidos como en El Salvador, esta sufriendo una transicion importante. En El Salvador, 12 años de Guerra civil han dado paso a acuerdos de paz firmados en 1992 y el pais se enfrenta ahora a los retos de la paz. En Estados Unidos, la comunidad salvadoreña se encuentra en vias de pasar de ser una comunidad de refugiados con la vista puesta en la lucha que se vivia en el terruño, a ser una comunidad enfocada en los problemas y dificultades de vivir en Estados Unidos.

La poblacion salvadoreña en Estados Unidos se esta estableciendo legal, politica y economicamente como una poblacion permanente.

Resulta instructive hacer comparaciones con otras poblaciones latina en Estados Unidos. La poblacion salvadoreña es la cuarta poblacion Latina en tamaño en Estados Unidos, y la segunda en California, con 338,769 miembros.

Datos de la Oficina del Censo correspondientes a 1990 muestran que la mayoria de salvadoreños estan concentrados en el condado de Los Angeles. En este, la poblacion es de 253,086 de los que 184,513 viven en la ciudad de Los Angeles.

La concentracion de la comunidad salvadoreña en el condado de Los Angeles sugiere un gran potencial para el future poder politico y economico. La colonia salvadoreña esta concentrada en las zonas de Pico Union y Westlake, pero los mexicanos sobrepasan numericamente en mucho a los salvadoreños en estas zonas. En realidad, existen zonas grandes de concentracion de salvadoreños en la ciudad de Los Angeles, el Valle de San Fernando, y la parte sudeste y central de Los Angeles.

En estas zonas los salvadoreños – cada vez en mayor

numero – residentes legales o se encuentran en proceso de convertirse en ciudadanos Americanos por miles.

Segun el Centro Tomas Rivera, para 1990, mas de 40 mil salvadoreños se habian convertido en ciudadanos Americanos en California. Un ejemplo mas reciente, alrededor del 7% de latinos que votaron en la ciudad de Los Angeles en las eleccions del 8 de abril eran de El Salvador y Guatemala, segun indica una encuesta realizada por le Canal 52, La Opinion, el Centro Tomas Rivera y Bendixen & Associates.

A continuacion presentamos caracteristicas de la comunidad salvadoreña:

Debido al fin de la Guerra civil El Salvador – en 1992 la comunidad salvadoreña puede centrar su atencion en temas domestic en Estados Unidos y en El Salvador, si fuera necesario.

La comunidad ha establecido raices en Estados Unidos. Esto se debe en el desarollo de nuevos profesionales, proprietarios de negocios, estudiantes de secundaria y universidades, y una creciente nueva generacion de salvadoreños nacidos en Estado Unidos.

Los salvadoreños contribuyen a la economia de Estados Unidos al pagar millones de dolares en impuestos y mediante la participacion en la fuerza laboral. Igualmente, los salvadoreños en Estados Unidos mantienen a flote la economia a traves de millones de dollars enviados a El Salvador.

En la comunidad ya existe un sector organizado de la comunidad salvadoreña con gran potencial de desarollar y obtener fortaleza en la arena politica y economica.

En California, los salvadoreños constituyen el Segundo numero en convertirse ciudadanos estadounidenses en epocas recientes.

Gran numero de salvadoreños se estan graduando de secundaria e ingresando en colegios y universidades en todo Estados Unidos. Los estudiantes y graduados demuestran que la juventud de la comunidad esta obteniendo los conocimientos necesarios para alcanzar mejores empleos, estabilidad economica y desarollo en posiciones de liderazgo.

Es de la mayor importancia que la comunidad salvadorena

realice acciones para volverse politicamente active y que centre mas su interes en la educacion civica sobre Estados Unidos, inclusive los derechos y responsabilidades de la ciudadania. Si se siguen las acciones correctas, la comunidad salvadoreña alcanzara la representacion politica y economica adecuada en todos los sectores de la sociedad Americana.

Tambien tenemos que tener en cuenta que, si bien ya existen algunas organizaciones salvadoreñas y centroamericanas, no hay ninguna organizacion que se ocupe de dotar de poder economico y politico a la comunidad salvadoreña.

Creemos que se puede obtener la representacion local, estatal y nacional mediante la educacion civica, la promocion de la ciudadania Americana, el registro de electors y el conocimiento de que se debe votar en favor de legislacion y candidatos que representan y demuestran interes en la comunidad salvadoreña y en los temas vitales para ella.

A pesar de que la comunidad salvadoreña ocupa el Segundo lugar en numero entre la comunidad Latina de California, aun no hay un liderazgo ampliamente reconocido.

Sin embargo, Liz Figueroa es la primera asambleista salvadoreña Americana por el condado de Fremont en el norte de California. Existe un pequeño liderazgo reconocido debido a la llegada relativamente reciente de la mayoria de salvadoreños y al correspondiente desarollo reciente de organizaciones civicas y politicas.

Mas aun, la mayoria de organizaciones existentes que representan a la colonia centran su atencion en ofrecer servicios y no en la organizacion civica y politica. Sin embargo, actualmente se estan llevando a cabo grandes esfuerzos para encontrar una solucion o para obtener estatus legal permanente para miles de salvadoreños y guatemaltecos que solicitaron asilo politico bajo el acuerdo American Baptist Church (ABC).

Estudios realizados por el Centro Tomas Rivera, por la Asociacion Nacional de Funcionarios Latinos Electos y Nombrados (NALEO), y otros, indicant que es necesario crear una organizacion civica y politica. La Organizacion Salvadoreño Americana puede jugar este papel. Su mission seria influir y fortalecer el movimiento que represent alas necesidades de esta comunidad, y defender la representacion politica, economica y cultural de los salvadoreños en este pais.

Randy Jurado Ertll es coordinador del Proyecto de los nuevos votantes de la Liga de Votantes Pro Conservacion Ambiental (CLCV) y es miembro de la mesa directive de la Organizacion Salvadeno-Americana.

La Opinión

Los defensores tradicionales del medio ambiente deben de tomar en cuenta Las preocupaciones de los residentes de los barrios pobres
1996

La demografia esta cambiando rapidamente en California. El Department de Finanzas de los Estados Unidos estima que en las siguientes cuatro decadas, la poblacion de California se duplicara: seremos 60 millones de personas, la mitad de estas latinos.

A! mismo tiempo, esta cambiando el espectro politico del estado, tal como se puede apreciar en la presidencia de la Asamblea y en la vicegubernatura del estado: ambas posiciones estan hoy a cargo de latina. En esta coyuntura., y ante el auge paralelo de las organizaciones que bregan por la conservacion del medio ambiente en California, cabe preguntarse si el movimiento ambientalista esta a la par de estos cambios.

REDUCIR LA BRECHA

Un estudio de la organizacion Latino Issues Forum indica que existe una brecha entre el movimiento .por el medio ambiente y la comunidad latina. Para el latino, los medio ambientalistas son anglosajones de clase media, que viven en los suburbios.

Que hacen las organizaciones defensoras del medio ambiente para cambiar este estereotipo, para diversificar la composicion de sus afiliados y ampliar su enfoque tradicional,. mas alla de la proteccion de arboles y especies en peligro de extincion? Que hacen para incluir en su agenda temas ambientales que interesan a los pobladores de barrios de bajos recursos -predominantemente latinos y de otros grupos minoritarios- como los del sureste de Los Angeles?

Ciertas organizaciones han respondido positivamente a los cambios demograficos. Por ejemplo, apoyan la aprobacion de leyes que garantizan mayor justicia ambiental como las que impulsan las senadoras estatales Martha Escutia e Hilda Solis y el asambleista Antonio Villaraigosa.

LA ESCUELA SUVA

Uno de 108 casos mas conocidos como justicia ambiental en Los Angeles que esta legislacion tomara en cuenta es el de la escuela Suva en Bell Gardens.

Despues de protestas populares y demandas legales, la firma Chrome Shaft Plating Company, localizada contiguo a la escuela, cerro sus puertas. Nunca mas se debe permitir que industrias contaminantes se establezcan cerca de las escuelas.

La senadora estatal Martha Escutia (Huntington Park) es autora de la Ley de Protecci6n de la salud ambiental para 108 niños (SB 25) cuyo fin es ampliar normas de salubridad publica y proveer proteccion a la niñez estableciendo restricciones a la industria de manera tal que plantas contaminantes sean emplazadas lejos de es-escuelas y centros infantiles.

En complemento, la senadora estatal Hilda Solis (Los Angeles) es autora de SB115, el proyecto de ley de justicia ambiental que revisa el Acta de Calidad Ambiental de California (CEQA), el que incorpora consideraciones ecologistas a proyectos edilicios que pueden tener efectos des proporcionados en areas minoritarias de bajos recursos. Esta ley otorga a !as comunidades locales el derecho a luchar por mantener instalaciones de residuos peligrosos fuera de sus vecindarios.

A pesar de estos esfuerzos, es notable la falta de comunicacion estrecha entre los defensores tradicionales del medio ambiente yactivistas de la justicia ambiental. Estos ultimos han hecho mucho por atraer la atencion publica a problemas del ambiente urbano. Un ejemplo son los vecindarios urbanos mas pobres, que desesperadamente necesitan de mas espacios verdes y areas de recreacion. Ademas, de acuerdo con un informe de la Comision por la justicia racial de la Iglesia Unida de Cristo, el condado de Los Angeles alberga mas sitios de residuos toxicos no controlados que cualquier otro lugar del pais. . El 60% de los latinos del condado de Los Angeles vive en proximidad a estos sitios. El movimiento ambiental, si es que se unifica como movimiento, sin escindirse en lineas divisorias de raza, clase social, geografia, debe buscar temas que conciernen a la mayoria de los Californianos.

Los dirigentes del movimiento ambientalista tradicional y activistas en pro de la justicia del medio ambiente, deberian establecer,mejor comunicacion y relaciones de trabajo mas estrechas entre si hay que incluir a comunidades minoritarias de bajos recursos en el proceso de toma de decisiones y la legislacion de leyes ambientalistas que les interesan directamente.

Proteger el medio ambiente significa, sobre todo proteger la salud de nuestras familias y comunidades, exigiendo agua limpia y aire puro para respirar, y proteccion, en areas urbanas como rurales, contra quimicos, pesticidas y toxicos. El medio ambiente puede y debe ser un tema unificante entre los californianos de ex tracciones diversas.

Randy Jurado Ertll, es un miembro de la mesa directiva de la Liga de Votantes Pro Conservacion Ambiental en Los Angeles

La Opinión
Elecciones en El Salvador: Los candidatos cruzan fronteras
Reflexiones de un salvadore ño americano en Los Angeles sobre las elecciones en su pais
Domingo 7 *marzo de 1999*

E1 pueblo salvadoreño esta a punto de hacer historia otra vez. Esta vez no se trata de los escuadrones de la muerte o de la ofensiva final. Se trata de las elecciones de este 7 de marzo, las segundas que se celebran despues de la firma de los Acuerdos de paz de 1992 que ayudaron a concluir 12 años de guerra civil, que cobraron la vida de mas de 80 mil compatriotas y expulsaron al exterior a mas del 20% de la poblacion salvadoreña.

La gran pregunta es, ganara la Alianza Republicana Nacionalista (Arena), como siempre, o al fin el partido Frente Farabundo Marti para la Liberacion Nacional (FMLN) obtendra una victoria presidencial?

Las encuestas indican que el partido gobernante, Arena, sobrepasa al FMLN por un gran porcentaje, y tambien que un alto numero de salvadoreños siguen indecisos o simplemente apaticos a la participacion politica.

Lo que si es cierto es que la politica salvadoreña ha cruzado fronteras. Los candidatos de Arena y del FMLN llegaron a suelo estadounidense en busca de apoyo. Tanto Carlos Quintanilla, candidato a la vicepresidencia por parte de Arena, como Facundo Guardado, candidato presidencial del FMLN, llegaron a Los Angeles, California.

Aunque las cicatrices de la cruel e inhumana guerra civil de El Salvador nunca desapareceran. ahora los enernigos del pasado se reunen unos con otros y hasta asisten a las mismas reuniones 0 eventos, Indudablemente estamos en una nueva era. Viejos enemigos a muerte ahora se dan la mano, se abrazan y hasta intercambian ideas politicas. y buscan inversions economicas conjuntamente. Pero estos gestos "diplomaticos" no significan que la mayoria de salvadoreños en Estados Unidos haya olvidado que sus familiars y amigos fueron cruelmente asesinados durante el conflicto belico.

Arena sigue ofreciendo una plataforma fuertemente pro empresarial (o como algunos la llaman, "neoliberalista"), o simplemente es el capitalismo explotador de las masas pobres. Mientras el fragmentado FMLN promete combatir la delincuencia y el crimen, y ser menos neoliberalista que la derecha, algunos miembros del FMLN nunca dejaran de ser marxistas/socialistas, aunque otros se ban convertido en empresarios capitalistas y su mercado principal son sus compatriotas.

En ciertos temas ambos partidos coinciden: el combate a la delincuencia, la disminucion de la pobreza. y prestar oidos al pueblo. Pero no se necesita ser filosofo para llegar a la conclusion de que la pobreza y las desigualdades han existido y segui.ran existiendo, con o sin Arena o el FMLN.

Cual de los dos partidos ofrece mejores soluciones? Hay que preguntarles a los candidatos mismos y veremos si sus promesas se hacen una realidad cinco años despues de ser elegidos.

Ambos partidos han descubierto el potencial politico-economico de la comunidad salvadoreña en Estados Unidos. Somos una minita de oro pero ninguno de las partidos salvadoreños es dueno de ella.

Es inevitable ver las diferencias que existen entre los seguidores de Arena y el FMLN en Estados Unidos. En los eventos o reuniones del partido derechista en Los Angeles, se noto la presencia de los salvadoreños que tienen poder economico ybuscan el apoyo economico – asi como de representantes de la prensa salvadorena que acompanan a los candidates

Entre los viejos simpatizantes del FMLN que aun se identifican con ese partido y los quwe ahora abjuran de el, encontramos salvadorens que han tenido exito – o aun lo buscan – en Estados Unidos. Pero la lealtad politica de los salvadoreños en el extranjero no es 100% segura en favor de ningun partido.

No sabemos si el FMLN o Arena tienen bases organizadas con numerosos miembros en suelo estadounidense, pero si podemos asegurar lo siguiente: ambos partidos necesitan – y buscan – el apoyo economico de los mas de un millon de conciudadanos que viven en el extranjero.

Pocos de los salvadoreñoamericanos nacidos y criados en Estados Unidos saben quien fue Roque Dalton o Roberto D'Aubisson. Pero ahora si existe la posibilidad de que personalmente conozcan a Francisco Flores de Arena y a Facundo Guardado del FMLN. Pero reconoceran estos las contribuciones que los salvadoreños en el extranjero pueden aportar al futuro de El Salvador, o veran solo el potencial economico que esos dolares podrian reportarle a sus intereses de partido?

Randy Jurado Ertll, es organizador de Nuevos Votantes, Liga de Votantes Californianos Pro Conservacion del Medio Ambiente (CLCV), activista salvadoreño americano residente de Los Angeles

13

La Opinión
El Distrito 10 y el voto latino
Martes 13 de abril de 1999

Los comicios municipales de hoy martes ponen nuevamente de moda el voto latino en Los Angeles. Por que sera que la mayoria de medios de comunicacion en español se enfocan primordialmente en la cobertura de ciertos distritos y candidatos?

Principalmente se le ha dado atencion e importancia al Distrito 14 de Los Angeles que incluye los sectores de Eagle Rock, Highland Park, Boyle Heights, y El Sereno, comparado, por ejemplo, con la situacion en el Distrito 10.

El concejal Richard Alatorre al fin decidio no volver a postularse como candidato en este distrito que ha causado la mayoria de atencion de los medios en español. Se sabe que el Distrito 14 es controversial por tantos candidatos predominantemente latinos que se postularon y por los escandalos del consejal Alatorre.

Un mas detallado analisis sobre el Distrito 10 revelaria que en realidad es el distrito con mas diversidad de la ciudad de Los Angeles; aunque no haya en el ningun candidato latino.

Para ser justo, los medioa de comunicacion en español hacen un gran labor, mucho major que los medios de ingles en cubrir y tomar en cuenta temas o noticias politicas que directamente interesan a la comunidad Latina. La cobertura debe ampliarse e incluir areas donde la comunidad Latina, aunque no es mayoria, puede determiner quien ganara la contienda electoral.

Los candidatos del Distrito 10, Scott Suh (coreanoamericano) Marsha Brown (afroamericana), Madison Shockley (afroamericano), y el consejal en ejercicio Nate Holden (afroamericano) buscan el apoyo de los 10 mil votantes latinos registrados. Algunos de ellos utilizaron literatura bilingue y traductores durante sus campañas y presentaciones publicas.

El Comite de Accion Politico Salvadoreño Americano (SAL-PAC), oficialmente apoya a Madison Schockley para el Distrito 10 y a Alex Padilla, un mexicoamericano para el Distrito 7 en el

Valle de San Fernando. Una de las razones por que SAL-PAC se ha involucrado en estos dos distritos es por la gran cantidad de votantes centroamericanos, especialmente salvadoreños y que viven alli y que pueden determiner quien gane o pierda. Sus contrincantes han criticado a Alex Padilla por su juventud. Sin, embargo, el promedio de edad de la comunidad salvadoreña es de 26 años y aunque anteriormente han gando muchos otros candidatos "jovenes" todavia existe la discriminacion y perjuicios negativos sobre la edad y una supuesta falta de experiencia que esta conlleva.

Al Distrito 7 del Valle y en especial al Distrito 10 se les da menos importancia y atencion, pero un punto de relevancia es que el voto centroamericano puede determinar quien gane o pierda en estos dos distritos.

En especifico, algunos activistas salvadoreños estan rompiendo el estereotipo de que todos los salvadoreños y resto de centroamericanos viven en la zona de Pico-Union y Westlake localizada en el Distrito 1 representado por el Consejal Mike Herhandez. Si bien es cierto de que existe una gran concentracion de oriundos de Centroamerica que residen ahi, esta comunidad se encuentra dispersa en toda la ciudad de Los Angeles, y especialmente en los distritos 7 y 10. Es una comunidad que ha crecido tremendamente desde el censo de 1990, al punto de casi duplicarse.

Muchos analistas o voceros latinos todavia no hablan de la importancia del "voto centroamericano" en Los Angeles porque siempre ha existido un vacio de liderazgo reconocido de esta comunidad. Por otra parte, existe una carencia de estudios academicos que analicen a la comunidad centroamericana de Los Angeles con la profundidad que el tema merece.

A traves de estos estudios y analisis politicos se podria confirmer que en el Distrito 10 y otros distritos en Los Angeles hay una cantidad significante de votantes centroamericanos que podrian adjudicar el margen de Victoria necesaria para cualquiera de los candidatos en pugna.

Los candidatos del distrito 7 y 10 estan bien informados de que el voto Latino es un flotante y dispuesto a cambiar de posicion, y en esta ronda electoral lo estan tomando en cuenta.

15

Adelante latinos! Tenemos que votar, para poder generar el cambio y para que nos tomen en cuenta a todo nivel politico para obtener mas respeto y una representacion equitativa digna.

Randy Jurado Ertll es presidente del SAL-PAC, el Comite de Accion Politica Salvadoreño Americano

La Opinión
Dos latinos y una alcaldia
Domingo 5 de septiembre de 1999

Algunos analistas politicos opinan que es un suicidio politico que dos latinos se lancen a competir para el mismo puesto, especialmente cuando se trata del de alcalde de Los Angeles. La diferencia entre los dos en realidad no es mucha; lo mas distinto son las personalidades y el nivel de participacion en el gobierno en que se desempeñan. Villaraigosa representa el nivel estatal y Becerra el federal. Por otra parte, algo que ambos tienen que supercar es que sus nombres no son muy reconocidos en la ciudad debido a su ausencia de la vida politica local.

Antonio Villaraigosa ha subido rapidamente los escalones del exito politico y Xavier Becerra no se ha quedado atras. Becerra es ahora miembro del Comite de Medios y Arbitrios, uno de los mas poderosos del Congreso federal, y tiene en sus manos los elementos para integrar un possible future gabinete del gobierno de Al Gore, de la misma manera que Henry Cisneros lo hizo bajo la Administracion Clinton.

Villaraigosa es uno de los funcionarios electos de mayor influencia en California, que es uno de los estados mas ricos y poblados de la nacion, y bien podemos compararlo con nuestro ex alcalde Tom Bradley por su habilidad de crear coaliciones que atraviesan las lineas etnicas.

Quien entre ellos es el mas reconocido en el ambito estatal o federal? Esto no tiene mayor importancia. Lo importante es que sean reconocidos en el ambito de la ciudad, ya que ambos estan a punto de lanzar su candidature a su alcaldia.

Por primera vez en la historia de Los Angeles, dos latinos aspiran al puesto. Por sus talentos e inteligencia individual, ambos pueden ser buenos alcaldes. Su candidature ha provocado diversas reacciones en torno a una virtual contienda entre dos lideres hispanos.

Se aduce que el lanzamiento de ambos aspirantes dividira el "voto latino" que en este momento constituye alrededor del 15% del electorado de la ciudad. La otra posicion afirma que tener dos candidatos latinos presente una variada gama de oportunidades.

La segunda postura es la mas correcta, aunque no la mas popular. Con Villaraigosa y Becerra no solo poseemos una sino dos opciones de que un latino se convierta en el proximo alcalde. La variedad enriquece el proceso democratico que tanto apreciamos. Que aburrido tener un solo punto de vista sobre los intereses latinos. Necesitamos variedad de opinions: Villaraigosa y Becerra van a enriquecer el dialogo que no es unicamente sobre temas "latinos," sino que se desarolla en torno a temas de nuestra calidad de vida, que interesan y afectan a todos los residents de Los Angeles.

Por que, como comunidad Latina, permitimos que otros determinen que debieramos escoger a un determinado candidato o votar por candidatos que no responden a los intereses de los hispanos? Somos mucho mas sofisticados e inteligentes de lo que se nos considera, y podemos escoger y votar por quien consideremos el major candidato. La comunidad Latina ha alcanzado la madurez politica.

El candidato o candidata ideal a alcalde no solo tiene que cumplir el requisito de ser latino. Muchos latinos van a votar por las posiciones especificas de su predileccion y no solamente basados en la etnia del aspirante.

Por que permitimos que nos dividan en categorias de raza o etnia? Un latino puede votar por un candidato judio, asiatico o afroamericano. No alcanza con que el pretendiente sea latino para satisfacer nuestras necesidades. Pero ante la presencia de varios candidatos igualmente calificados para el cargo, tenemos la opcion de votar por alguien que pertenece a nuestra propia etnia.

Un candidato judio, por ejemplo, para atraer el voto de las otras comunidades etnicas, tiene que convercerlas que no solo es el candidato de los judios que defendera unicamente los intereses judios. Un candidato necesita de los votos de todos los residents para ganar. No puede limitarse a buscar el apoyo de su grupo etnico para ganar la alcaldia de Los Angeles.

La actual diversidad en el campo de los aspirantes a alcalde ha creado mas competencia y una tendencia a enfocarse en los problemas que realmente importan a todos los Angelinos. Debemos movilizar el voto Angelino en favor del mejor candidato, aque que represente a todos los residentes de la ciudad.

Ya no debemos permitir que el Oeste de la ciudad o el Valle de San Fernando determinen quien gane las elecciones de la alcaldia. Los votos de las comunidades trabajadoras del Este de Los Angeles, Centro de Los Angeles, Sur Centro y otras areas pobres de la ciudad tienen el mismo valor numeric que los votos del Oeste y del Valle. Y cuando este vote es organizado y unido, se convierte en un factor determinante.

El problema es que los residentes de las comunidades pobres siempre han sentido que no se les escucha y que los candidatos no los toman en cuenta, sino que buscan el voto anglosajon o judio del oeste o el valle. Pero esta vez, el voto latino, afroamericano y asiatico en conjunto juegan un papel protagonico.

Si el consejal Joel Wachs o el supervisor Zev Yaroslavsky, que son judios, se presentan como candidatos a la alcaldia, tendran que buscar no solo el voto judio, sino tambien el voto latino y de otros grupos de Los Angeles. Lo mismo se esperaria de los candidatos latinos. Los candidatos judios, por ejemplo, no pueden solo enfocarse en las necesidades del bloque judio. Esto seria injusto para otras comunidades de Los Angeles.

Necesitamos a alguien como el legendario ex alcalde de Los Angeles, Tom Bradley que fallecio el año pasado y dejo un legado incredible. Bradley demostro que aunque fuese afroamericano y sin tener la mayoria de votantes de su propia etnia, pudo formar una coalicion, y enfocarse en temas que afectaban a todos y asi ganar el puesto de la alcaldia. Claro, el voto judio le ayudo; pero a traves de los años tambien obtuvo una gran parte de los votos latinos y asiaticos y de otros grupos.

No podemos negar que Los Angeles esta dividido entre grupos raciales alineados en algunas partes por lineas geograficas. Los disturbios de 1992 y la Proposicion 187 de 1994 indicaron que las divisiones raciales pueden estallar con violencia y odio. No debemos permitir que vuelva a repetirse algo tan horroroso como los disturbios y proposiciones basadas en el odio y el racismo contra la comunidad inmigrante.

Quien llegue a ser el siguiente alcalde de Los Angeles, debe sanar las heridas y tartar de borrar las cicatrices que dejaron los disturbios. El asambleista Antonio Villaraigosa y el congresista Xavier Becerra tienen las calificaciones y la capacidad de dirigir a la segunda ciudad mas grande de Estados Unidos, y ser – uno de ellos – el primer alcalde latino en la historia moderna de Los Angeles.

Adelante señor Villaraigosa y señor Becerra. La cancha es plenamente grande para tener en ella a dos latinos como delanteros. Vamos a ver quien puede meter el gol para quedarse con el premio de ser el primer alcalde latino en mas de cien años.

Randy Jurado Ertll es presidente del Comite de Accion Politica Salvadoreño Americano, SAL-PAC. Miembro de la Mesa Directiva de la Liga de Votantes Pro Conservacion Ambiental de Los Angeles.

La Opinion
Por una nueva voz en el Congreso
Domingo 3 de octubre de 1999

La senador estatal Hilda Solis esta a punto de hacer historia otra vez, si llega a derrotar al congresista Matthew Martinez en el Distrito 31 de la Camara Baja del Congreso federal. Vivimos en una nueva era politica y necesitamos nuevo liderazgo con nuevas ideas. A quien deberia apoyar la comunidad Latina cuando se tienen a dos latinos que compiten por el mismo puesto del Congreso?

La respuesta es facil se si esta bien informado sobre el record de cada uno de los candidatos, especificamente sobre temas de seguridad de armas y temas ambientalistas. El congresista Martinez esta fuera de contacto con su distrito y muchas veces ha sido definido como uno de los peores congresistas de todo el pais. Este tipo de legado no es nada de lo que haya que sentirse orgulloso.

La senadora Solis, en cambio, ha sido elegida gracias a su inteligencia, deseos de mejorar la vida de todos, y el apoyo de la comunidad. Martinez fue elegido al Congreso a traves del apoyo ay las contribuciones masivas de dinero de la maquinaria politica de los ya legendarios congresistas Henry Waxman y Howard Berman. Se ha dicho que Waxman y Berman tienen demasiada influencia sobre el Sr. Martinez.

Que otra diferencia hay entre la senadora Solis y el congresista Martinez? Muy simple: hay que examiner sus trayectorias. Solis es la principal autora de leyes en las areas de proteccion ambiental y apoya leyes relacionadas con la seguridad de armas. Recientemente, se ha registrado un crecimiento del apoyo a leyes de restricciones de armas como consecuencia de los ataques a mano armada como el ocurrido en el Centro Judio Comunitario en Granada Hills.

Solis ha apoyado la prohibicion de la tenencia de pistolas llamadas Saturday Night Specials que son muy baratas, de baja calidad y utilizadas en crimenes violentos. Solis esta al tanto de las ideas de sus electors y es apoyada por Handgun Control Inc., una de las organizaciones mas reconocidas y respetadas que luchan por el control de armas.

Para añadir, la senadora Solis oficialmente ya es apoyada por la congresista Loretta Sanchez , la supervisora del condado Gloria Molina, y el sheriff Lee Baca, asi como por mas de 45 funcionarios electos en el ambito local, que se han desvinculado del congresista Martinez.

La senadora de El Monte es autora del SB 115, un Proyecto de ley de justicia ambiental que ahora se encuentra en el escritorio del gobernador Gray Davis para ser firmada o rechazada antes del 10 de octubre.

El congresista Martinez ho ha servido bien a los residentes de su distrito, por sus negligencia y ausencia. Basta con analizar su record negativo sobre temas ambientalistas. Hasta resulta dificil creer que sea democrata y que conozca las necesidades de sus electors.

Durante la ultima sesion del Congreso, Martinez voto para postergar toda accion federal para proteger a niños del uso de pesticidas. Tambien ha votado para interferer con la accion de la Agencia de Proteccion Ambiental (EPA) destinada a disminuir la contaminacion del aire, y hasta interfirio con la limpieza de sitios con residuos peligrosos. La Liga de Votantes Pro Conservacion Ambiental (LCV) lo ha ubicado como uno de los peores miembros democratas del Congreso con relacion a temas relacionados con el medio ambiente.

Al Sr. Martinez, le gusta decir que ha sido miembro de la Asociacion Nacional del Rifle (NRA) por muchos años y en los practico vota en contra de leyes que atentan contra el sentido comun.

Martinez a votado con el cabildeo radical pro armas y ha apoyado las leyes importantes para la NRA, como la Enmienda Dingel, que significativamente debilito las leyes federales para controlar armas, Martinez no apoya los esfuerzos para fortalecer la ley Brady, que require revisar los prontuarios de quien quiere adquirir armas de fuego para prevenir que las compren criminales y personas con enfermedades mentales. Segun el Almanaque Politico de California de 1998, "cualesquiera que sean sus origenes politicios, Martinez ha sido una figura politica no muy impresionante. Una encuesta de la Revista de California lo nombro como uno de los mas opacos en la delegacion democrata y uno de los cinco peores representantes del Congreso, alguien que hace minimo impacto hasta en su propio distrito."

En el otro lado de la moneda, la senadora Solis ha hecho mucho para proteger a nuestros ninos de quimicos peligrosos y vela por mejorar la calidad del aire y la proteccion del agua. Solis ayudo a que sea aprobada la ley de Agua Potable Segura y es la autora de leyes importantes para protegernos de los pesticidas. Es una verdadera lider en proteger nuestra salud a traves del medio ambiente. Se puede votar por ella con orgullo y confianza. Es uan mujer capaz e inteligente que hizo historia en California por ser la primera Latina elegida al Senado estatal.

En el caso del Distrito 31, ell ava a ser una voz ponderosa y una estrella brillante para todas sus comunidades. Elegir a Hilda Solis al Congreso es deliberadamente escoger un mejor future para todos los californianos. Ella esta a tono con las necesidades de la comunidad. Queremos una nueva voz en el Congreso.

Randy Jurado Ertll es el presidente del Comite de Accion Politica Salvadoreño Americano.

La Opinión
Codigo de silencio en el LAPD
Lunes 11 de octubre de 1999

La traicion al codigo de silencio dentro del LAPD por el agente Rafael Perez puede interpretarse como su venganza personal contral el Departamento de Policio de Los Angeles que lo humillo presentandolo publicamente como un vulgar lardon de cocaine. Las declaraciones de Perez generaron uno de los capitulos mas controversiales dentro del Sistema policial junto con el caso Rodney King, que produjo los disturbios de 1992.

El incidente Rodney King condujo a la creacion de la Comision Christopher que recomendo una serie de cambios profundos en el departamento. Las denuncias de Perez ponen, una vez mas, en el centro del debate los procedimientos y metodos del departamento que supuestamente, "protégé y sirve" a la comunidad Angelina.

Como salvadoreño Americano, familiarizado con lo que viven nuestra comunidad expreso mi desencanto con esta agencia del orden por el trato dado al joven hondureño Francisco Javier Ovando, trato que lo llevo a quedar paralizado y seperado de sus seres queridos de manera illegal por elementos de la division Rampart.

Me uno a las voces de desoprobacion del comportamiento de los agentes de la division antipandillas CRASH, ya que puedo relatar mis experiencias personales relacionadas con el LAPD.

Creci en el sur de Los Angeles y estas injusticias me han llevado a recorder mi propio pasado. Me indigna recordar las injusticias del LAPD contra las comunidades pobres, Latinas y afroamericanas.

Cuando yo era pequeno, la pandilla que predominaba en mi vecindario era la 18 Street. Lo sigue siendo. La mayoria de sus miembros eran ninos, hijos de trabajadores, que concurrian a la misma escuela donde yo asistia. Muchos de ellos eran emigrantes de Centroamerica que habian presenciado violencia en sus paises de origen.

Que programas existian al terminar el dia escolar? Casi nada. Muchos de nosotros no teniamos nada que hacer despues de la escuela. Nuestros padres trabajaban en talleres o limpiando casas. No sabian nada de pandillas ni de programas recreacionales.

Uno de mis mejores amigos era un guatemalteco recien emigrado. Desafortunadamente, se involucro con las pandilla Mara Salvatrucha, que en esos tiempos se llevaba bien con la 18 Street. Mi otro mejor amigo, un mexicoamericano, queriamos mejorar nuestros futuros y no tomar el rumbo de las pandillas. Nos ingresamos en el LAPD Explorers, un programa para jovenes interesados en convertirse en futuros policias.

Por que me involucre en el LAPD Explorers? Al caminar la calles peligrosas del Surcentro de Los Angeles los jovenes eramos a menudo victimas de as altos por ladrones y hasta de golpizas. Por lo mismo, muchos ingresaban a las pandillas para obtener proteccion.

Pensabamos que podiamos protegernos en el LAPD y ayudar a mejorar nuestro vecindario. Que equivocados estabamos! En pleno entrenamiento en la academia de policia, un policia que nos supervisaba grito que nos movieramos. No lo oi; agresivamente me jalo el pelo y dijo violentamente "mas te vale hacer lo que te digo."

Ante esa injusticia, no quise mas ser policia. Mi amigo, el optimista, siguio adelante con su sueño.

Unos años mas tarde me llamo desde el hospital. Fui a verlo. No sabia que le habia pasado.

La policia fue la que lo mando al hospital por mesee despues de una golpiza parecida o peor que la de Rodney King. Lo acusaron de robar un automovil, en el que lo encontraron durmiendo. El no sabia que el automovil habia sido robado por un amigo suyo. Recien lo supo cuando dos policias de la misma estacion donde el era un Explorer lo comenzaron a golpear sin preguntas. El sueño de el fue enterrado aquel dia.

Estas injusticias quedaron en el olvido. Ahora nos enteramos que algunos policias corruptos como Rafael Perez han destruido vidas. Aunque Francisco Javier Ovando sea un supuesto pandillero sin record criminal, no se le puede tartar como un subhumano sin derechos civiles.

La comunidad Latina no debe permitir que se nos trate como subhumanos. Tenemos que denunciar este tipo de abusos. No se puede permitir que el codigo de silencio exista en nuestra comunidad.

Nosotros pagamos impuestos y merecemos un trato digno por parte del LAPD. Nuestra comunidad merece algo mejor. No queremos promesas, queremos que cese el abuso policial.

Randy Jurado Ertll es presidente del Comite de Accion Politico Salvadoñe Americano (SAL-PAC).

La Opinión
Escuelas y medio ambiente
9 de diciembre de 1999

Mucha gente todavia piensa sobre "el medio ambiente" solo en terminos de arboles o especies en peligro de extincion.

Sin embargo, proteger el medio ambiente en California significa bien proteger la salud de otras comunidades, nuestras familias y sus hijos asegurando que tengamos escuelas 1impias, sin pesticidas, t6xicos 0 sustancias quimicas como asbestos.

La mayoria de los activistas del medio ambiente no se oponen a que se termine de construir el controversial Centro de Aprendizaje Belmont. A lo que se oponen es el potencial peligro que el sitio plantea por los contaminantes que su suelo contiene y que pueden causar explosiones, daños a la salud o basta muertes.

Los padres latinos deben estar mas informados de los temas del medio ambiente y como estos afectan la salud de sus hijos y de ellos mismos. Por supuesto que queremos baños limpios, escuelas Iibres de crimen, libros actualizados, etc. Sin embargo, nuestros jovenes no podran aprender correctamente si su salud corre peligro por la existencia de toxicos en su aulas escolares.

Cada dia nos enteramos de mas escuelas contaminadas. El peligro de los asbestos ha obligado a que instituciones como Palisades Charter del oeste de Los Angeles y la secundaria Roosevelt en el este de la ciudad cierren sus puertas temporalmente.

Segun un estudio de Comunidades por un Medio Ambiente Mejor (CBE), "dieciseis escuelas en el sureste de Los Angeles estan situadas o colindan con zonas industrials" que emiten particulas contaminantes. Se podria decir que existe una epidemia cronica. de contaminantes en las escuelas de esta ciudad.

Esta verdadera pesadilla salio a la 1uz publica con el caso del Centro Educativo Belmont, cuyo destino se conocera en poco tiempo A quien debemos culpar del caso? Definitivamente: los miembros de la Junta Escolar del Distrito Escolar Unificado de Los Angeles (LAUSD) que votaron a favor de construir la escuela sin examinar los estudios ambientales con la profundidad necesaria. Fue el Departamento del Control de Sustancias Toxicas (DTSC) el que descubrio el explosivo metano y el toxico sulfuro de hidrogeno en el sitio de construccion. La comunidad latina debe pedir explicaciones a estos individuos, aunque algunos de ellos ya no esten en la mesa directiva de la Junta.

Si bien se puede acusar al consorcio Temple Beaudry, a la compania encargada de construir el Complejo Belmont, de no informar y hasta enganar a las agencias reguladoras respecto a las peligrosas condiciones ambientales, los representantes de la Junta Directiva Escolar deberian haber examinado con seriedad los informes de impacto ambiental.

Los padres de familia relacionados con el tema del complejo Belmont deben conocer cuales son los posibles efectos negativos si finalmente se concluye 1a construcci6n y se abre esta escuela.

En general, 1os padres latinos deben participar en 1a toma de decisiones claves que afectan a sus hijos/as, ya que mas del 70% de 1os estudiantes del LAUSD son latinos, y 1a proporcion sigue creciendo. Asimismo, es necesario que instituciones estatales como la Agencia para la Proteccion Ambiental de California asuman el liderazgo. de implementar las leyes existentes, como 1a ley de Calidad Ambiental de Califotnia.

La responsabilidad por solucionar el problema recae tambien en los funcionarios electos que representan a los, distritos mas afectados. Ya existe un comienzo positivo: el gobernador Gray Da vis firmo recientemente unas leyes ambient:alistas, cuyas autores fueron las Senadora Hilda Solis y Martha Escutia. Estas leyes son de suma importancia porque segun un informe de la Comision Racial de la Iglesia deCristo, el condado de Los Angeles alberga mas sitios de toxicos no controlados que cualquier otro condado : 60% de los latinos en el condado de Los Angeles vive en proximidad a estos sitios. 1

E1 problema no es nuevo, si no el resultado de una prolongada negligencia. Y es que durante 16 años de administraciones estatales republicanas no habia esperanzas de implementar leyes de proteccion ambiental.

Ahora, bajo el gobierno democrata Davis, tenemos mejores oportunidades. Pero no alcanza 1 con esperar: los funcinarios electos, miembros de juntas escolares, lideres comunitaios, y mas que todo, los padres de familia, deben presionar y exigir que se cumpla la justicia ambiental en las escuelas. 1

Ranlly Jurado Ertll, Liga de de VotantesPro Conservacion Ambiental de California.

La Opinión
Proposicion 12: Parques seguros, aire puro
6 de marzo de 2000

La poblacion de California sigue creciendo, pero el espacio destinadoa para parques de recreacion sigue siendo el mismo. Es mas: los parques se reducen y, deterioran. Enfrentamos una crisis. Pero la ciudadania puede mejorar esta situacion si vota a favor dela Proposici6n 12 (Acta de parques cecinales aeguros, agua limpia, aire puro, y proteccion de la costa) en las elecciones de manaña.

Los vecindarios urbanos mas pobres desesperadamente necesitan mas espacios verdes y areas de recreacion..

Como dice el refran "es mejor prevenir que lamentar."Podemos ahorrar millones de dollares si prevenimos que nuestros ninos se involucren en actividades ilegales por la falta de centros recreacionales que ofrezcan programass educativos y deportivos.

Ademas, nuestra economia se beneficiara con la creacion de mas fuentes de trabajo dedicadas a mantener y mejorar nuestros parques y centros recreacionales

con los fondos. que se obtendran de la Proposicion 12. El resultado beneficiara a los californianos y atraera turismo, lo que redundara en ingresos adicionales, por millones de dolares.

Si la proposicion es aprobada, proveera 2,100 millones de dollares para mejorar los. Parques estatales y locales. No solamente se restauraran y crearan mas parques sino que tambien se sembraran millares de arboles para purificar. nuestro aire y mejorar el paisaje en los vecindarios urbanos, lo cual contribuira a disminuir el crimen.

Si se aprueba, la Proposicion 12 aurnentara la existencia de espacios recreacionales y seguros a nuestros niños y ayudara a crear programas deportivos como alternativa alas pandillas juveniles.

La Proposicion 12 es de surna importancia para la comunidad latina. Multiples estudios han comprobado que las zonas de bajos recursos donde la poblacion latina es nurnerosa, hay una gran escasez de parques y espacios recreacionales.

Segun encuestas de la Liga de Votantes Pro Conservacion Ambiental (CLCV, siglas en ingles), las comunidades latinas y afroamericanas son las que mas apoyaran la Proposicion 12.

Que esta haciendo la campana oficial de la Proposic16n 12 entre aquellas comunidades *que* mas necesitan parques en sus vecindarios? No mucho. En lugar de ello, se enfoca en el electorado blanco . no latino' que todavia es mayoritario en California. No hay un plan estrategico para atraer el voto vatino, afroamericano y asiatico en favor de la Proposici6n 12.

El presidente de la Asamblea Estatal Antonio Villaraigosa, por otra parte, esta haciendo mucho para que las comunidades minoritarias, voten en favor de la Proposici6n 12. Junto con otros funcionarios electos como el senador afroamericano, Kevin Murray, ha exigido que los grupos ambientalistas tradicionales hagan esfuerzos verdaderos para obtener el apoyo de comunidades que usual mente fueron ignoradas en el pasado. Como bien dice el Senador Murray "la especie que esta 'en mayor peligro de extincion son nuestros niños que viven en centros urbanos."

El asambleista Fred Keeley (coautor de la Proposicion 12) esta de acuerdo en que los ambientalistas tradicionales necesitan estrechar sus relaciones con los activistas en pro de la justicia social del medio ambiente.

El esfuerzo que se esta librando para promover la Proposicion 12 beneficiara a los californianos de diversos estratos economicos. Aunque los republicanos usualmente no estan de acuerdo en proteger nuestro medio ambiente, hubo en este caso apoyo bipartidista al proyecto en la Legislatura estatal.

El tema del medioambiente: puede ser unificante. Todos respiramos el mismo aire, bebemos la misma agua, y la contaminaci6n ambiental afecta a todos los californianos. Pero la contaminacion ambiental y la carencia de espacios abiertos para recreacion son mas acentuados en las areas donde viven las minorias. La Proposicion 12 ayudara a remediar este problema.

Si se aprueba la proposicion, la multiplicidad de parques recreacionales permitira que nuestros ni ños anglo sajones, latinos, judios, asiaticos, afroamericanos, del medio oriente y de otros paises jueguen mas a menudo lado a lado. Este tipo de interaccion directa en parques seguros puede ayudar a promover mas y mejor comunicacion y entendimiento entre los diversos grupos etnicos.

Si los votantes latinos en California nos unimos para ejercer nuestro poder politico saliendo a votar manana 7 de marzo en numeros masivos, podemos hacer historia al asegurar que se dediquen 2,100 millones de dolares para mejorar nuestros vecindarios con mas, mejores y mas seguros parques.

Randy Jurado Ertll es presidente del Comite de Accion Politico Salvadoreños Americanos (SAL-PAC).

La Opinión
Promesas incumplidas y esperanza
Domingo 16 de enero de 2000

La tragica muerte de la niña Lorena Yanez de Compton en la vispera del Año Nuevo pone de relieve la situacion en que viven las comunidades del centrosur de Los Angeles, una area villanizada desde los inicios de los años 80 con el flujo de cocaine crack que destruyo numerosas vidas El Centrosur obtuvo una reputacion nacional al generarse en la zona los disturbios ocurridos despues del fallo judicial en el caso Rodney King y es asociado con peliculas como Colors donde los pandilleros se asesisan constamente a traves de las famosas "balaceras callejeras."

Renombradas instituciones finacieras y proyectos como "Rebuild L.A." prometieron otorgar prestamos a pequeños empresarios en areas empobrecidas e invertir millones de dolares para mejorar la calidad de vida de los residentes en el Centrosur. Muchas de estas promesas no se cumplieron. Basta con manejar alrededor del Centrosur para ver la extrema pobreza y algunos negocios que fueron destruidos y que aun no han sido reconstruidos.

Hace poco Mark Ridley-Thomas, concejal de la ciudad por el Distrito 8, realizo una conferencia de prensa para destacar los logros que se han hecho en el Centrosur, especificamente alrededor de las calles Normandie y Florence, donde el conductor Reginald Denny fue violentamente atacado durante los incidents del 92.

Pero el lado de la que no destaco el consejal es deprimente y gris. Lo que algunos funcionarios electos llaman desarollo economico y progreso es derrumbar casas y edificios viejos para convertirlos en otro parquet de estacionamiento alrededor del Coliseo y la Arena Deportiva, destruyendo viviendas y obligando a los residentes a una reubicacion forzada que construir.

Otros catalogan como desarollo economico a los restaurants rapidos y la creacion de centros comerciales. Los "liquor" – las tiendas que venden alcohol – todavia son communes.

Pocos bancos o instituciones finacieras se han establecido en el Centrosur. Los trabajadores afroamericanos y latinos, se sienten distantes y desconectados con el sistema politico. El supuesto progreso economico no ha alcanzado a la mayoria de los residentes.

Algunos residentes del Centrosur, por otra parte, han mejorado sus vidas al adquirir propiedades y establecer prosperos negocios. Pero la gran mayoria no ha corrido esta suerte, continuando en la categoria de los abandonados (under class) permanentes.

Otra dinamica que no debe pasar desapercibida es el cambio demografico en el Centrosur. Los latinos ya sobrepasan a los afroamericanos en poblacion, pero no en votos. La demografia en el Distrito 8 (consejal Mark Ridley Thomas) y el 9 (Rita Walters) fluctua a diario, pero no sabremos los numerous exactos de la poblacion Latina hasta despues del conteo por la Oficina del Censo. Tendremos que esperar hasta el 2001 para conocer el numero final.

Los residentes del Centrosur deben ser registrados para votar. Quien los esta registrando? Los partidos politicos comparten esta obligacion, pero es triste: las necesidades de estos residentes no son escuchadas por sus representantes electos.

Los candidatos que se estan postulando para alcalde de la

ciudad prometen mucho, pero, les creeran los residentes del Centrosur que ellos van a mejorar sus vidas? Lo dudo. Estas comunidades han sido ignoradas por mucho tiempo y muchos votantes ya son cinicos, apaticos, y no creen los cambios.

Este es el principal desafio de los candidatos a la alcaldia: no solo insuflar esperanzas sino tambien crear oportunidades concretas.

Los candidatos a la alcaldia no solo deben tomar en cuenta a los votantes de las clases acomodadas del West Los Angeles o el Valle de San Fernando. Si quieren hacer cambios verdaderos, deben registar votantes y enfocarse en los temas que afectan a comunidades en areas de bajos recoursos. Especificamente en el Centrosur.

Las organizaciones comunitarias no estan registrando y dando educacion politician suficiente a los votantes de la zona. Organizaciones como MALDEF y UNO (United Neighborhood Organization) ya han hecho buen trabajo en el Centrosur pero no lo suficiente, a causa de la falta de recursos y compromiso duraderos.

Desde 1996, los nuevos votantes latinos y asiaticos que se hicieron ciudadanos y se registraron para votar por primera vez empezaron a influir en quien ganaba o perdia las elecciones. Ahora vemos a asesores politicos y campañas politicas enfocandose en los nuevos votantes porque ya se ha comprobado que votan en un 70% o mas, y se hacen votantes regulares.

Las clases obreras de afroamericanos y latinos y su liderazgo del Centrosur deben mejorar la comunicacion entre ellos, asi como su confianza, y coaliciones verdaderas que exijan que uan massiva registracion de votantes en Centrosur se haga una realidad. Por otra parte, el hecho de que el liderazgo latino y afroamericano tengan buenas relaciones, no significa que este positivismo se traslade a los residentes.

Quien sea electo alcalde de Los Angeles debe representar justamente a los Angelinos y mejorar su calidad de vida. El trato preferencial a las comunidades afluentes debe cesar. Los residentes de la comunidades pobres merecen servicios y tratos igualitarios a los que reciben otros residentes de areas prominentes.

La brecha que sigue creciendo entre ricos y pobres debe disminuir. El alcalde de Los Angeles tiene poder para afecuar ciertos cambios en las comunidades pobres de la ciudad. Pero los residentes del Centrosur deben exigir mas para ser escuchados en los recintos del Ayuntamiento. Si no lo hacen, todo seguira igual. Los ricos seguiran acumulando mas dinero mientras las comunidades pobres tendran que trabajar mas horas por menos dinero.

Randy Jurado Ertll es el presidente del Comite de Accion Politico Salvadoreño Americano SAL-PAC.

La Opinión
Simbolo de Fe y Esperanza
27 de marzo de 2000

Las celebraciones vienen y van: lo que cuenta es mantener vivo el mensaje de nuestros martires. Hace poco hubo diversos eventos para mantener viva la memoria de monsenor Romero, uno de los mas destacados salvadoreños en todo el mundo.

Monseñor Romero no murio en vano. Como otros grandes lideres como Gandhi y Martin Luther King sabian a traves de su propia experiencia y extraordinaria sabiduria que la vilencia no es la major via para solucionar problemas. Ironicamente, estos tres lideres murieron victimas de la violencia.

Tenemos que analizar nuestra propia historia para entender mejor el presente. El Salvador, a traves de su propia historia y en especial por la colonizacion Española, se desarollo como pais violento. Las clases pudientes utilizaron los mismos metodos que se utilizaban en España para oprimir y controlar a la poblacion de trabajadores que cultivaba las tierras para los grandes hacendados.

La gran massacre de 1932 dirigida por el general Martinez, cobro mas de 30 mil vidas de campesinos e indigenas de El Salvador.

Este acontecimiento ayudo a sembrar las semillas para la

Guerra civil que oficialmente estallo en 1980, aunque ya en las decadas anteriores habia enfrentamientos sangrientos entre militares y grupos guerilleros nacientes.

Monseñor Romero fue victima de una violencia que el mismo habia previsto. Desde temprana edad ya era talentoso, sensible y tenia una inclinacion hacia la religion. Decidio ser sacerdote catolico y se fue a estudiar a Italia. Con el pasar de los años fue nombrado arzobispo de San Salvador, la posicion mas alta de la Iglesia Catolica en ese pais.

Por muchos años, Romero atendio y conocio a las familias adinderadas. Aun no conocia la cruel realidad en su propio pais ni las injusticias que ocurrian a diario en El Salvador.

Mucho libros han sido escritos sobre Monseñor Romero. Uno que detalla su vida es Oscar A. Romero: Biografia por Jesus Delgado, publicado por la Universidad Centroamericana (UCA) donde describe la vida de monsenor Romero en detalle.

Tenemos que aprender de monsenor Romero, que tuvo que regresar a su pueblo y vivir entre su propia gente trabajadora y humilde para entender la realidad. Su viaje al canton "Los Naranjos" y muchos otros hicieron que escuchara y viera la cruel realidad de la pobreza e injusticias de su propia tierra.

Esta es una de las lecciones mas importantes del legado de Monseñor Romero. Muchos de nuestros jovenes que han perdido la esperanza se beneficiarian al entender y saber mas sobre su vida. Monseñor Romero no murio en vano.

El no permitia que le mintieran. Tampoco queria que su pueblo fuera engañado y abusado, ni que se desatara la violencia o Guerra civil en El Salvador. Desafortunadamente, fue victima de esa misma violencia que al final de cuentas cobro mas de 70 mil vidas entre 1980 y 1992.

Ahora han pasado mas de 20 años y las palabras profeticas de Romero siguen vigentes. Desgraciadamente, ahora la tierra de El Salvador sigue absorbiendo la sangre tibia de tantos asesinatos. El pais es considerado unos de los mas violentos en America Latina. Ojala que ARENA, el FMLN y demas partidos propaguen la enseñanza de la Guerra civil de que no es necesario utilizar metodos violentos para solucionar ciertos problemas.

Naturalmente, para evitar el uso de la violencia debemos empezar por nosotros mismos. Pero el gobierno tiene la responsabilidad de ser mas justo para que su pueblo no reaccione con violencia a tantas frustraciones, como ocurrio en El Salvador.

Monseñor Romero trato de evitar que la Guerra estallara en El Salvador. El no era un arzobispo comunista, pero tuvo que aguantar esta difamacion de parte de las clases pudientes de El Salvador. Ahora sabemos que el ex fundador de los escuadrones de la muerte y del partido ARENA, Roberto D'Aubuisson, fue quien planifico y ordeno la muerte de Monseñor Romero.

Gran parte del pueblo salvadoreño ve a Monse ñor Romero como un simbolo heroico, valiente, honesto, y que sigue dando fe y esperanza. No silienciaron la voz de Monseñor Romero. Las celebraciones en su honor seguiran y su legado nunca se olvidara.

Randy Jurado Ertll es miembro fundador del Comite de Accion Politica Salvadoreño Americano (SAL-PAC) y director de Participacion Civica del Centro de Recursos Centroamericanos.

La Opinión

INMIGRACION: Los republicanos y NACARA
En este año podemos ser testigos de un acercamiento y un avance conjunto entre el Partido Republicano y la comunidad centroamericana.

Domingo 11 de junio de 2000

El alcalde de Los Angeles Richard Riordan y el Concejo Municipal de la ciudad apoyan la ley de Igualdad Centroamericana y Haitiana (H.R. 2722 y S. 1592) como enmienda a la ley conocida como NACARA (Ley de Ajuste Migratorio para Nicaragüenses y Alivio a Centroamericanos), para que se incluya en la legislación de la más amplia ley inmigratoria H-1B, llamada Ley por la Competencia Americana en el Siglo XXI y compuesta por las propuestas H.R. 4227, H.R. 3983 y S. 2045. La H-1B está siendo considerada por el Congreso federal. Si se aprueba, proveerá 200 mil visas anuales para profesionales extranjeros.

La propuesta HR 2722 y S 1592 enmendaría NACARA para proveer a inmigrantes provenientes de El Salvador, Guatemala, Honduras, y Haití el mismo derecho a solicitar la corrección de su estado migratorio del que actualmente sólo gozan cubanos y nicaragüenses.

La supervisora Yvonne Brathwaite Burke ha propuesto que la Junta de Supervisores del condado de Los Angeles apoye la enmienda a NACARA y que esta enmienda se incluya en la legislación del H-1B. El voto se llevará a cabo pasado mañana, martes.

La supervisora Gloria Molina apoya la moción, lo que hace de suma importancia que el supervisor Zev Yaroslavsky también lo apoye. Ambos supervisores republicanos, Don Knabe y Michael Antonovich, pueden dar un buen ejemplo a la nación al dar su apoyo.

Los dos principales candidatos a la presidencia están tratando de hablar español agringado y han llegado hasta Los Angeles para reunirse con el liderazgo y la comunidad latina. Por su parte, el Partido Demócrata en el Congreso, el Senado y hasta la Casa Blanca apoya la ley de Igualdad Centroamericana y Haitiana. El principal autor de esta ley es Christopher Smith, un prominente congresista republicano de New Jersey. Smith, con su propuesta, dio un paso en dirección correcta con el fin de mejorar la imagen de los republicanos ante la comunidad latina. ¿Qué están esperando los demás republicanos para seguir su ejemplo?

Los republicanos más prominentes a nivel nacional, como George Bush y el congresista de California (West Covina) David Dreier (presidente del comité de Reglamento) pueden dar pasos aún más concretos para ayudar a los latinos si apoyan la nueva ley.

La ley NACARA fue aprobada en 1997 con la ayuda y el liderazgo del congresista republicano cubanoamericano Lincoln Díaz-Balart de Florida. Esta ley concedió la oportunidad a cubanos y nicaragüenses para que se acojan a la residencia permanente. Desafortunadamente e injustamente, la ley excluyó a salvadoreños, hondureños, haitianos y guatemaltecos. Esta es la oportunidad para enmendar el antiguo error. En consecuencia, la nueva medida puede beneficiar a más de medio millón de personas en todo el país. El Servicio de Inmigración y Naturalización (INS) estima que de aprobarse, la ley de paridad amparará a 330 mil salvadoreños, 220 mil guatemaltecos, 80 mil hondureños y 50 mil haitianos. Estas estadísticas incluyen 190 mil salvadoreños y 50 mil guatemaltecos que ya están amparados bajo la ley NACARA. En total, aproximadamente 440 mil personas se beneficiarían con la enmienda a NACARA. De ellos, 200 mil serían profesionales extranjeros especializados en ramas de alta tecnología.

Con esta enmienda a NACARA, no estamos hablando de una amnistía para millones de personas. Tampoco se trata de beneficiar a "ilegales" como dice el congresista Lamar Smith (presidente del subcomité de Inmigración). George W. Bush, David Dreier, y el senador Spencer Abraham de Michigan pueden proveer liderazgo y darle un ejemplo a Lamar Smith al apoyar públicamente la enmienda.

El importante activista republicano Jack Kemp, ex secretario de Vivienda, ya dio su apoyo total a la propuesta, y hasta ha formado una coalición poderosa con el presidente de Univisión, Henry Cisneros para asegurar que H.R. 2722 y S. 1592 sean incluidas en la legislación de H-1B.

La economía de Estados Unidos es actualmente robusta y no es momento de limitar la inmigración. Alan Greenspan, el presidente de la Reserva Federal y uno de los economistas más reconocidos y respetados de Estados Unidos, ha dicho que los inmigrantes contribuyen positivamente a la economía del país.

El Centro de Recursos Centroamericanos (CARECEN), con la ayuda de las organizaciones latinas y judías más importantes y con apoyo bipartidista, colaboran en el intento de que se incluya el "Central American and Haitian Parity Act" (HR 2722 y S 1592) en la propuesta de legislación de H-1B.

Los miembros de la comunidad centroamericana y haitiana han establecido negocios y comprado casas. Pagan impuestos y tienen hijos que son ciudadanos estadounidenses. En pocas palabras, ellos son los "nuevos americanos."

Para solucionar su situación migratoria que ha estado en el limbo por más de una década, la comunidad centroamericana necesita la ayuda inmediata del Partido Republicano. El "voto centroamericano" --esto es, de ciudadanos estadounidenses de origen centroamericano-- todavía pasa desapercibido, pero esto va a cambiar poco a poco cuando este "pequeño gigante" se despierte y salga a votar allí donde su población es significativa. Indudablemente, tendrá un impacto decisivo en ciertas contiendas electorales.

Los centroamericanos estamos presentes en las ciudades principales de Estados Unidos como Los Angeles, Washington, D.C, Nueva York, San Francisco, Houston, en partes de New Jersey, Chicago, Arlington (Virginia), Seattle, Boston, Miami. Poco a poco, nos estamos estableciendo en los suburbios de Estados Unidos.

El voto centroamericano está abierto a la mejor oferta. Si los republicanos se comprometen con acciones y no sólo con palabras y apoyan la nueva legislación, pueden obtener que un gran porcentaje de los votos centroamericanos fluya para el Partido Republicano.

Un apoyo del candidato George W. Bush a este proceso legislativo que pusiera en práctica su "conservadurismo compasionado" sería un hecho histórico.

Randy Jurado Ertll es director del Departamento de Participación y Educación Cívica del Centro de Recursos Centroamericanos -- CARECEN.

La Opinión
EL SALVADOR: Revolucionarios y reaccionarios
Lunes, 17 de julio de 2000

La comunidad salvadoreña se encuentra en una nueva etapa ahora que la Guerra Fría terminó. Ahora los izquierdistas del pasado y presente le dan reconocimientos a personas como Anne Patterson, embajadora de Estados Unidos en El Salvador.

Patterson apoyaba las doctrinas anticomunistas de Ronald
Reagan y George Bush.

Indudablemente ha habido una transición ideológica. Ya no
se puede distinguir quién era izquierdista o derechista. Ahora
lo que importa para muchos ex comunistas/socialistas es hacer
dinero porque inevitablemente viven en un sistema capitalista
que se enfoca en lo materialista como símbolo de éxito.

Miles de compatriotas que murieron luchando por el
comunismo en El Salvador estarían decepcionados por haber
dado su vida. Ahora, ex comandantes, ex combatientes y
simpatizantes del FMLN son "cheros" del partido Arena. Se
les olvidó que sus mismos familiares fueron asesinados por los
Escuadrones de la Muerte.

Cuando vino el vicepresidente Carlos Quintanilla de
Arena a Estados Unidos, muchos ex miembros del FMLN
organizaron recepciones en su honor. Hay ex miembros del
FMLN en la Cámara de Comercio El Salvador-California, que
se abrazan calurosamente con Quintanilla. Muchos justifican
este fenómeno diciendo que la guerra civil terminó en 1992 y
que la competencia entre Este y Oeste (Bloque Comunista vs.
Capitalista) llegó a su fin.

Los miembros del FMLN que no quieren relacionarse
con los areneros son acusados de extremistas y radicales.
Anteriormente, se acusaba al ex comandante del Ejército
Revolucionario del Pueblo (ERP) Joaquín Villalobos de ser
radical y un asesino de las elites de El Salvador.

Luego, Villalobos estuvo estudiando en la Universidad de
Oxford en Inglaterra con miembros de las mismas elites y se
ha hecho aliado de algunos de sus ex enemigos en Arena. Esto
simboliza el paso de "revolucionario a reaccionario".

Todo es justificado, porque la Guerra Fría ya terminó.
Ahora lo que importa es no ser acusado de comunista.

Roque Dalton estaría deprimido y desilusionado por
estos cambios radicales. Es irónico, que supuestamente
Roque fue asesinado con la aprobación de Joaquín Villalobos,
por sospechas de colaborar con la CIA y de sembrar
insubordinación entre las filas del liderazgo del ERP.
Villalobos ha reconocido su grave error de haber contribuido

a la ejecución de uno de los más brillantes intelectuales comunistas de El Salvador.

Aquí en Los Angeles viven dos personajes históricos que simbolizan el movimiento de izquierda y derecha de El Salvador. El primero se llama Jaime Jovel y fue uno de los pioneros del movimiento en pro de los derechos de los obreros de El Salvador. Tuvo que emigrar a Estados Unidos en 1971 porque su vida y la de otros estaba en peligro. Jovel conoce bien el movimiento revolucionario de El Salvador y hasta conoció al fundador de las Fuerzas Populares para la Liberación (FPL), Cayetano Carpio, "El Panadero".

Dice Jovel: "Quién pudiera creer que después de tanto odio, desconfianza y asesinato los enemigos del ayer se sientan juntos a comer grandes cenas. Ahora tenemos que dejar de abrigar pensamientos del pasado para sobrepasar el odio para que nuestros hijos no adopten estos pensamientos divisionistas".

Quien representa a la derecha de El Salvador es Benjamín Martínez, que fue miembro distinguido del Partido de Conciliación Nacional (PCN) que históricamente controlaba el gobierno salvadoreño. El destino puso a Jovel y Martínez en Los Angeles donde se conocieron en una reunión de Alcohólicos Anónimos. Se convirtieron en buenos amigos pero su ideología política los separaba porque las diferencias eran profundas.

Ahora Martínez dice: "Gracias a Dios la guerra terminó. No existe una verdadera comunión entre derecha e izquierda pero sí un ambiente mejor y se puede convivir --ahora se puede compartir un plato de comida sin temor a ser asesinado. No me vinculo a un partido político ni quiero reconocimientos. Ayudo a promover la comunidad salvadoreña y a los niños huérfanos de El Salvador".

Jovel y Martínez tienen algo en común. Aman a su pequeña patria El Salvador y han ayudado a la comunidad salvadoreña en Los Angeles por más de tres décadas.

Aunque representen dos ideologías opuestas, los dos están contentos de que la guerra terminó y que no tienen que asesinarse entre sí.

Pero sean de avanzada edad y débiles de salud, no

renuncian a sus respectivas ideologías políticas de izquierda y derecha, hasta la muerte.

Randy Jurado Ertll, ex presidente y miembro de la mesa ejecutiva del Comité de Acción Política Salvadoreño-Americano SAL-PAC.

La Opinión
Campaña electoral: Después de la convención
Lunes 28 de agosto de 2000

La Convención Demócrata Nacional vino y se fue como un circo o carnaval que duró menos de una semana pero costó entre 40 y 50 millones de dólares.

Para muchos, el evento fue algo histórico y conmovedor. Los manifestantes y activistas sintieron que cumplieron su misión al expresar sus quejas y frustraciones sobre diversos temas.

Los delegados se divirtieron y casi no se dieron cuenta por qué habían tantas protestas y marchas.~ La mayoría de ellos permanecieron en sus hoteles y solamente visitaron sitios como el oeste de Los Angeles. Unos pocos tomaron tours y hasta exploraron el Los Angeles "secreto".

Aunque la Convención tuvo lugar en el Staples Center, las fiestas privadas para los delegados, contribuyentes a campañas políticas, y "gente importante" tuvieron generalmente lugar en el oeste de Los Angeles. Algunos eventos se llevaron acabo en hoteles lujosos del centro de la ciudad.

Muchos sintieron un ambiente represivo en el centro de Los Angeles y sus alrededores con tanta presencia policial. Algunos periodistas han presentado una demanda legal a través del American Civil Liberties Union (ACLU) por haber sido agredidos por el LAPD.~

Cada individuo tendrá una opinión diferente sobre la Convención Demócrata Nacional. Pero lo indiscutible es que se percibió cómo la brecha entre pobres y ricos en Los Angeles y a través de California sigue en crecimiento.

Fueron unos pocos multimillonarios y el comité organizador los que ayudaron a financiar la Convención. A último momento, hasta los mismos contribuyeron tuvieron que contribuir cuando el Concejo Municipal aprobó una ayuda de cuatro millones de dólares para el evento.

Frente a esta disposición del Concejo y del alcalde Richard Riordan, los vecindarios alrededor del Staples Center son algunos de los más pobres e ignorados por la ciudad de Los Angeles en el cual no se ha invertido suficiente en los últimos años.

También es interesante que estas comunidades en el pasado no han obtenido protección adecuada de la policía y hasta han sido víctimas de algunos policías sin escrúpulos. Pero debemos también ver el otro lado de la moneda: muchos de los residentes son víctimas de criminales y pandilleros que viven en estas áreas y esto no debe ser tolerado. Ahora que pasó la Convención, ¿se les proveerá servicios policiales adecuados y justos a los residentes?

Un nuevo estudio, "La otra Los Angeles: los trabajadores pobres de la ciudad", conducido por la Alianza de Los Angeles por una Nueva Economía (siglas en inglés LAANE), si bien ha incrementado la riqueza para los más ricos, la pobreza sigue en crecimiento, específicamente es ciertas áreas geográficas.

La mayor concentración de hogares pobres con ingreso anual por debajo de los 15 mil dólares, dice el informe, está en las porciones centro y centro-este del condado, específicamente en el barrio Pico-Union / Westlake y el núcleo histórico ahora llamado "Skid Row".

La solución ofrecida hasta ahora ha sido hacer "desaparecer" estos vecindarios pobres, no por un enfoque altruista sino por razones meramente financieras y para esconder la pobreza existente en estas áreas pobres e ignoradas. Los residentes desplazados se han mudado a otras áreas empobrecidas y se ven ante la necesidad de reubicar a sus hijos en escuelas de bajo nivel. Otro tema, el de los desamparados, ni siquiera se discutió con profundidad en la plataforma demócrata a pesar de que hay miles de ellos en Los Angeles.~

Durante las décadas de los años 80 y 90, la ciudad sistemáticamente desplazó de sus hogares a miles de familias que vivían alrededor del estadio Coliseo, para complacer a los simpatizantes de los deportes, mayormente blancos no latinos, fanáticos del equipo de los Raiders. Algo similar está ocurriendo en los vecindarios que colindan con el Staples Center. Diplomáticamente, se les pagó un poco de dinero a algunos residentes para que se mudaran sin protestar.

Ahora lo único que existe alrededor del centro Staples son gigantescos estacionamientos. Los Raiders ya se fueron de Los Angeles y muchos de los ex fanáticos ahora se emborrachan en sus casas y ya no vienen a tirar basura a los vecindarios pobres entre las calles Martin Luther King, Vermont, Exposition y Figueroa.

Muchos jóvenes que vivían al lado del Coliseo desertaron de sus escuelas, la Foshay Junior High y la secundaria Manual Arts. Algunos ingresaron a las pandillas y en ese proceso murieron.~ ¿Quién podrá evitar que el ciclo vicioso de pobreza y asesinatos sin sentido cese?

Randy Jurado Ertll es director de participación cívica en el Centro de Recursos Centroamericanos

La Opinión
Latinos y coreanos en Los Angeles
10 de septiembre de 2000

La comunidad coreana de Los Angeles fue un foco de gran atencion despues de los disturbios de 1992, luego que el conflicto entre ellos y la comunidad afroamericana salio a la luz. Con el tiempo, se impuso la necesidad de examinar las relaciones entre coreanos y latinos en Los Angeles.

Algunos datos demograficos sobre la comunidad coreana y latina son parecidos . .En ambas, son mas los integrantes que han nacido en el extranjero que los nativos: en la comunidad coreana,un 72.7%. Un 43.5% de los coreanos de LA no son ciudadanos de Estados Unidos; el 29.2% lo son. Solo un 27.3% jan nacido en suelo estadounidense.

Entre la comunidad latina de Estados Unidos mas de la mitad de su poblacion ha nacido en el extranjero. Solo alrededor de seis millones son votantes, de un total de mas de 30 millones.La mayoria de la poblacion es joven, al igual que la coreana. Otra similitud es la creciente tendencia a la naturalizacion en ambos grupos.

Al igual que la comunida Latina, los hogares coreanos tienen familiares con alta participacion laboral Hay un estereotipo, que dice que los coreanos tienen altos ingresos; muchos, sin embargo, padecen de pobreza y por esta razón conviven en los mismos vecindarios de bajos ingresos con los latinos.

Una diferencia marcada entre ambas comunidades es que existe un nivel mas alto de educacion academica en la comunidad coreana. Segun el censo de poblacion de 1990, 80.2% de los coreanoamericanos se graduaron de secundaria, 55.4% obtienen titulos de colegios postsecundarios y un 34.5% obtienen licenciaturas en universidades estadounidenses. La comunidad latina desafortunadamente tiene uno de los mas altos indices de desercion escolar y pocos obtienen litulos universitarios.

Otro punto en el que coinciden es que muchos miembros de ambas comunidades no hablan el Ingles. Esto ha atrasado a ambas comunidades en su proceso de integracion y participación en elecciones y otras actividades civicas. Ademas, por haber nacido en otros paises Y tener acento extranjero, muchos miembros de ambas comunidades sufren la discriminacion racial. Las barreras linguisticas crean obstaculos para obtener servicios del gobiemo, salud, y programas educativos para ambas comunidades, y tambien crea barreras de comunicacion entre coreanos y latinos.

Steve Cho es dueño de una "licoreria" en el barrio Pico-Union/Westlake. Yo soy su cliente. Cho es miembro de la Guardia Nacional de Estados Unidos; se la pasa escuchando musica en español y esta aprendiendo este idioma. Dice Cho: "Tenemos que llevarnos bien entre coreanos y latinos, tenemos que aprender a respetar nuestras respectivas culturas y vernos como seres humanos."

No existe mucha comunicacion entre ambas comunidades. Quizas la haya entre los lideres y activistas. Mi familia vive en un edificio predominantemente latino. Al lado hay otro edificio; casi el 100% de sus habitantes son coreanos.

Los edificios estan separados por una reja de mas de 20 pies, con alambre de pua. No hay comunici6n entre los habitantes de ambos lados; solo miradas poco frecuentes, con rostros de silencio.

En las discotecas y bares se nota la total separaci6n de las comunidades. No se mezclan. Sera por el lenguaje o por segregacion etnica?

En la escuela secundaria donde enseno clases de Economia y Gobiemo he tenido estndiantes coreanos y latinos. No se comunican entre ellos. Quizas los j6venes esten aprendiendo de sus familiares a ignorarse mutuamente. En consecuencia; casi la unica comunicacion existente es la de los clientes latinos en negocios de coreanos.

Mi primera experiencia con coreanos fue en los primeros años de los ochenta cuando una familia de esa nacionalidad establecio una lilicoreria en una esquina del centrosur de Los Angeles, en un vecindario predominantemente afroamericano y latino. Recuerdo que al principio eran amistosos y amables, paro cuando empezaron a ser victimas de robos y asaltos, se convirtieron en figuras de hielo. La comunidad latina los ve solo como duenos de la tienda, que se lucraban de la clientela del vecindario.

Actnalmente, el Centro de Recursos Centroamericanos (CARECEN), el centro comunitario y juvenil coreano (siglas en Ingles KYCC), y el *Youth Empowerment Project* (YEP) trabajan en conjun to para promover mas comunicacion entre j6venes coreanos, afro-amertcanos y latinos.

Gracias al tipo de interaccion directa promovido por estas organizaciones, jovenes coreanos, afroamericanos y latinos se han conocido mejor y establecido relaciones de confianza duraderas. Aprendieron de sus respectivas culturas y se conocieron mas a fonda como seres humanos, mas alla de los estereotipos.

Randy Jurado Ertll es Director de Participacion Civica del Centro de Recursos Centroamerlcanos (CARECEN)

La Opinión
Por que me hice arrestar
2 de enero de 2001

La semana pasada se hizo oficial que la Ley de Ajuste Migratorio para Nicaraguenses y Alivio a Centroamericanos (NACARA) no seria enmendada, y una vez mas, los salvadoreños, guatemaltecos, hondurenos y haitianos fueron excluidos de los beneficios legales que se le dieron a los cubanos y nicaraguenses.

Esto fue muy decepcionante, puesto que durante muchos años, distintas organizaciones comunitarias, lideres religiosos, el movimiento laboral y muchos funcionarios electos bipartidistas abogaron por esta ley.

Hace un mes, 10 activistas de Los Angeles, incluyendome a mi, decidimos hacer un acto de desobediencia civil frente a la oficina del Comite Nacional Republicano que, irónicamente, estaba ubicado en el Este de Los Ángeles.

Queriamosos llamar la atencion y obtener el apoyo del Partido Republicano en apoyo a la mocion de la Ley de Justicia para Latinos e Inmigrantes (LIFA - S. 2912), una de las medidas pro-inmigrantes mas importantes que se propusieron en la sesión 106 del Congrego, que incluia la enmienda de NACARA, la clausula 245i, y el cambio de la Fecha de Registro.

De antemano, sabiamos que nos arrestarian por esa accion. Lamentablemente, muchos activistas creen que es divertido que los arresten y esto disminuye la seriedad de ese tipo de acciones. Es la primera vez que me arrestan.

Mucha gente de la comunidad y algunos miembros de mi familia no comprenden el concepto de la "desobediencia civil", y ahora sienten como si los hubiese de fraudado al ver por televisión como los agentes de la policia nos esposaron, nos arrestaron y condujeron a las patrullas.

Finalmente, el juez decidio desechar los cargos contra siete de los arrestados, incluyendome a mi; al final, nos impusieron el cargo de "reunión ilegal". Sin embargo, el juez decidio mantener los cargos contra otros tres individuos, y estos tuvieron que pagar una multa, quedar en libertad condicional y hacer servicio comunitario.

Por estas razones, me puse a pensar seriamente en lo que significo ser arrestado. Decidi hacerlo, no para aparecer la television o porque otros activistas lo hacian, sino por una razon mas personal

Principalmente lo hice por mi tio Armando y por otros "Armandos" en mi familia y en mi comunidad que por mas de 10 años han vivido en un limbo legal.

En 1983, mi tio se vio obligado a emigrar a Estados Unidos como refugiado cuando la cruel guerra civil en El Salvador cobro la vida de mas de 75 mil de mis compatriotas. Su hermano fue cruelmente torturado y asesinado, y su ca daver se encuentra desaparecido.

Las esperanzas y sueños de mi tio y de muchos otros se transformaron en pesadilla, porque su estatus migratorio ha sido incierto por mas de una decada. Cada dia es de angustia, puestemen ser deportados. Mi tio ha hecho gestiones a traves de largos, burocraticos y caros procesos que empezaron con el Estado de Protecci6n Temporal (TPS), Partida Diferida (DED), Iglesia Bautista Americana (ABC), y ahora NACARA, ninguno de los cuales ha resuelto su inestable situaci6n migratoria.

Cada año, mi tio ha tenido que pagar un mont6n de dinero para procesar sus documentos con el fin de obtener un permiso de trabajo. Ha visitado a varios notarios publicos, muchos de los cuales se aprovechan de los inmigrantes desesperados como el.

No esperabamos que la decision de la Corte Suprema beneficiara a George W. Bush. Ahra solo nos queda confiar que los republicanos en el Congreso y en Ia Casa Blanca expresen su "conservadurismo compasivo" encontrando una solucion para estos inmigrantes.

Un arduo camino aguarda a quienes quedaron en el aire, sin hallar solucion a su estatus migratorio, pero esperamos que algun dia termine la pesadilla que personas como mi tio Armando han tenido que sufir, y que tanto los democratas como los republicanos creen soluciones bipartidistas en la sesion 107 del Congreso. No fuimos arrestados en vano y continuaremos abogando por la comunidad inmigrante.

En cuanto a mi, este mes me marcho a trabajar con 'la congresista Hilda Solis, recientemente elegida, en el area de legislacion en favor del medio ambiente y la inmigraci6n. No abandonaremos nuestra lucha para enmendar NACARA.

Randy Jurado Ertll, Director de Comunicaciones para la Congresista Hilda Solis

La Opinión
La palabra prohibida: amnistía
Viernes, 03 de agosto de 2001

Una de las palabras prohibidas de la sesión 107 del Congreso es la de amnistía. Tanto los demócratas como los republicanos evitan usar esta palabra, ya que muchos ciudadanos estadounidenses no toleran que los inmigrantes indocumentados --aunque trabajen duro y paguen impuestos-- se hagan residentes legales. Sin embargo, ambos partidos necesitan desesperadamente el voto latino.

Los republicanos necesitan continuar controlando la Cámara de Representantes y mantener al presidente Bush en la Casa Blanca por un segundo período. A los demócratas les hace falta el voto latino para recobrar la Casa Blanca y, como esperan, ganar la Presidencia en 2004.

Muchos líderes y activistas comunitarios están preguntando cuál partido logrará atraerse a la comunidad de inmigrantes latinos con hechos y no con palabras.

El presidente Bush encargó al procurador Ashcroft y al Secretario de Estado Colin Powell que hicieran recomendaciones sobre política migratoria estadounidense y les autorizó para que la discutieran incluso con los funcionarios del gobierno mexicano, informándoles sobre estos programas de inmigración.

Hace pocos días, la Administración Bush dio vagos indicios de estar contemplando la posibilidad de conceder una "miniamnistía" a tres millones de mexicanos. Como era de esperar, congresistas tales como Lamar Smith (R-TX) y el senador Phil Graham (R-TX) se oponen vehementemente a cualquier tipo de legalización de los trabajadores indocumentados.

El senador Graham ha contraído obligaciones con los grupos de interés especial en el sector agrícola, además de estar promoviendo un programa de Trabajador Huésped con México, junto al senador Larry Craig (R-Idaho). Por supuesto, su propuesta no ofrece protección laboral firme para los trabajadores mexicanos y dificultaría el que se convirtieran en residentes permanentes de EU. Esto, claramente, explotaría a los trabajadores mexicanos, por lo que el presidente Fox no debería tolerar propuesta tan inhumana.

En contraste con la propuesta para el Trabajador Huésped Mexicano de los senadores Graham (R-Texas) y Craig (R-Idaho), el senador Kennedy (D-MA) y el congresista Howard Berman (D-California) presentaron recientemente un paquete legislativo que incluiría protección laboral y haría más fácil para los trabajadores mexicanos inmigrantes solicitar residencia permanente. El Sindicato de Trabajadores Agrícolas (UFW) apoya esta propuesta.

Encabezados por el presidente Clinton, los demócratas hicieron presión para que fuera aprobada la Ley por la Justicia al Inmigrante y al Latino (LIFA). Los republicanos hicieron una contrapropuesta, la ley LIFE que sí fue aprobada. ¿Quiénes fueron los perdedores en este tipo de negociación política? Los inmigrantes que aun siguen indocumentados.

La mejor alternativa es formular una legislación que beneficie a la inmigración procedente de la mayor parte del mundo. Los demócratas acaban de diseñar una propuesta similar.

La propuesta de Bush, de ayudar a tres millones de inmigrantes, es un paso en la dirección apropiada. Sin embargo, es sospechoso --y hemos de indagar sus motivos-- que Ashcroft y Powell estén promoviendo una propuesta que beneficia solamente a una nacionalidad. Puede que se trate de una estratagema para que se apruebe el programa de Trabajadores Huéspedes de los senadores Craig (R-Idaho) y Graham (R-TX), así como de una estrategia para oponerse a demócratas, tales como los congresistas Luis Gutiérrez (D-IL), Sylvestre Reyes (jefe del grupo latino del Congreso), Sheila Jackson Lee (D-TX), quienes han estado trabajando con el líder de la minoría Richard Gephardt (D-Missouri) y con dirigentes laborales. Los demócratas están proponiendo legislaciones que apoyan a muchos grupos religiosos, laborales y latinos por toda la nación, como lo han hecho por varios años. Necesitamos una propuesta nueva y mejor de legalización, similar a la aprobada en 1986 bajo el presidente Reagan y el liderazgo demócrata en la Cámara de Representantes. Este programa ayudó a casi tres millones de individuos indocumentados oriundos de una variedad de naciones a que se convirtieran en residentes legales de EU. El presidente Bush tiene una gran oportunidad de emular lo que el presidente Reagan hizo por la comunidad inmigrante. ¿Tendrá Bush la valentía de hacerlo?

El asunto de la inmigración es una cuestión compleja y, a veces, se convierte en un debate intenso donde las emociones llegan al punto álgido. Sin embargo, es claro que si el presidente Bush de verdad quiere poner en práctica su supuesto "conservadurismo compasivo", ésta es la gran oportunidad que tiene con las comunidades de inmigrantes latina y no latina.

La comunidad de inmigrantes latinos no puede seguir siendo pasada por alto, ni ser vista como un peón de juego por uno u otro partido. Se les debe reclamar cuentas tanto a demócratas como a republicanos, para ver quién es el que nos va a ayudar más.

Randy Jurado Ertll es ex director de comunicaciones y asistente legislativo de la Cámara de Representantes.

La Opinión
Inmigrantes centroamericanos: los olvidados
Viernes, 16 de noviembre de 2001

Desde la década de los 80, el flujo migratorio de centroamericanos ha experimentado un aumento dramático en México y Estados Unidos. La misma política drástica de inmigración que Estados Unidos adoptó fue puesta en acción recientemente por el gobierno mexicano para controlar en la frontera el cruce de inmigrantes ilegales provenientes de Centroamérica.

Antes del 11 de septiembre, el presidente Fox, junto al ministro de Relaciones Exteriores, Jorge Castañeda, había realizado un progreso notable en la negociación de un programa para inmigrantes mexicanos con permiso temporal de trabajo en EU. Jorge Castañeda creyó que era el momento de reclamar que se le diera a México "toda la enchilada". Los centroamericanos merecían comerse parte de la tal enchilada. Lamentablemente, el festín se canceló y no hubo cena.

Los ataques terroristas del 11 de septiembre han cambiado radicalmente a la sociedad estadounidense y gran parte de la legislación sobre inmigración se ha congelado. Legislación que habría beneficiado a miles de centroamericanos, a través de la Ley de Ajuste Migratorio para Nicaragüenses y Alivio a Centroamericanos (Enmienda NACARA), ni siquiera se ha discutido en el Congreso estadounidense. Por más de una década, miles de centroamericanos han visto su status legal relegado a un limbo.

En vez de enfocarse en la mejor manera de proteger los derechos humanos de los centroamericanos en México, el presidente Fox ha implementado una vigilancia más estricta y dura en el sur de México a lo largo de la frontera con Guatemala. Lo que es peor, miles de inmigrantes centroamericanos han muerto o desaparecido mientras tratan de cruzar la frontera sur de México y las tierras del país azteca. Son éstos los invisibles, los siempre olvidados en las cumbres presidenciales entre Bush y Fox.

En días recientes, agentes mexicanos del orden público tuvieron la audacia de hacer una redada y requisar la Casa del Inmigrante, un centro de refugiados de Tapachula, México. La justificación que utilizaron para esta acción fue el ataque del 11 de septiembre y que la Casa del Inmigrante era percibida como una guarida potencial para terroristas. Poniéndolo en términos comparativos, esto equivale a decir que, en EU, el Servicio de Inmigración y Naturalización (INS) o el Departamento de

Policía de Los Angeles (LAPD) hicieran en Los Angeles una redada en una organización comunitaria de derechos del inmigrante.

Los gobiernos estadounidense y mexicano no deberían seguir pasando por alto esta explotación que sufren, en la sombra, los inmigrantes centroamericanos que llegan a México. Por añadidura, los presidentes centroamericanos tienen la responsabilidad moral y legal de exigir la protección de su propia gente.

Deberían comenzar por dar el ejemplo ellos mismos y tratar de mejorar la protección a la economía y a los derechos humanos en sus propios países. Los inmigrantes centroamericanos siguen arriesgando la vida debido a la dura situación económica y a la inestabilidad política que sufren en sus propios países.

¿Por qué se quedan callados los gobiernos en torno a este asunto, cuando hay tantos hombres, mujeres y niños que son víctimas de extorsión, palizas, violaciones e incluso asesinatos? Muchos centroamericanos son asesinados en áreas como Tapachula. Son presa fácil en manos de los corruptos agentes de policía, de ladrones o coyotes que los explotan para obtener de este tráfico ilegal de seres humanos una ganancia considerable.

El año pasado, durante la visita del presidente Fox a Centroamérica, éste pidió perdón oficialmente por el trato inhumano que los centroamericanos reciben en México. Sin embargo, el maltrato y el asesinato no han terminado. ¿Qué autoridad moral tiene el presidente Fox para pedirle al presidente Bush que proteja los derechos humanos de los inmigrantes cuando su propio gobierno maltrata y viola estos derechos?

Cuando se vuelvan a discutir la política de inmigración o a exigir que se implemente una, por favor no nos olvidemos de nuestros hermanos y hermanas centroamericanos que a diario sufren y a veces mueren tratando de cruzar la militarizada frontera del sur de México.

Randy Jurado Ertl es director de participación cívica en el Centro de Recursos Centroamericanos.

La Opinión
Aprender de Fox
29 de noviembre de 2001

Recientemente, represenntantes politicos de E1 Salvador visitaron EU en un viaje oficial. Es interesante notar que la delegacion trajo a representantes de la mayoria de los partidos politicos de E1 Salvador, Alianza Reublicana Nacionalista (ARENA), Frente Farabundo Marti para la Liberacion Nacional (FMLN), Partido Democracia Cristiano (PDC), Partido de Conciliaci6n Nacional (PCN). Dulte los años 80 y a comienzos de los 90s, este tipo de delegaci6n pluripartidista hubiera sido imposible. Ya era hora de que se efectuara esa esa visita y es de esperar que los delegados aconsejen a sus propios partidos politicos que envien sus representantes a EU mas frecuentemente.

El embajador de El Salvador en en EU, Rene Leon, declar6 claramanete que era un "viaje exploratorio" para reunirse con grupos comunitarios, eclesiasticos y y sindicales. Este viaje es un paso dado en la direcci6n correcta. Solo esperemos que rindan frutos.

Las cuesstiones reJacionadas con inmigracion fueron una prioridad en las discusiones del grupo legislativo con lideres importantes de la comunidad, la Iglesia Catolica y la fuerza Iaboral. La Red Nacional de Salvadoreños en EU (SANN), junto a la Coalicion Centroamericana de Los Angeles, se reunio tambien con los diputados y el embajador Rene Leon les insto a que continuaran abogando por la urgente enmienda de la ley NACARA (Ley de Ajuste Migratorio para Nicaraguenses y Alivio a Centroamericanos) y por la extension del Estado de Proteccion Temporal (TPS) para 1os hondurenos, nicaraguenses y salvadoreños.

Algo que complaceria a SANN seria que el gobiemo de El Salvador participara mas activamente en los asuntos que interesan a 1os salvadoreños que viven en EU. Todos los principales partidos politicos, de El Salvador reconocen que los salvadoreños residentes en EU envian niveles sustanciales de remesas a El Salvador y que ellos, tambien, se benefician directamente de este dinero.

El presidente Fox de Mexico dio un gran ejemplo al hablar a nombre de todos los mexicanos sobre el asunto de la inmigracion, ya sea que vivan en Mexico, o en EU. El presidente Francisco Flores tiene la obligacion politica de hacer lo mismo y apremiar al gobiemo estadounidense a que apoye la enmienda a la ley NACARA, asi como pedir la extension del TPS para los salvadoreños.

Los presidentes de Honduras y Nicaragua deberian tambien emular a Fox y venir a EU para abogar por una extension del TPS.

El presidente Fox ha fijado el patron quelos presidentes centroamericanos deben seguir. Fox no se ha mostrado intimidado por EU y acudio a su cita este pais con ideas claras y propuestas de inmigracion que podrian beneficiar a los mexicanos.

Hay que admitir que los ataques del 11 de septiembre cambiaron a la.sociedad estadounidense y sus relaciones con otros gobiernos extranjeros. El embajador Leon declaro claramente que el gobierno salvadoreño esta cooperando un 100% con el gobiemo estadounidense en asuntos de seguridad nacional que benefician a EU. Sin embargo, incluso el presidente Fox ha vuelto a abogar a favor de las reformas de inmigracion afin de preparar el terreno para 2002, año de elecciones en EU. Los presidentes centroamericanos necesitan hacer lo mismo, en vez de esperar a que comience la sesi6n 1008 del Congreso.

El presidente Francisco Flores tiene buenas relaciones con el Presidented George W. Bush. La concesion del TPS a los salvadoreños, en febrero de 2002, seria un reflejo de ellos. Cerca de 240 mil salvadoreños han solicitado ser acogidos por el TPS en EU.

El gobierno salvadoreño deberia hablar a nombre de los millones de salvadoreños que viven en El Salvador y EU, e instar al gobierno estadounidense a que apruebe la enmienda de la ley NACARA y extienda el TPS a los salvadoreños que se

53

aprobo tras los dos sismos que desolaron El Salvador este año.
Asi mismo, los nicaraguenses y hondurenos merecen obtener
una extension del TPS, cuyos paises no se han recuperado
todavia de los efectos del huracan Mitch.

Los presidentes centroamerica nos tienen la obligacion
moral y politica de defender a sus paisanos y de cabildear ante
el gobierno estadounidense a fin de aprobar estas cuestiones
especificas de inmigracion que tienen impacto directo sobre los
centroamericanos que viven en EU y sobre sus familiars en el
pais de origen.

Randy Jurado Ertll, director ejecutivo de SANN.

L.A. Times
Don't Make the Police an Arm of the INS
December 16, 2001
By Randy Jurado Ertll And Marvin Andrade

Immigration and Naturalization Service Commissioner James
Ziglar announced in early December that the names of more
than 300,000 immigrants scheduled for deportation will be
entered into an FBI criminal database. This is to facilitate the
identification by the police.

With this order, Ziglar not only deputized every police
officer in the U.S. to collaborate with immigration officials,
he classified these undocumented immigrants in the same
category as convicted felons and fugitives charged with severe
crimes. Even Ziglar's congressional liaison has indicated
that most of the individuals who will be entered into the
database under this order have committed only administrative
violations by overstaying their visas. Failing to submit to an
order of deportation is considered a civil infraction--not a
misdemeanor or a felony.

The federal government and community organizations
must inform and educate the public and police officers about
these facts.

With Ziglar's announcement, issues such as racial profiling, fear of the police and a reluctance to report crimes will resurface and intensify.

In the city of Los Angeles, Special Order 40 was implemented in 1979 to prohibit the police from questioning people only because of their immigration status. A spokesperson for City Councilwoman Cindy Miscikowski, chairwoman of the council's Public Safety Committee, has said the new federal ordinance will not conflict with Special Order 40.

However, the reality on the streets can be very different. Police officers may feel they have the green light to use the database against immigrants--legal and undocumented. Some of the immigrant detainees may be unfairly treated as criminals when in fact they may not be.

There are a number of scenarios in which unsuspected immigrants can fall under the database trap. Many immigrants are ordered deported in absentia. Sometimes they move and never receive a notice for a court appearance. Without knowing that they have been ordered deported, many immigrants apply for an adjustment of status under a family petition, temporary protected status asylum or because of marriage to a U.S. citizen. Unknown to them, they have been listed in a criminal database and can be detained by a police officer and arrested and transferred to an INS facility for deportation.

History has taught us that in prosperous times the United States favors immigration.

In particular, the U.S. favors undocumented immigrants willing to work long hours for little pay in agriculture, service and manufacturing jobs. These immigrants work hard and pay billions of dollars in taxes.

But in economic recessions and difficult political times, immigrants become scapegoats. Many anti-immigrant groups and some elected officials are using the call for national security as a vehicle to propel an anti-immigrant agenda. We now see an anti-immigrant wave supporting legislation that limits our civil rights, restricts noncitizen rights and feeds hatred toward minorities, especially those of Middle Eastern descent.

Some of the alleged perpetrators of the Sept. 11 attacks

had entered the U.S. legally with tourist and student visas. Thus, the problem facing the Department of Justice in terms of national security goes beyond illegal immigration, border protection and deportation of undocumented immigrants. Issues such as the proper background checks of Border Patrol agents, adequate administrative services, better control at ports of entry and a restructuring of the screening process for visa applicants in foreign countries need to be addressed.

More emphasis must be placed on the process used by the embassies for investigating and interviewing individuals who want to enter the U.S. We must do a better job of identifying terrorists before they enter this country.

The criminalization and deportation of these people with families and roots in this country are not going to produce significant progress in our battle against terrorism. The collaboration between the INS and law enforcement officers, however, will likely create civil rights violations of innocent individuals. We must not forget about preserving our civil liberties in these very difficult times.

Randy Jurado Ertll is executive director of the Salvadoran American National Network. Marvin Andrade is the civic education and participation director at the Central American Resource Center in Los Angeles.

La Opinión
Inmigracion: La policía como brazo del INS
Domingo, 23 de diciembre de 2001

El miércoles 5 de diciembre, el comisionado de Inmigración, James Ziglar, anunció que entrarán a formar parte de un banco de datos de criminales los nombres de más de 300 mil inmigrantes que tienen orden de deportación.

El propósito de la ordenanza federal es que la policía facilite la identificación de aquellos individuos que están bajo orden de deportación y se encuentran todavía en EU.

Con esta ordenanza, el comisionado Ziglar queda en capacidad de capacitar a cada policía de toda ciudad de EU para que colabore con el Servicio de Inmigración y Naturalización (INS). Los agentes del INS deberán ser más efectivos en sus labores de patrullaje de las fronteras y otros puertos de entrada, a fin de detectar y desalentar a los terroristas que intenten entrar al país.

Además, por medio de ella, el comisionado se sirve clasificar a estos inmigrantes indocumentados dentro de la misma categoría que abarca a los fugitivos contra quienes pesan crímenes graves, y los criminales convictos. Joe Karpinkski, enlace de Ziglar ante el Congreso, indicó que los nombres de la mayoría de estos individuos entrarán a formar parte del banco de datos del Centro Nacional de Información Criminal (NCIC) puesto que han incurrido en violación administrativa al quedarse en EU después de que expirara su visa, lo que no significa que sean criminales.

Es importante reconocer que el no hacer acto de presencia ante una orden de deportación se considera una infracción civil y no un delito ni un crimen. El gobierno federal y las organizaciones comunitarias deben informar e instruir al público y a los agentes de policía sobre esos hechos.

En la ciudad de Los Angeles se implementó en 1979 la Orden Especial 40 para prohibir a la policía que funcione como brazo armado del INS. Los grupos de derechos civiles han logrado progreso notable en su comunicación con el Departamento de Policía de Los Angeles (LAPD), desde que estallara el escándalo de corrupción policiaca en la División Rampart. Ahora, con el anunció de Ziglar, cuestiones tales como el perfil racial, el temor a la policía y la renuencia a reportar crímenes va a resurgir y a intensificarse. Esto agravará más las tensiones entre las entidades de vigilancia del orden público y la comunidad de inmigrantes.

Un portavoz de la concejal Cindy Miscikowski, presidenta de la Comisión de Seguridad de LA, aseguró que la nueva ordenanza federal no entrará en conflicto con la Orden Especial 40. Esperamos que esas palabras correspondan a la realidad y que el Concejo Municipal de LA y el LAPD ofrezcan garantías escritas.

Sin embargo, la realidad en la calle es muy diferente, y

ahora los policías tendrán luz verde para verificar si el nombre de una persona a la que acaban de detener está incluido en el banco de datos provisto por el Departamento de Justicia. Algunos de los inmigrantes detenidos podrían ser tratados injustamente como criminales sin serlo, en la mayoría de los casos.

Bajo la nueva ordenanza, a muchos inmigrantes, legales o indocumentados, que cometan cualquier pequeña infracción de tráfico la policía los parará y requisará, procediendo luego a revisar --en el computador del coche patrulla-- si sus nombres están en el banco de datos sobre criminales, con lo que a menudo se les someterá a la práctica de "perfil racial".

Robert Foss, director legal del Centro de Recursos Centroamericano (CARECEN), describe un número de posibles escenarios en los que los inmigrantes sin sospechar nada pueden caer en la trampa del banco de datos. Explica que si bien a muchos inmigrantes se les expide orden de deportación in absentia, algunos se mudan y nunca reciben notificación de presentarse en tribunales.

Sin saber que se ordenó su deportación, muchos inmigrantes solicitan que se regularice su estado bajo petición de su familia, estatus de protección temporal (TPS), asilo, o por matrimonio con un ciudadano estadounidense. Sin saberlo, se ha puesto su nombre en la lista de un banco de datos, pueden ser detenidos por la policía, arrestados y transferidos a una instalación del INS a la espera de que se les deporte.

La historia nos enseña que en los tiempos de prosperidad, EU favorece la inmigración. En particular, EU parece estar a favor de que entren al país inmigrantes indocumentados dispuestos a trabajar largas horas por salarios bajos en agricultura, servicio y en el sector manufacturero. Estos inmigrantes trabajan duro y pagan miles de millones de dólares en impuestos, pero carecen de la oportunidad de recibir reembolso alguno del gobierno estatal o del federal. En tiempos de recesión económica y tiempos políticos difíciles, los inmigrantes se convierten en chivos expiatorios y en blanco de legislación restrictiva.

Ya que los inmigrantes no pueden votar y no tienen millones de dólares para hacer contribuciones de campaña electoral, muchos de los funcionarios elegidos son del sentir que se puede pasar por alto a los inmigrantes y permitir que se violen sus derechos civiles.

Varios grupos anti inmigrante y algunos funcionarios electos están valiéndose del llamado a la seguridad nacional como instrumento para impulsar un programa conservador antiinmigrante. Igual a lo que experimentamos después de la bomba que destruyó un edificio federal en Oklahoma, en 1995, contemplamos ahora una ola de legislación antiinmigrante que limita nuestros derechos civiles, restringe los derechos de los que no son ciudadanos y alimenta el odio contra las minorías, especialmente hacia las personas provenientes del Medio Oriente.

Lamentablemente, después de los ataques del 11 de septiembre, el ambiente se ha puesto más hostil al inmigrante y muchos ciudadanos de EU apoyan las medidas restrictivas, aun si eso significa que los derechos civiles no son protegidos debidamente de acuerdo a los lineamientos de la Constitución. En estas circunstancias, es reconfortante saber que un sondeo conjunto del diario The New York Times y la cadena televisiva CBS reveló recientemente que los estadounidenses en general están preocupados de que estos cambios en la vigilancia del orden público puedan afectar negativamente sus derechos civiles. Los estadounidenses quieren seguridad nacional, pero también quieren que sus derechos civiles sigan siendo protegidos.

Se calcula que unos 800 mil inmigrantes indocumentados cruzan nuestra frontera cada año. durante el mismo período, unos 35 millones de personas visitan EU legalmente como --fundamentalmente-- turistas, estudiantes, y trabajadores. Esta cifra palidece, sin embargo, ante los cálculos de que más de 500 millones de entradas y salidas anuales se registran en los puertos de entrada estadounidenses, por aire, mar y tierra.

Poco después de los ataques del 11 de septiembre, se descubrió que los terroristas habían entrado al país legalmente con visas de turismo y de estudiantes. El problema que encara el Departamento de Justicia en cuestiones de seguridad nacional trasciende las cuestiones de inmigración ilegal, protección de fronteras y deportación de inmigrantes indocumentados.

Han de atenderse aspectos tales como la revisión apropiada que realizan los patrulleros de frontera, el que los servicios administrativos sean adecuados, el mejor control de los puertos de entrada y la re-estructura del proceso de investigación de solicitantes de visado en países extranjeros.

Hasta ahora, se prestaba poca atención al proceso que usan las embajadas extranjeras para investigar y entrevistar a los individuos que quieran entrar en EU. Debemos ser más eficaces en el proceso de identificar terroristas antes de que entren a EU.

No debemos permitir que los inmigrantes indocumentados sean categorizados como criminales cuando son personas que trabajan duro, pagan impuestos y respetan la ley. La criminalización y deportación de estas personas --con familia y raíces en este país-- no va a contribuir significativamente a nuestra batalla contra el terrorismo. La colaboración entre el INS y los agentes del orden público, sin embargo, seguramente dará como resultado que se infrinjan los derechos civiles de individuos inocentes. No debemos olvidarnos de preservar nuestras libertades civiles en momentos tan difíciles como los presentes.

Randy Jurado-Ertll es director ejecutivo de la Red Nacional Salvadoreña Americana (SANN).

La Opinión

NACARA: batalla cuesta arriba en 2002
Desde la implementación de esta Ley se han presentado más de 99 mil solicitudes, empero únicamente 27 mil han recibido una decisión final.
Randy Jurado Ertll y Marvin Andrade

En los años 80 y a comienzos de los 90, la violencia política desplazó en Centroamérica a miles de personas. Muchos de ellos vinieron a Estados Unidos como refugiados y, desde entonces, han residido en este país legalmente con permiso de trabajo o bajo el estatus temporal de protección o TPS. La comunidad centroamericana no se ha dado por vencida y espera que el año 2002 provea una oportunidad para que se apruebe la Enmienda NACARA.

Lamentablemente, EE.UU. se rehusó a reconocer a la mayoría de estos inmigrantes como refugiados y les negó la oportunidad de convertirse en residentes permanentes. Al mismo tiempo, EE.UU. dio estatus de refugiados a algunos cubanos, nicaragüenses y vietnamitas, la mayoría de los cuales se acogieron a una política inmigratoria ligada a la época de la Guerra Fría.

Desastres naturales recientes tales como el huracán Mitch en 1998 y dos sismos de gran magnitud que desolaron a El Salvador a comienzos del año pasado, han puesto de nuevo a la región en primera plana. Estos cataclismos dañaron tremendamente las economías de la zona y han alimentado el flujo ininterrumpido de inmigrantes que buscan refugio en EE.UU.

El dinero girado a sus países de origen por los centroamericanos que trabajan en EE.UU. mantiene a flote a estas economías. La magnitud del dinero mandado por los centroamericanos de EE.UU. a sus familias opaca cualquier otra contribución de ayuda de emergencia, estímulo económico o esfuerzo de reconstrucción. Contando tan sólo a los salvadoreños, el monto de lo enviado al país natal sobrepasará este año los 2,000 millones de dólares .Esta suma excede el Producto Interno Bruto (GDP)de El Salvador por un 13% como mínimo.

En 1997, el Congreso aprobó la Ley de Ajuste Migratorio para Nicaragüenses y Alivio a Centroamericanos (NACARA) para darles otra oportunidad a ciertos individuos que viven en EE.UU. de cambiar su status temporal al de residente permanente. Esta ley dio a los cubanos y nicaragüenses una oportunidad de solicitar la residencia permanente, pero a la vez requirió que otros se suman en un proceso complicado, costoso y que gasta mucho tiempo. Además, algunos grupos de centroamericanos fueron dejados fuera de la ley NACARA.

Como esfuerzo para mejorarla, el congresista Luis Gutiérrez

(D-Illinois), ya dos veces ha presentado legislación que enmendaría esta ley ,dándole a ciertos naturales de Honduras, Guatemala, El Salvador y Haití, la misma oportunidad que tuvieron los cubanos y nicaragüenses. Al mismo tiempo, la enmienda a NACARA aceleraría el proceso administrativo y simplificaría el proceso de solicitud.

El último proyecto de ley presentado por Gutiérrez -H.R. 348- el 31 de enero del año pasado, quedó estancado en el subcomité de Inmigración y Peticiones. Un proyecto legislativo similar presentado por el congresista Chris Smith (R-NJ) también sigue en vilo. Es de esperar que en 2002 otros congresistas tomen la iniciativa para resolver este asunto.

En los dos años pasados, bajo mejores condiciones políticas y con una administración más amigable, los grupos centroamericanos ejercieron constante presión para que se enmendara NACARA. Ahora, en tiempos de una crisis nacional que ha puesto en segundo plano la reforma a las leyes de inmigración, muchos se plantean si continuará defendiéndose a NACARA en el 2002.

Los informes del INS muestran que desde la implementación de NACARA se han presentado más de 99 mil solicitudes; empero únicamente 27 mil han recibido una decisión final. Esto significa que más de 72 mil solicitudes quedan pendientes. A este paso, llevaría más de 20 años procesarlas todas.

A medida que pasa el tiempo, los documentos, las huellas dactilares y los permisos de trabajo expiran. Los solicitantes se ven forzados a presentar nuevos documentos y a pagar honorarios adicionales, los cuales pasan a engrosar las arcas del INS. Así se crea un limbo legal que prolonga el proceso a expensas de las familias de inmigrantes pobres. Esto es inaceptable y resulta un ejemplo perfecto de la ineficiencia del INS.

La Administración Bush ha iniciado un plan para reestructurar el INS, con la esperanza de poner fin a la pesadilla burocrática. Es un paso en la dirección correcta, pues debe cesar de poner énfasis exclusivo en la vigilancia reforzada a lo largo de la frontera. Lo que debería haber es colaboración entre el INS y ambos partidos del Congreso para que pueda llegarse a una reestructuración efectiva del plan, que incluya la residencia permanente para los inmigrantes que la merezcan.

En medio de un despliegue de medidas de seguridad nacional, algunos congresistas y la propia Administración Bush exigen que se aprueben nuevas medidas de seguridad, con los no-ciudadanos en la mira. La comunidad inmigrante encara un período en el que es crucial disponer de documentos legales. Debemos continuar en nuestro esfuerzo de proporcionar solución legal a los problemas inmigratorios de las familias que ha caído en el limbo de NACARA.

Nuestros representantes elegidos deben asumir una disposición dinámica para defender esta cuestión e intentar que sus esfuerzos por resolver estos problemas se aúnen a los de la Administración Bush y el Departamento de Justicia. El INS debe resolver estos casos pendientes y traer alivio a miles de familias que han estado esperando demasiado para que se regularice su estatus legal. Estos esfuerzos bien valen la batalla cuesta arriba que nos espera en el 2002.

Randy Jurado-Ertll es director ejecutivo de la Red Nacional salvadoreña Americana (SANN);

Marvin Andrade, es director de información pública y participación en el Centro de Recursos Centroamericanos (CARECEN) de Los Angeles.

La Opinión
El Salvador: Despues de la Guerra
Viernes, 08 de febrero de 2002

La mayor parte de mis familiares escaparon de El Salvador en la década de los 80 para ponerse a salvo de la guerra en Estados Unidos.

Todavía me acuerdo del día, esto en 1982, cuando mi mamá y mis tías recibieron un telegrama de El Salvador informándolas que mi tío acababa de ser asesinado. Su muerte lo convirtió en parte de una estadística de 80 mil muertos.

Se me ha quedado grabada la escena: mi madre y mis tías se abrazaban llorando incontrolablemente. Yo era demasiado niño para entender el impacto emocional de lo que había pasado. Tampoco entendía esas palabras, pintadas en los bancos donde esperábamos al autobús: "¡No a la intervención de EUen El Salvador!"

Han pasado 10 años desde que se firmaron los Acuerdos de Paz con que se puso fin a 12 años de sangrienta guerra civil. Más de un millón de salvadoreños se vieron obligados a emigrar, escogiendo la mayoría de ellos como destino EU. Ahora que ha pasado una década, comprendo mejor lo que pasó en Centroamérica. Sin embargo, todavía mi abuela no entiende por qué su hijo fue torturado y su cadáver nunca apareció.

¿Murió en vano mi tío? ¿Está El Salvador actualmente en mejor o peor situación que entonces?

Muchos no quieren ni recordar ese triste período en el que se destruyeron tantas vidas. Sin embargo, debemos revisar mentalmente lo que pasó a fin de extraer lecciones que nos permitan evitar que ese episodio violento resurja en nuestra vida.

Con el triunfo de Ronald Reagan se volvió una obsesión derrotar cualquier movimiento revolucionario en Latinoamérica. Por supuesto, EU ya había aprendido la lección, que le impartieron los vietnamitas: no enviar a sus propias tropas a luchar. En vez de eso, los norteamericanos se dedicaron a financiar la guerra civil en El Salvador, apoyando al partido gobernante y a los militares salvadoreños.

Durante la guerra civil de El Salvador, ambos bandos cometieron violaciones de los derechos humanos. Sin embargo, la Comisión de la Verdad auspiciada por las Naciones Unidas halló que más del 80% de los asesinatos y las violaciones de los derechos humanos los cometieron los militares.

Las Fuerzas Armadas salvadoreñas reclutaron a la fuerza a muchos jóvenes para que pelearan en la guerra civil contra los llamados comunistas. Muchos de estos jóvenes ignoraban qué cosa era el comunismo o el capitalismo. En la actualidad muchos de esos veteranos no tienen piernas o brazos, se han convertido en drogadictos o están desempleados, además de que nunca recibieron las tierras que se les prometió al firmarse la paz. El gobierno salvadoreño ya no necesita sus servicios de esos ex combatientes, y hoy buena cantidad de ellos se dedica al crimen. El Salvador es ahora uno de los países más violentos y peligrosos de Latinoamérica. Muchos aducen que los asesinatos que ocurren hoy en día sobrepasan en número a los de la guerra. Las injusticias sociales y económicas que dieron origen a la guerra civil todavía quedan por remediar. La tasa de pobreza ha aumentado drásticamente y la Agencia para el Desarrollo Internacional de EU (USAID) calcula que cerca del 50% de la población salvadoreña vive en la pobreza. Si no fuera por los millones de dólares --2000 el año pasado-- en remesas que envían anualmente los cientos de miles de salvadoreños que viven en EU y en otros países, El Salvador estaría aun más empobrecido.

Aunque uno de los logros más importantes que dejó la guerra, fue que se reformaron las estructuras de las Fuerzas Armadas y la policía, El Salvador no mejoró al terminar la guerra. Las estructuras económicas dominadas por las familias adineradas no cambiaron; esas familias incluso se han enriquecido aún más, dominan el poder y han sido incapaces de traer bienestar social y empleos a la población.

El Salvador se ha convertido en exportador de mano de obra barata, y seguirá exportando a su población si la situación económica no mejora.

El décimo aniversario de los Acuerdos de Paz ofrece una oportunidad a los jóvenes centroamericanos en EU de aprender sobre la guerra civil salvadoreña y comprender mejor lo que ésta representó. En nombre de tanta sangre derramada, no nos olvidemos de los que murieron y no permitamos que sus muertes sean en vano.

Randy Jurado Ertll es director ejecutivo de la Red Nacional Salvadoreña Americana en EU (SANN) y recientemente hizo una gira por El Salvador.

La Opinión
Extender el TPS
Lunes 15 de abril de 2002

La reciente visita del presidente George W. Bush a Latinoamerica creo muchas expectivas pues dijo que era buen amigo del presidente Francisco Flores de El Salvador. Ahora, Bush tiene la gran oportunidad de probar cuan Honda es su Amistad, ayudando a reconstruir America Central y extendiendo el Estado de Proteccion Temporal (TPS) a los hondurenos y nicaraguenses por otrso 18 meses, ya que este expirara el de 5 julio 2002.

La Administracion Clinton concedio el TPS a hondureños y nicaraguenses en enero 1999 debido a los destrozos causados por el huracan Mitch, el cuarto mayor huracan del siglo XX. Miles de personas murieron y los daños sumaron miles de millones de dolares.

De acuerdo al Departamento de Justicia, la Seccion 244 de la Ley de Inmigracion y Nacionalidad autoriza al Procurador a otorgar o extender el TPS a los extranjeros que viven en Estados Unidos y son ciudadanos de paises donde conflictos armados, desastres naturales u otras condiciones extraordinarias han creado una situacion temporal tal que el regreso es peligroso – cuando no imposible – porque el pais natal atraviesa gran inestabilidad. A los beneficiaries del TPS se le concede una estadia y un permiso de trabajo para el period designado por el TPS y por las subsecuentes extensions que pueda haber. Sin embargo, el TPS no sirve de punto de partida para obtener el estatus de residente permanente.

Quienes solicitan el TPS deben obtener por adelantado el visto Bueno del Servicios de Inmigracion y Naturalizacion (INS) antes de viajar al exterior de EU. Solo se dan permisos por adelantado, en emergencias y situaciones extremas.

La reciente visita de Bush a El Salvador, el 24 de marzo de 2002, dio paso a la esperanza de que el TPS se extendiera a los hondurenos, nicaraguenses y salvadoreños. A los salvadoreños se les dio el TPS en razon de los catastroficos sismos de enero y febrero de 2001 en El Salvador. El TPS de los salvadoreños expirara el 9 de septiembre de 2002.

Sin embargo, el presidente Bush declare que no tomara una decision sobre el TPS hasta el momento adecuado.

La Ley de Inmigracion y Nacionalidad afirma que al menos 60 dias antes del final de la extension o designacion, el Procurador deber revisar las condiciones del pais extranjero para que la designacion este en efecto. El Departamento de Estado de EU y el embajador estadounidense en el respective pais centroamericano tambien contribuiran su parte, al asesorar al Departamento de Justicia de EU acerca de si se debe o no extender el TPS.

El gobierno estadounidense debe reconocer que Hondruas y Nicaragua no se han recuperado totalmente de los destrozos causados por el huracan Mitch. Una serie de desastres ecologicos, posteriors al huracan Mitch, tambien han destruido partes de Honduras y Nicaragua. Las inundaciones de 1999, el huracan Keith en 2000, y una seguia severa en 2001, destrozaron gran parte de la produccion Agricola de ambos paises. A finales de 2001, el huracan Michelle tambien ocasiono estragos en partes del norte de Honduras.

El INS ha reconocido que aproximadamente 105 mil hondurenos y 5,300 nicaraguenses yah an solicitado el TPS. La entidad federal declare que cualquier nueva extension no permitira beneficiarse del program a los hondurenos y nicaragueses que entraron a EU despues del 30 de diciembre de 1998.

Ni Honduras ni Nicaragua estan listos, economicamente, para absorber a los miles que volverian si no se aprobara la extension. Esto crearia un caos economico mayor ya que ambos paises dependen de las remesas de dinero enviadas desde EU.

La region centroamericana se ha beneficiado mucho de las remesas que envian las familias emigrantes. Mas de 3,000 millones de dolares se envian anualmente a Honduras, Nicaragua y El Salvador.

Extender el TPS a los hondurenos y nicaraguenses es una cuestion humanitaria. La Administracion Bush no tiene, en este caso, que preocuparse de las contiendas partidistas ya que el TPS puede otorgarse por via administrativa.

Centroamerica se esta recuperando del huracan Mitch y de

la sequia. Si Bush concede la extension, la region continuara recuperandose y esto ayudara, hasta cierto punto, a reducer el flujo de inmigracion a EU. Por supuesto, que tambien contribuira a demostrar que el presidente Bush es de verdad amigo, no solo del presidente Flores, sino de los centroamericanos que estan en EU y fuera. Eso si que seria una prueba de amista.

Randy Jurado Ertll encabeza la Red Nacional Salvadoreña Americana (SANN).

La Opinión
Los disturbios continuan
Miercoles 1 de mayo de 2002

Mi familia y yo nos mudamos al centrosure de Los Angeles en 1978, cuando mi madre se convirtio en residente permanente de Estados Unidos. Acabamos de regresar de El Salvador.

Mi tia primero se instalo en un vecindario centrico entre las calles Hoover y 41, justo al sur del bulevar Martin Luther King, Jr. (antes llamado el bulevar Santa Barbara). La seguimos al centro de LA, atraidos por el bajo alquiler y las oportunidades de trabajo. Por razones similares, en aquellos años muchos otros inmigrantes, principalmente de Mexico y centroamerica, se sentian atraidos a afincarse en el Centrosur, cuya poblacion ear principalmente afroamericana.

Durate los años 80, la migracion Latina a esa area aumento drasticamente.

Recuerdo lo dificil y angustioso que fue para mi cursar el primer grado de primaria en la escuela Menlo Avenue. No sabia ingles y me sentia como un extraño…y como un extranjero me trataron.

Habia limites en la paciencia y la comprension para con los ninos que no sabian ingles y que lloraban casi a diario. A mi mama le costaba creer que una mis maestras habia amenazado con llamar al Servicio de Inmigracion y Naturalizacion (INS) si yo no dejaba de llorar, las redadas del INS eran communes. Hasta mi propia madre se creyo que podrian llevarnos. No habia mucho que ella pudiera hacer al respecto.

Finalmente me adapte y para el tercer grado ya hablaba con un ingles golpeado. Por dos años me habia estado ensenando el Sr. O'Brien, un maestro blanco. Hasta la fecha en sigue en Menlo Avenue, comprometido a ayudar a los ninos de minorias que viven en el casco urbano de LA. Mis amigos eran afroamericanos, mexicanos, centroamericanos, y asiaticos. Eramos muy amigos, pero muchos de ellos cambiaron cuando ingresamos a la escuela intermedia. Muchos de los que se unieron a pandillas vieron su vida cambiar para siempre.

A mitad de la decada del 80, el Centrosur cambio y se transform en una zona de batalla. La cocaine crack llego a las calles. Otras pandillas comenzaron a competir por mas territorio y el numero de homicidios se disparo,. La pandilla Crips y pandilla 18 controlaban la zona alreadedor de la escuela Menlo Avenue.

El Departamento de Policia de Los Angeles (LAPD), bajo el liderazgo del jefe Daryl Gates, comenzon a imlementar operaciones estilo military contra las pandillas. Con el pasar de los años, mucha gente inocente cayo victim de los pandilleros; por otra parte, algunos policias empezaron a pasar por alto los derechos civiles.

El Centrosur comenzo a perder negocios a un ritmo acelerado en los años 80, a consecuencia de lo cual el desempleo crecio tremendamente. Muchos afroamericanos perdieron su trabajo y muchos inmigrantes Latinos tuvieron que ponerse a trabajar en la limpieza, cuidando ninos, o en fabricas de ropa, o en empacadoras de alimentos. Con poco sueldo y sin beneficios.

A algunos afroamericanos les molestaba que llegaran inmigrantes latinos al Centrosur. La violencia contra los inmigrantes latinos aumento vertiginosamente y viceversa, mientras el Consejo Municipal y el LAPD hacian caso omiso de ella.

Mientras tanto, otros duenos de negocios, los coreanos particularmente, encontraron su nicho en la comunidad al establecer licorerias, las cuales contribuyeron por su parte a que aumentara el alcoholism y el delito en el area. Pero, casi al mismo tiempo, los duenos de esos negocios comenzaron a ser victimas de golpizas y robos constants. Estas cosas se hicieron tan frecuentes en las tiendas de la calle Hoover, que los duenos coreanos del Mercado Sam comenzaron a resentirse. En toda la comunidad coreana del area comenzaron a crecer la apprehension y resentimiento racial.

Agobiados por la pobreza y olvidados de los poderosos, muchos residents del centrosur de LA se vieron obligados a vivir rodeados de violencia, las sirenas de autopatrullas y los helicopteros, que sobrevolaban sus casas en persecucion de los criminals. Tales ruidos todavia son communes alli.

La paliza propinada a Rodney King por varios efectivos del LAPD probo, a traves de un video, en pocos minutos, lo que la mayoria de los residents del Centrosur habian estado presenciando por decadas: algunos policias se portaban como si fueran una fuerza de ocupacion, golpeando brutalmente a la gente para intimidarla y ganar su respeto.

A pesar de esto, muchos afroamericanos y latinos apoyaban y aun apoyan al LAPD en el Centrosur. Pero estos residents respetuosos de la ley exigen un cuerpo policial que de verdad "sirva y proteja" a todos, ricos o pobres, inmigrantes o no inmigrantes.

Los disturbios civiles de 1992 hicieron mas obvias las tensiones raciales y las disparidades economicas. Poco se ha hecho para resolver esos problemas, aunque mucho se ha prometido.

El Proyecto de reconstruccion llamado Rebuild LA fue creado a find de formular un plan de accion y de invertir millones de dolares en las areas danadas por los disturbios, para revitalizarlas. La realidad del asunto es que se invirtio poco dinero y escasearon las historias de exito.

Algunas partes del centrosur de LA continuan siendo semillenros de violencia, pandillas, nacrotrafico, prostitucion, violencia interracial, ademas de server de dudoso refugio a las personas sin hogar. El origen de muchos de estos problemas es la pobraza y el combustible que los nutre es el abandono voluntario.

El centrosur de LA necesita de miles de millones de dolares en inversions, prestamos y revitalizacion. Es ironico que el gobierno gaste miles de millones de dolares en financiar guerras en el exterior, mientras las areas urbanas del pais siguen deteriorandose!

EL process de recibr un prestamo deber hacerse menos burocratico y mas accessible a los inmigrantes latinos de escasos recursos y a los individuos de bajos ingresos. Esta area continua siendo una de las mas pobres de la ciudad de Los Angeles y una de las mas descuidadas.

Ya no nos podemos seguir dando el lujo de seguir ignorando las tensiones etnicas, las disparidades economicas, los problemas de pandillas y otros males sociales de los que el Centrosur esta plagado. Cierto es que se ha realizado alguna que otra mejora, pero no las suficientes.

Los lideres del gobierno federal y estatal, del Consejo Municipal, el LAPD, de las Iglesias, grupos comunitarios, sindicatos y de las organizaciones de base, todos juntos, deben crear oportunidades reales y dar paso a la esperanza. Las falsas promesas estan de sobra.

Randy Jurado Ertll encabeza la Red Nacional Salvadoreña American (SANN).

The Progressive Magazine
Revisiting the roots of civil unrest 10 years later
May 1, 2002

The videotaped beating of Rodney King by Los Angeles police officers, and the city's ensuing civil unrest 10 years ago, shocked much of the world, but it revealed what many residents of South Central, Los Angeles, already knew too well: The area was rife with police brutality, poverty and interracial tension.

My family and I moved to the area in 1978 after my mother became a permanent resident of the United States. We were part of a rising tide of immigrants, mainly from Mexico and Central America, attracted by cheap rent and job opportunities in nearby downtown Los Angeles.

South Central was predominantly African American at the time. Latinos were still new to the neighborhood, and I recall how difficult it was to attend first grade at Menlo Avenue Elementary School. I did not know English. I felt like a foreigner, and was treated as such.

During the 1980s, the Latino migration into South Central increased dramatically. Around the same time, crack cocaine hit the streets, transforming the neighborhood into a war zone. Gangs began to compete for more territory. Homicides skyrocketed. The 40 Crips, a black gang, and the 18th Street gang, which was Latino, controlled the neighborhood around Menlo Avenue School. Innocent people were caught in the crosshairs of their fierce rivalry.

The Los Angeles Police Department (LAPD), under then-Chief Daryl Gates' leadership, became notorious for implementing military-style operations against gangs and ignoring civil rights.

South Central began to lose businesses at an alarming pace, and unemployment increased tremendously. Between 1982 and 1989, 131 plants closed in Los Angeles, leaving 124,000 people -- mostly Latino and African American -- unemployed. As the recession deepened, 300,000 more workers lost their jobs.

Meanwhile, many Koreans found a niche in the area in the small-business sector, which, in turn, led to feelings of resentment on the part of those who had lived there for a while. Business owners were routinely robbed and beaten.

As the number of Latino immigrants increased and competition for the few available jobs intensified, tensions mounted and interracial skirmishes escalated. Public officials ignored such tensions, and community leaders found them too sensitive to discuss openly.

Then came the 1991 King beating.

Saying it had led to a "crisis of confidence," then-Mayor Tom Bradley created a seven-member commission to look at the leadership, oversight and operations of the LAPD. Headed by former Deputy U.S. Attorney General Warren Christopher, the commission released a scathing report three months after the beating that found a pattern of racism and excessive force within the department.

Following the surprise acquittal on April 29, 1992, of the four police officers who beat King, rioting lasted three days and extended beyond South Central, leaving 58 people dead, 2,400 injured and $1 billion in property damage. More than 16,000 people were arrested, more than half of whom were Latino and more than a third African American. The Immigration and Naturalization Service deported at least 700 people, and Latino leaders decried the LAPD's targeting of immigrants and its apparent violation of a longstanding city ordinance that prevents local police from intervening in immigration cases.

The 1992 civil unrest made racial tensions and economic disparities more obvious. Little has been done to address them, though many promises were made. City officials and Rebuild Los Angeles -- an organization formed to enlist corporations to help stimulate millions of dollars in investment in riot-torn areas -- encouraged big-box retailers, particularly supermarkets, to come to South Central. In 1994, Von's supermarket opened at Compton Renaissance Plaza. Peter Ueberroth, chairman of Rebuild Los Angeles, announced that Von's planned to build 12 new stores in the inner city, but by 2000, Von's supermarket closed its Compton store, stating that the store was unprofitable. South Central remains under-served by supermarkets, while fast-food chain restaurants have proliferated.

At the same time, many vacant lots remain. Thousands of small businesses were affected by the riots, including more than 2,000 that were Korean-American owned. Korean-American leaders say that fewer than one in three businesses were actually rebuilt. The number of businesses operating in South Central declined by 8 percent from 1992 to 1996, according to We Interrupt This Message, a nonprofit media organization.

Today, LAPD's leadership is still under fire, morale is low, attrition is high and violent crime is rising. More than 5,000 complaints are filed against LAPD annually. Community members -- especially the youth -- still feel alienated from a police force they say is oppressive.

South Central, Los Angeles, continues to be one of the poorest areas in the city and one of the most neglected. It needs billions of dollars in investment. Low interest, low-bureaucracy loans would go far to spur revitalization efforts. Many Latino immigrants have become entrepreneurs in South Central. Their efforts should be applauded and encouraged. We can no longer afford to ignore the ethnic tensions, economic disparities, gang problems and other social ills that continue to plague this community. If another devastating riot is to be avoided, federal, state and local governments, along with the LAPD and community leaders, must work together to create opportunities.

Randy Jurado Ertll is executive director of the Salvadoran American National Network (www.sannetwork.org).

La Opinión
Los Nuevos Latinos
9 de junio de 2002

Cuando llene mi cuestionario del Censo 2000, vi en una casilla la opcion de identificarme como salvadoreñoamericano. Fue la primero vez que me identifique oficialmente como tal en una planilla de conteo demografico y, la verdad, me senti bastante orgulloso.'

Creci en el Centrosur de Los Angeles, entre afroamericanos y latinos, predominantemente mexicanos. El flujo migratorio de centroamericanos a Estados Unidos fue enorme en los años 80, y las guerras civiles en esa region eran los principales factores que alentaban el exodo en la region. Fue la decada en que muchos centroamericanos tuvieron que abandonar sus paises natales a fin de salvar la vida. Eran refugiados politicos.

Durante los años 80, me ensene a mi mismo a identificarme como latino. Entre en un programa de la secundaria James A. Foshay, Jr., denominada la Asociacion con UCLA (Universidad de California, Los Angeles), creado para instruir a los muchachos de bajos recursos como entrar a estudiar a una universidad. A traves de ese programa, asisti a un taller de trabajo en UCLA cuando tenia 14 años . El professor Leo Estrada, experto en demografia, dio una conferencia sobre la creciente poblacion "latina" de EU. A partir de ese dia de 1986, me commence a intrigar sobre como creciamos en numero los latinos.

Una decada despues adquiri una conciencia profunda sobre mis raices culturales y politicas centroamericanas al asistir a Occidental College para realizar estudios universitarios. Fue alli dondo mi dispuse a dejar de usar el termino "hispano" y adopte el de "latino." Continue respetando la cultura y politica mexicana y chicana, pero me percate que era necesario defender las necesidades especificas, culturales y politicas, de los centroamericano. Yo sabia que, aunque eramos mucho menos numeros, los centroamericanos queriamos que el grueso de los estadounidenses nos reconocieran y respetaran.

Procedimos entonces a crear la Asociacion de Estudiantes Centroamericanos (CASA) para promover nuestra cultura y volvernos mas activos politicamente. A los estudiantes mexicanos y chicanos les chocaba al principio que los centroamericanos quisieran crear su propia organizacion y separarse de las organizaciones chicanas. Con el pasar del tiempo, se volvio mas acceptable el tener diversas organizaciones latinas en varios campus universitarios.

Crecer en el suroeste de EU y ser latino puede a veces tomarse como sinonimo de ser mexicano o chicano. Los latinos que viven en Nueva York a veces son tomados por Puertoriquenos, mientras que a los latinos de Florida se le suele llamar cubanos sin mas. La sociedad estadounidense se ha acostumbrando a oir los terminus mexicano, cubano, y puertoriqueno. Sin embargo, la realidad es que hay "nuevos latinos" y necesitan ser reconocidos.

Un estudio reciente del Centro Hispano Pew (PHC), titulado Contar a los otros hispanos, cuyo autor es Roberto Suro, ha enfocado de manera adecuada, finalmente, quienes son los nuevos latinos, esos que tanto crecen como grupo. Se trata de colombianos, dominicanos, ecuatorianos, guatemaltecos, salvadoreños y gente de otra docena de naciones latinoamericanas.

Durante los 80, la composicion demografica de EU se diversifico aunque entre los latinos. Los centroamericanos comenzaron a inmigrar por cientos de miles al Sur Oeste y de ahi se diseminaron por toda la Union Americana. Los salvadoreños, hoy por hoy, constituyen el mayor grupo de inmigrantes latinos en Washington D.C, Virginia y Maryland.

En los años 90, la inmigracion suramericana a Estados Unidos tambien se incremento. El numero de dominicanos en EU ha llegado a los 938,316, un poco menor al de los salvadoreños.

A estos grupos nacionales se les sigue haciendo caso omiso, aunque han crecido numericamente en forma ostensible a los largo de las ultimas dos decadas, en todo EU. Suro, el autor del proyecto, asevero: "Este estudio hace un calculo alternativo de la composicion de la poblacion latina, de acuerdo al origen nacional de sus miembros. Basado en los datos del reciente censo, el calculo reduce la categoria "otro" en mas de la mitad. Este estimado no cambia el tamano global de la poblacion latina, pero ofrece un nuevo calculo sobre la manera en que se distribuyen los diversos grupos nacionales dentro de esa poblacion."

Ahora tenemos la oportunidad de reevaluar los resultados de la Oficina del Censo 2000 sobre la poblacion latina, asi como los del informe de natalidad que la misma Oficina dara a conocer en el verano 2002.

Los 35 a 40 millones de latinos de EU no constituyen un grupo homogeno, y a muchos de ellos les complace identificarse con sus raices nacionales. Las cuentas del Censo 2000 solo incluyeron casillas para optar por los tres grupos latinos mas conocidos: mexicanos, puertoriquenos y cubanos. A los latinos de otras nacionalidades les quedaba la casilla de "otro español/ hispano, latino."

Recienmente, el PHC hallo que los mexicanos conforman mas del 62% de todos los latinos en EU, sumando mas de 22 millones. Los centroamericanos ascienden a unos 2.3 millones en EU, es decir el 6.6% de todos los latinos.

Los centroamericanos en conjunto, constituyen un grupo de mayor tamaño que el de los cubanos (el 3.6%), asi como mas cuantioso que el de los sudamericanos (4.8%). Los puertoriquenos representan el 10% de la poblacion latina y son ciudadanos de EU, a diferencia de las otras nacionalidades de latinos de EU que tienen gran numero de personas nacidas en pais extranjero.

Es bueno que dispongamos de uan identidad pan latina, pero hay que recordar que muchos inmigrantes recien llegados continuan teniendo fuertes lazos culturales con sus paises de origen. Muchos de ellos tambien se estan casando con gente que no es de su nacionalidad. No faltan los grupos de latinos inmigrantes que se sienten fuertemente identificados con EU, pais al que reservan su lealtad. Se trata de personas que trabajan duro, pagan impuestos, respetan la ley, y contribuyen al crecimiento economico de EU, del mismo modo que en siglos pasados lo hicieron los italianos, irlandeses, judios, alemanes y otros grupos de inmingrantes que han ayudado a construir lo que es hoy por hoy Estados Unidos. Este pais es uno de los mas diversos, etnicamente, del mundo.

No debemos rechazar a estos nuevos latinos. EU debe abrirles los brazos porque conforman una sociedad cada vez mas diversa y nuestra.

Randy Jurado Ertll es director ejecutivo de la Red Nacional Salvadorena Americana en EU (SANN).

Daily News
Savvy Politicians Will Recognize Latino Diversity in America
Sunday, June 23, 2002

Most political candidates tend to view Latinos as a homogenous group and thus make numerous errors when seeking to reach out and appeal to potential voters who have a wide range of demographic and ideological characteristics.

The confusion is understandable. Public opinion pollsters try to gauge what Latinos think about candidates and issues by lumping everyone into one category.

Similarly, analyses of census data often go no further than to identify people as Hispanic and then come out with a single figure - the ownership rate, the poverty rate, the average household income, and so on - for this diverse group.

The 35 million to 40 million Latinos in the United States are not homogenous, and many like to identify with and claim their national cultural roots. Within the Latino community, similarities and differences do exist.

The 2000 U.S. Census only included check boxes for three Latino groups:

Mexican, by far the largest, Puerto Rican and Cuban. Other Latino nationality groups were only offered the box of "other Spanish/Hispanic, Latino."

The diversity within the Latino community has grown tremendously in recent years. especially in major cities such as New York, Los Angeles and Miami.

Political candidates cannot rely on a wholesale appeal to the broad Latino electorate. They need to learn more about the different subgroups in order to gain their trust and future votes. Most important, there is no single Latino political agenda.

For example, the push factor of Central American migration to the United States in the 1980s was different in comparison to Mexican migration. The influx of Central Americans to the United States was enormous, mainly because of the civil wars in that region. They were political refugees.

Central Americans have unique immigration issues, including advocacy of permanent residency status, since they were never recognized as political refugees. Mexican-Americans also care about immigration issues, as well as the North American Free Trade Agreement and U.S. relations with President Vicente Fox.

One of these issues is the Nicaraguan Adjustment and Central American Relief Act (NACARA). Under it, refugees from Cuba and Nicaragua were granted the opportunity to apply for legal permanent residence, however immigrants from Guatemala and El Salvador were only given the opportunity to apply for suspension of deportation. Honduras and Haitians were left out.

This is an example of a key issue to court the Central American community and gain future votes.

A study released May 2002 by the Pew Hispanic Center, titled "Counting the Other Hispanics," focused on the real growth of the new Latinos: Colombians, Dominicans, Ecuadorians, Guatemalans and Salvadorans and people of the two dozen other national origin in Latin America. Accordingly, Republicans and Democrats alike should realize that the Central American and South American vote is up for grabs. These "new Latino voters: have yet to permanently adopt political parties, therefore either political party can make major inroads with these nationality groups.

For example, a major issue for Colombians is to obtain Temporary Protected Status (TPS) since thousands are migrating to the United States due to the violence in their country. If President George W. Bush or Attorney General John Ashcroft would grant them TPS, then future Colombian voters may register as Republicans.

According to Pew Hispanic Center statistics. while Mexicans account for more than 62 percent of all Latinos, totaling more than 22 million in the United States, Central Americans account for 6.6 percent of all Latinos, Cubans account for 3.6 percent, South Americans account for 4.8 percent, and Puerto Ricans account for 10 percent. And the Puerto Ricans are all U.S. citizens, unlike the other nationality groups that have large foreign-born numbers.

While not as numerous as the Mexican-American vote. these new voters can be the swing vote in certain races.

In a growing number of states and congressional districts, Hispanics are the key swing votes, but candidates cannot appeal to all Latinos with the same message, except for some. universal issues that impact everyone, directly or indirectly.

Some of these broad issues include a quality education. environmental protection and health care coverage. _Latinos are coming into their own not only as a voting bloc but also as political leaders. Only 20 years ago, there were only nine Hispanics in Congress. Today, there are 18 Congressional Hispanic Caucus members on Capitol Hill; 12 are Mexican-American (one is of Mexican and Nicaraguan descent), four Puerto Rican, one Cuban American, and one from Guam.

The three Hispanic Republican congressional members are not members of the Hispanic Caucus, and they are Cuban American.

Political parties and candidates should grasp the fact that the new Latino nationality groups are becoming a significant political force in the United States.

Overall, Latino immigrants are hardworking, taxpaying, law-abiding citizens who contribute to the positive economic growth of the United States. America celebrates its diversity as strength.

Political candidates should recognize that the more than 35 million Americans we call Latinos are themselves a very diverse group. Political candidates must appeal to their specific political/ economic needs and learn more about their countries of origin and culture.

Randy Jurado Ertll is executive director of the Salvadoran American National Network.

La Opinión
Que Hacer Ahora – TPS Para Los Salvadoreños
28 de Julio de 2002

El secretario de Justicia, John Ashcroft, hizo el anuncio oficial de la extension del Estado de Proteccion Temporal (TPS) para los salvadoreños por un plazo adicional de 12 meses, el 9 de Julio de 2002. Para entonces, a nadie le llamo demasiado la atencion, pues los medios de comunicacion lo habian venido anticipando.

El presidente George W. Bush ya habia indicado al gobierno salvadoreño que estaba dandole consideracion a la prorroga del TPS. Una semana antes del anuncio oficial, algunos funcionarios gubernamentales hicieron publico que se habia extendido el TPS.

Resultado de esto fue que los medios de comunicacion de EU y El Salvador comenzaron de inmediato a anunciar que se habia concedido una extension del TPS, cuando de hecho todavia el secretario de Justicia no lo habia hecho oficial.

Como efecto dmino, muchas organizaciones comunitarias en todo EU comenzaron a creer y a anunciar que el TPS ya habia sido prolongado. Para cuando el secretario Ashcroft hizo oficial que se habian prorrogado el TPS, ya la noticia habia perdido su impacto. Varios importantes medios de comunicacion en español optaron por hacer caso omiso del anuncio, pensando que ya habian anunciado suficientemente la prorroga. La mayor parte de los medios de comunicacion en ingles escogieron no hacer caso a los que era uan gran noticia para la comunidad salvadorena.

Una vez mas fuimos tratados como si fueramos invisibles, pese a que el numero de salvadoreños que reside en Estados Unidos exceed el millon de habitants, muchos de los cuales conforman la gran comunidad salvadorena del sur de California.

La cuestion fundamental aqui no es la de determinar quien fue el primero en anunciar la extension del TPS. Mas importante aun, se trato del esfuerzo combinado del gobierno salvadoreño y las organizaciones comunitarias lo que llevo a esta Victoria. Tambien ha de agradecerse respectivamente a los congresistas de California Hilda Solis y Howard Berman (Democratas), y al de Virginia, Tom Davis (republicano), quienes apremiaron a la Casa Blanca para que se extendiera el plazo del TPS. Ha de destacarse de modo especial a la Administracion Bush por haber accedido a proroggar el TPS.

Ahora se nos presenta una cuestion de importancia decisive para los mad de 260 mil salvadoreños que solicitaron la prorroga, se trata de la necesidad de que se registren de nuevo para el TPS tan pronto como sea possible. No pueden dares el lujo de esperar hasta el ultimo minuto.

El Servicio de Inmigracion y Naturalizacion (INS) comenzara a aceptar solicitudes del TPS desde el 9 de septiembre de 2002 al 12 de noviembre de 2002. Estos dos meses no son suficiente tiempo para que se vuelvan a inscribir los 260 mil solicitantes. No les va a bastar con 60 dias para prepararse a volver a solicitar, a la vez llenar la solicitud. Recientemente, la Red Nacional Salvadorenaamericana (SANN0 escribio al secretario Ashcroft, apremiandole respetuosamente a que extienda la fecha limite en que pueden volverse a registrar los solicitantes del TPS al 9 de marzo del 2002.

Extender la fecha a marzo del año proximo daria oportunidad de que las organizaciones comunitarias y otras entidades dispongan del tiempo suficiente para ayudar a los solicitantes elegibles a volver a pedir el TPS.

Los grupos comunitarios y los consules de la republica salvadorena no tienen los recursos suficientes para procesar las solicitudes de tanta gente. Esto contribuye a que prolifere el fraude y la falta de escrupulos entre notarios publicos, abogados y otros que se dedican a hacer falsas promesas, cebandose en la desesperacion de los inmigrantes que caen presa de las "falsas" esperanzas.

Uno de los frauds mas communes es el de prometer a los solicitantes del TPS elegibles que se les dara estatus permanenete. Los individuos y negocios que se dedican a estafar deberian ser trapados, denunciados y llevados a juicio. Debe implementarse una politica de tolerancia cero para poner fin a esos fraudes que muchas veces contribuyen a destruir la vida de lso que son deportados debido a la incompetencia y avaricia de esta clase de notarios publicos.

Grupos comunitarios, tales como el Centro de Recursos Centroamericanos (CARECEN), miembro de SANN, tienen una larga trayectoria en el servicio de la comunidad inmigrante. Los solicitantes de TPS deben buscar organizaciones que cobren precios justos y provean de servicios legales de calidad. Los solicitantes que son elegibles para recibir el TPS han de volverlo a solicitar pronto, asi como recurrir a entidades de Buena reputacion a fin de obtener servicios legales profesionales.

Debemos tambien reconocer que el TPS es un estatus legal de inmigracion "temporal." Los solicitantes de TPS se tendran que preocupar de nuevo una vez lleguen a la fecha limite en marzo de 2003. Mcuhos de esos individuos realmente temen que se les deporte una vez expire el TPS. Sin embargo, es responsabilidad del gobierno salvadoreño, los grupos comunitarios y los solicitantes mismos del TPS abogar por una solucion permanente.

A los solicitantes de TPS se les deberia dar la oportunidad

de legalizar su estatus migratorio permanentemente. Se trata de ciudadanos que respetan la ley, trabajan duro y pagan impuestos. El gobierno de EU ya los ha identificado y es legalmente plausible otorgarles la oportunidad de convertirse en residents permanents de EU. La prorroga del TPS beneficiara enormemente a miles de salvadoreños por toda la nacion y contribuira directamente a reconstruir la infraestructura de El Salvador que fue desolado por dos sismos en 2001. La extension del TPS ayuda a mantener a flote la economia salvadorena y contribuye a reducir la emigracion de salvadoreoñs a EU. El TPS si ayuda a los salvadoreños en EU y El Salvador.

Randy Jurado Ertll, es director ejecutivo de la Red Nacional Salvadorenamericana (SANN).

Houston Chronicle
For Salvadorans in U.S., an incomplete victory
September 3, 2002

On July 9, Attorney General John Ashcroft officially announced the 12-month extension of Temporary Protected Status, or TPS, for Salvadorans.

It was no longer a big announcement. President George W. Bush had already told the Salvadoran government that he was considering extending TPS. A week before the official confirmation, some Salvadoran government officials made public that TPS was extended.

As a result, when media in the United States and El Salvador reported the news, many U.S. Salvadoran community organizations claimed that TPS was already extended.

When Ashcroft finally made it official, some Spanish language media didn't even bother to cover the story. They had already shared the good news with the readers and viewers.

The English media? They generally ignored this big news for the Salvadoran community. Once again, we were invisible, even though we number more than a million across the United States, with our largest concentrations residing in Southern

83

California, followed by San Francisco, Houston, Washington, D.C., and New York City.

Who announced the TPS extension first isn't the fundamental issue. More important, it is the fact that the combined effort of the Salvadoran government and U.S. Salvadoran community-based organizations led to this victory.

There were our friends in Congress, too, who pressed the White House on the extension. And the Bush administration earned accolades from the community for taking the action.

Now our focus moves to the task of motivating more than 260,000 Salvadoran under TPS to re-register. They cannot afford to wait until the last minute. The U.S. I says it will accept TPS applications from Sept. 9 through Nov. 12.

Again our community placed under what we see as unnecessary and extreme pressure. Two months just isn't enough time for 260,000 applicants to re-register.

Our organization, the Salvadoran American National Network, has written the attorney general, respectfully urging the U.S. government to extend its deadline to March 9.

That will enable community-based organizations such as ours essential time to help eligible applicants reapply.

Our community groups and the 11 Salvadoran consulates spread throughout the United States have limited resources to process so many people. To slam the window shut after two months contributes to fraud by public notaries and other unscrupulous agencies. So-called legal advisors take advantage.

Unscrupulous individuals have a history of feeding off our immigrant population's desperation and lack of clear understanding of politics and the law. Exploiters overcharge and commonly promise TPS-eligible applicants permanent legal status, something they can't deliver.

The U.S. government needs to adopt a policy of zero tolerance in dealing with such individuals. But again, it takes time to catch and prosecute those who perpetrate these frauds and destroy the lives of innocent families by their greed and incompetence.

Community groups have a long record of serving the

RANDY JURADO ERTLL

immigrant community. TPS applicants must learn to seek out organizations that charge reasonable fees and provide quality legal services.

Again, time places severe constraints on the applicants.

Sadly for our community, TPS is a temporary status, and temporary solution. As one deadline passes, another looms. And the fears of our people are constant that they will be deported sooner or later, once TPS expires.

Our task remains as an advocate for a permanent solution.

TPS applicants are hard-working, tax-paying and law-abiding. The U.S. government has already identified them. Legislatively, it is feasible to grant them the opportunity to become permanent residents of the United States.

TPS has greatly benefited tens of thousands of Salvadorans nationwide. It has contributed directly toward the gradual rebuilding of El Salvador's infrastructure that was devastated by the two earthquakes in 2001. Through remittances of more than $2.2 billion annually, TPS refugees have helped keep the Salvadoran economy afloat. This has contributed significantly toward decreasing emigration of Salvadorans to the United States. In a tangible manner, it has helped Salvadorans both in the United States and in our homeland.

It's time to end the anxieties of those who have contributed so greatly to its success and to offer them a chance to become full partners in a country they have come to know and love as their new home.

Ertll is executive director of the Salvadoran American National Network in Los Angeles.

La Opinión
Quien salvara a El Salvador?
19 de octubre de 2002

El alcalde Hector Silva, del Frente Farabundo Marti para la Liberacion Nacional (FMLN) viajara pronto a Washington, D.C. y el presidente Francisco Flores del partido Arena pronto visitara Los Angeles, California. Ambos andan a la busqueda

85

del respaldo de mas de un millon de salvadorefios residentes en Estados Unidos.

Sondeos recientes efectuados por la Universidad Centroamericana (UCA) en El Salvador indican que el actual alcalde de San Salvador, Hector Silva goza del 54.8% de apoyo para su reeleccion, mientras que Evelin Jacir Siman, candidata de la Alianza Republicana Nacional (Arena) tiene el 34.7%.

Se solia decir que Evelin Jacir Siman era simpatizante del movimiento guerrillero en El Salvador. De ser esto cierto, da la impresion de que la candidata ha cambiado completamente de ideologia y afIliacion.

Las encuestas indican que el alcalde Silva puede ganar la reeleccion y continuar siendo un candidato presidencial viable en 2004 si la izquierda salvadoreña logra deponer sus diferencias personales. Hasta la fecha, no han sabido consolidar la unidad. Arena es similar al Partido Republicano en Estados Dnidos: muchas veces no revela su estrategia politica 0 quien sera su candidato hasta que logra cierto nivel de unidad y consenso en la decision y la pueden hacer publica.

Circulan rumores de que Archie Baldocchi Duenas se presentara como candidato a la presidencia por parte de la derecha. Se trata del.actual presidente del Banco Agricola Comercial, decendiente de una de las familias mas adineradas de El Salvador. Recientemente, fue elegido jefe del partido Arena a traves del Consejo Ejecutivo Nacional (COENA).

La encuesta de UCA tambien indica que el 57.1 % de los salvadoreños encuestados no se interesa por !as elecciones a la alcaldia de San Salvador. Esta es una clara indicacion de la desilusion y desesperanza de la mayoria de ellos. Muchos perdieron familiares brutalmente asesinados por grupos de derecha 0 de izquierda. Ahora, estas familias se sienten traicionadas y resienten que sus jovenes hijos e hijas fueran asesinados, y otros de ellos reclutados para luchar en una guerra civil que duro 12 años.

Ahora concluyen que de nada sirvio la guerra civil, ya que no se logro disminuir considerablemente la pobreza y el crimen.

Muchas personas lucharon por ideologias politicas, mientras otras tuvieron que hacerlo para sobrevivir 0 vengarse. La guerra civil termino hace una decada, pero !as cicatrices no ban sanado. La amnistia que se concedio a ambas partes a traves de los Acuerdos de Paz no resolviola polarizacion politica, ademas de que las torturas y asesinatos cometidos no se han olvidado.

Muchos obreros y campesinos de El Salvador han perdido la fe en el sistema politico y no creen en la retorica de la Guerra Fria que ambas partes siguen repitiendo. En lo que si creen y con lo que si cuentan es con los mas de casi 2,000 millones de dolares en remesas que las familias salvadorenas en Estados Unidos envian a sus parientes en la tierra natal.

Mas de un mill6n de salvadoreños que residen en Estados Unidos tienen hijos, con lo que la poblacion actual de salvadoreños y salvadoreño-estadounidenses rebasa los dos millones en Estados Unidos, con grandes concentraciones de ellos en areas tales como Los Angeles, San Francisco, Houston, Boston, Nueva York, Nueva Jersey, Washington, D.C., Virginia y Maryland.

Mas de dos millones de salvadoreños viven en Estados Unidos y la mayoria de ellos esta empezando a redefinir y determinar la politica exterior de El Salvador. Muchos hijos de salvadorefios, nacidos en EU o ciudadanos naturalizados, se estan presentando como candidatos a puestos politicos en lugares como Virginia y Maryland.

Un paso crucial se dara cuando un salvadoreño-estadounidense gane un esaño en el Congreso de EU. Contribuira a probar, con su presencia, que una comunidad minoritaria de EU ha logrado tener su propio representante al igual que lo han logrado los mexicoamericanos, cubanoamericanos, y puertorriquenos.

Despues de la guerra civil, el FMLN se convirtio en un partido politico y dejo de enfocarse en organizar a sus partidarios en EU, mantenerse en contacto con ellos y recaudar fondos. Ahora ha cambiado de estrategia, pasando a visitar mas a las comunidades salvadorefias en EU. Los lideres actuales del FMLN, Salvador Sanchez Ceren y Schafick Handal, vinieron recientemente a EU en busca de respaldo.

Sin embargo, el partido Arena ha terminado por crear oficialmente el Sector 8. Este es un comite oficial elegido que se compone de representantes de Arena en EU. Ademas de haber juramentado a miembros nuevos en El Salvador, Baldocchi, el presidente de COENA, viajo recientemente a Los Angeles, California, a tomar juramento oficial a nuevos miembros para asi lanzar al Sector 8 en Los Angeles.

El partido FMLN y sus partidarios se sorprendieron y ahora estan tambien tratando de revivir las viejas redes de apoyo del FMLN.

Ambos partidos entienden claramente que su futuro depende del apoyo de los casi dos millones de salvadoreños que residen en EU. Ambos quieren que se permita a los salvadorefios que viven en EU, votar en las elecciones salvadorenas. Es una iniciativa tan nueva que ninguno de los partidos sabe quien se llevaria la mayoria de los votos de los salvadorefios en EU. Ambos bandos han entrado en⊚ una feroz competicion.

Luchen o no los partidos por los votos de aquellos cuya jornada diaria es luchar por la vida, la gente pobre de El Salvador continua sufriendo, y la principal manera que tienen de sobrevivir es a traves de las remesas que les envian sus familiares de EU y de su propio espiritu empresarial. Los principales partidos de El Salvador -Arena y el FMLN deben crear soluciones reales para reducir el crimen y la pobreza al crear mas trabajos duraderos.

Los salvadoreños estan hartos de la corrupcion, el fraude, la agresion y la violencia. Lo que quieren los salvadoreños ahora es que se pase a la accion y que se cree soluciones pluripartidistas que inauguren un futuro mejor sin necesidad de derramar sangre.

Randy Jurado Ertll, es ex director ejecutivo de la Red Nacional Salvadoreña Americana.

La Opinión
Esperanzas detrás de las rejas
December 12, 2002

Sociedad

Nuestro presidente electo, Barack Obama, es un símbolo de esperanza y representa un gran optimismo para millones de personas. Sólo espero que no se olvide de los jóvenes hombres y mujeres "invisibles" que se encuentran en las prisiones de EE.UU. A muchos de estos jóvenes no les brindaron las oportunidades adecuadas para obtener una educación de calidad y también provienen de hogares abusivos. La gran mayoría de ellos vive en la pobreza donde la violencia y la encarcelación es moneda corriente. Algunos de ellos han sido encerrados injustamente debido a pruebas o falsos testimonios de testigos.

Human Rights Watch realizó un estudio en el 2002 llamado "Race and Incarceration in the United States" (Raza y encarcelación en Estados Unidos) en 12 estados y en donde señaló "la permanente y extraordinaria magnitud de encarcelación de minorías y la extrema disparidad en sus índices de encarcelación en comparación con la de los blancos. De un total de 1,976,019 personas encarceladas en instalaciones para adultos, 1,239,946 o 63% de ellas son negros o latinos, aunque estos dos grupos integran solo 25% de la población nacional".

El presidente electo Obama tiene una tarea monumental por delante al armar un gobierno nuevo, manejar delicados asuntos de política internacional y determinar cómo cumplir alguna de las promesas que realizó durante la campaña.

Entre esos compromisos están mejorar nuestra economía, promulgar más leyes de protección ambiental, crear un mejor sistema de atención médica y defender a los desprotegidos.

Entre esto desprotegidos están miles de hombres y mujeres jóvenes encarcelados, quienes detrás de las frías paredes de la prisión oyeron la elección del primer presidente afroamericano.

Para ellos, la palabra "esperanza" y "oportunidades"

son distantes. Sus antecedentes penales probablemente no les permitirán obtener un empleo decente una vez que sean liberados, o incluso tener el derecho al voto.

La mayoría de la sociedad los ha abandonado y la mayor parte de los integrantes de la comunidad por lo general apoya fuertes medidas para el cumplimiento de la ley y las estrategias para castigar a los "indeseados".

Al mismo tiempo, los esfuerzos para la prevención de pandillas y los programas de intervención continúan sin contar con los fondos necesarios. En este aspecto, el presidente electo Barack Obama debe darle prioridad al financiamiento adecuado de los programas para la prevención de la violencia, la educación a los jóvenes y la creación de empleos.

Por otra parte, la ley de "Three-Strikes" (tres delitos y afuera) de California cuenta con el apoyo rotundo del electorado de California. El resultado de esta legislación son condenas de entre 25 años y cadena perpetua. Sin embargo, la mayoría de estos prisioneros, procesados por esta ley son extremadamente pobres y no tienen voz ni capacidad económica para contratar abogados defensores penales. No defiendo ni justifico actos criminales —pero sabemos que el sistema judicial de Estados Unidos generalmente califica a muchos latinos y afroamericanos como criminales.

Se necesita crear comités de supervisión de ciudadanos que ayuden a auditar y revisar algunas de las decisiones que toman algunos jueces. Igual que ver cómo ciertos casos legales son manejados por los fiscales y los abogados defensores. La supervisión es clave para lograr un mejor funcionamiento del sistema de justicia penal. Estos comités también pueden intentar que se realicen pruebas de ADN para determinar si alguien es culpable o no.

Obama afirmó en su campaña —el cambio debe comenzar desde la base hacia arriba— desde la raíz. Por lo tanto, debemos conseguir organizadores comunitarios y activistas que hagan más énfasis en cómo exigir más recursos que puedan ser a nuestros barrios urbanos carenciados. Lo mismo para implementar programas y servicios de no-violencia que ayudarán a que nuestros hijos permanezcan en las escuelas y no sean enviados a prisión.

Es un hecho que la mayoría de las organizaciones comunitarias, incluyendo Legal Aid Foundation, no se encargan de los casos de defensa penal. Nuestros jóvenes y familias pobres no tienen los recursos económicos para obtener representación legal privada.

Muchos son representados por defensores públicos que se ven desbordados por la cantidad de casos asignados, a veces no tienen experiencia y generalmente están de acuerdo con las decisiones punitivas tomadas por los jueces. En ocasiones esto conduce a que jóvenes inocentes de los delitos por los que son acusados deban cumplir muchos años en prisión injustamente.

Mientras están en prisión estos jóvenes se ven obligados a asociarse con verdaderos criminales y deben aprender a sobrevivir a través de la violencia. Muchos de esos jóvenes aprenden lo que es el odio intenso y salen de la prisión queriendo causar dolor a los demás. Aprenden a no sentir ni querer.

A muchos de estos jóvenes no les enseñó a leer ni a escribir en las escuelas. Otros la abandonaron eligiendo el mal camino, mientras que otros fueron víctimas de los efectos secundarios de la pobreza. Algunos adoptaron una mentalidad de desesperanza, la que dice : "No me importa nada. Igual voy a terminar en prisión o voy a morir pronto".

El presidente electo Barack Obama tiene una oportunidad para continuar inspirando y motivando a nuestros jóvenes, tanto a los que viven en guetos urbanos como a aquellos en las zonas residenciales suburbanas. Es momento de retirar lentamente las tropasdel Medio Oriente y comenzar a invertir esos miles de millones de dólares en nuestro sistema de educación pública y apoyar los programas de prevención de pandillas y de la violencia.

Obama puede convertirse en un mejor presidente que John F. Kennedy o Lyndon Johnson, haciendo que la guerra contra la pobreza sea una realidad.

Es un deber cívico defender y exigir que nuestro sistema de justicia penal respete los derechos constitucionales de la juventud afroamericana y latina. Llenar de gente las prisiones no es la respuesta para resolver nuestros problemas sociales.

Randy Jurado Ertll dirige una organización comunitaria sin fines de lucro.

La Opinión
Handal para presidente
3 de Mayo, 2003

Es posible que la izquierda este a punto de ganar la presidencia de El Salvador si nos basamos en los resultados recientes de la eleccion para alcaldias y del Congreso. En los comicios del 16 de marzo de 2003, el Farabundo Marti para la Liberacion Nacional (FMLN) gano 31 curules del Congreso, en comparacion con los 27 que gano el derechista Alianza Republicana Nacional (Arena).

Muchos salvadorefios se han desilusionado con el partido en el poder, Arena, que esta en la Presidencia desde 1989. Recientemente, ARENA perdio mucho apoyo, incluso entre los trabajadores pobres, debido a disputas laborales con medicos en huelga que se oponen a la privatizaci6n del hospital del Seguro Social. Ahora Francisco Flore's podria estar dispuesto a renegociar por que muchos de estos doctores y otros profesionales han pasado a ofrecer su apoyo al FMLN.

En las elecciones recientes, Arena volvio a perder San Salvador y resulto ganador el candidato del FMLN, Carlos Zamora. En consecuencia, Arena tuvo que reconformar el comando central del Consejo Ejecutivo Nacional (Caena), el liderazgo politico del partido. .

Unos pocos de los antiguos comandantes guerrilleros siguen activos y desempenan papeles de liderazgo politico. Tanto Salvador Sanchez Ceren, quien estuvo al mando de las Fuerzas Populares de Liberacion, como Schafik Handal, uno de los lideres mas veteranos del partido comunista salvadoreño son ahora parte clave delFMLN.

Schank Handal podria llegar a ser el candidato presidencial de la izquierda. Nadie se habria atrevido a predecir en los años 80 que Handal podria llegar a presentarse candidato a presidente. Pero, al llegar a su fIn la guerra fria, la retorica anticomunista disminuyo en El Salvador y muchos comenzaron a percibir a Handal como uno de los personajes mas reconocidos y respetados entre los movimientos revolucionarios de Latinoamerica. Claro, la derecha tiene una opinion muy diferente.

Un aspecto que hace de Handal un personaje aun mas interesante es que su familia proviene del Medio Oriente. Sus antepasados emigraron de Palestina a comienzos del siglo XX y se asentaron en Usulutan. Alli, establecieron negocios que pronto se hicieron prosperos y les ganaron una reputaci6n de ser estupendos comerciantes, empresarios y patrones. Como la mayoria de los salvadoreños de raices mesooriental, Handal es de los llamados "turcos" del pais centroamericano.

Miembros de Arena han acusado a Handal de ser simpatizante de la causa palestina y en estos momentos mas que nunca podrian atacar sus origenes debido al conflicto en Irak. Los seguidores de Handal lo defienden como a un lider experimentado y astuto, mientras que sus oponentes lo describen como un lider ortodoxo que pertenece al pasado historico. El reconoce que se le percibe como a un hombre de extrema izquierda y muchos dicen que nunca podra ga nar la Presidencia. Por esta razon, el FMLN podria convencer a Mauricio Funes, comentarista y analista politico, que se postule como candidato presidencial.

Una vez que Arena elija sus propios candidatos, comenzara el enfrentamiento por la Presidencia. Archie Baldocci esta enfermo de gravedad y tuvo que renunciar a la jefatura politica de Arena. Es uno de los individuos mas ricos y poderosos de El Salvador . Es muy conocidp y respetado por la elite de la nacion y, como miembro de la familia Duenas, una de las mas grandes entre los teratenientes de El Salvador desde el siglo XIX, el suyo es un linaje historico.

Lo mas probable es que Arena escoja como candidato a un miembro de una de !as familias mas adineradas de El Salvador 0 a un hombre de negocios habil cuyos nexos con estas familias sean poderosas. Un arma secreta seria postular a una destacada

93

mujer a la vicepresidencia. Tanto el FMLN como Arena trataran de conquistar el apoyo de la clase media y pobre.

Arena puede ganar de nuevo la Presidencia en 2004 y seguir siendo la fuerza dominante; pero el FMLN tambien tiene oportunidad de ganar una victoria sorprendente. El FMLN puede apelar a algunos sectores conservadores si es que opta por aceptar algunos aspectos del capitalismo. De manera analoga, Arena puede hacer avances entre los pobres y hacerse con su voto; sin embargo, para lograr debera tener mas interaccion y mostrar mas interes en la clase trabajadora de El Salvador.

El Salvador establecio un precedente historico en 1992 cuando la derecha y la izquierda firmaron los Acuerdos de Paz. No es descabellado que esta nacion vuelva a conmocionar al mundo al elegir a su primer presidente de izquierda.

Randy Jurado Ertll, es escritor americaño residente de Los Angeles salvadoreño.

L.A. Times
Kids Shouldn't Have to Flee L.A. to Have Hope
Commentary | Voices | A Forum For Community Issues
    January 03, 2004

The inner city was my neighborhood. In the 1980s, when I was attending junior high school in South-Central Los Angeles, gang violence was common and respect for teachers was absent. Being a victim of senseless street conflict was something I worked to avoid.

I immersed myself in books, in reading and writing. My first triumph was in eighth grade. I won a school essay contest and $100 was the prize. My subject was George Washington Carver. My mother was quite proud of my writing achievement.

And it was an achievement. I was born in Los Angeles. When I was 8 months old, U.S. immigration agents arrested my mother and deported her back to El Salvador. She had no choice but to take me with her. We didn't return until I was 5. At school I was considered an immigrant. It wasn't until the fourth grade that I learned to read and write in English.

In junior high school the so-called smart students were invited to attend a workshop about a national program called A Better Chance, or ABC. It provided scholarships for students to attend excellent schools far from the inner city. It was during a time when I felt pressure to join a gang. I saw ABC as my big opportunity to escape, and I applied to Deerfield Academy in Massachusetts, as far away as I could go.

ABC sent me a typed letter saying I wasn't selected. I wrote back, in longhand, asking why. It had created and then crushed my hope, I wrote. Save me, I pleaded. ABC officials phoned me. The conversation is still vivid in my memory. They said I was accepted into the program after all and could attend an academy in Rochester, Minn.

The airplane ticket arrived and I was gone. I left my mother and two sisters behind. That was heartbreaking. As the family's only boy, I saw myself as its protector, though the reality was I couldn't even protect myself.

Except for one Mexican American boy from East Los Angeles, my housemates in Minnesota were nearly all African American. We went through difficult times learning to accept one another. In South-Central L.A., blacks and Latinos competed for scarce economic and political resources, but at John Marshall High School in Rochester we learned to care for and respect each other. I grew close to my house directors, who were white. Ethnicity didn't matter.

As a senior in 1991, I read a pamphlet that said Occidental College, in the Eagle Rock area of Los Angeles, placed an emphasis on learning about multicultural issues. I applied and was accepted. Majoring in politics with a minor in Spanish, I graduated from Occidental with distinction in 1995.

Now I think back to that critical stage in my life when the ABC program removed me from my environment to prepare me to attend college, to succeed. It assured me I had the capacity to do it. No one could make me feel inferior. In a nation built by immigrants, I learned to find pride in my immigrant family.

A Better Chance turned my dreams into reality. I became a role model in my family and my community. I worked in the environmental movement, in immigrant rights advocacy and in Washington as a communications director and legislative assistant to Rep. Hilda L. Solis (D-El Monte). Each one helped shape who I am today.

Now I live in Pasadena, some areas of which are not that different from South-Central Los Angeles. Many of the students I see daily remind me of myself when I was going through similar struggles. The job of public school districts is to offer them a better chance, a quality education and hope, without their having to travel halfway across the country.

Randy Jurado Ertll, a 1991 graduate of the A Better Chance program, works for a public school district.

La Opinión
Escribiendo para mi hija
16 de enero de 2005

Por que expresarse en un periodico y darles a miles de personas la oportunidad de mostrarse de acuerdo 0 en desacuerdo? La escritura es como un musico que toca su instrumento preferido y entretiene a una multitud con hermosas y melodiosas canciones. Las palabras expresan mucho poder y pueden ayudar a inspirar a otras personas a conseguir la grandeza: como si uno estuviera escuchando su cancion preferida. Yo, escribo.para servirle a mi hija de modelo y para inspirarla a que lea y a que escriba desde pequenita.

Esta es la razon por la que escribo: para hablar con mi corazon y con mi mente, para expresarme con valentia y para inspirar a los jovenes a que hagan lo mismo. Aunquese no nos animemos, a no expresamos en primera persona, sigo eligiendo escribir desde mi propia voz y desde mis propias experiencias. Admiro y las obras clasicas de escritores insignes y se que no soy Gabriel Garcia Marquez ni ningun otro escritor famoso. Sin embargo, me puedo sentir muy bien y feliz mientras escribo. Produce una gran satisfaccion ver las palabras que ha escrito uno publicadas y ver que otras personas responden.

No es necesario que una cancion llegue al numero uno dela lista de ventas para que influya sobrela gente y que haga que se enamoren unas personas de otras. Con la escrttura pasa lo mismo. Una carta de amor o una poesia rornantica dirigidas a la persona que se ama pueden influir y producir una gran alegrja. La palabra escrita crea gran impacto emocional, sobre todo cuando esta escriia con pasion.

Hemos de ensenar a nuestros estudiantes de los distritos escolares publicos que escribir bien es el resultado de leer y escribir continuamente. Es como convertirse en un gran atleta exige mucha dedicaci6n y practica.

Se debe ensenar a leer y a escribir bien desde una edad bien temprana y es nuestra responsabilidad como padres y aduItos ayudar a inspirar a nuestros hijos e hijas. Me perdi de nino libros como *El gato y su sombrero magico otras obras del Dr. Seuss y fue una alegria descubrirlas siendo un treintanero-* Me resulto especialmente agradable hace poco tiempo haber tendio la oportunidad de leerle un libro del Dr. Seuss a una clase de alumnus del primero curso.

Siempre me acuerdo del primer libro que lei en primer curso: *Donde viven los monstruo.* Hace poco lleve a mi hija a una tienda de San Francisco donde vended Donde Viven Los Monstruos y tros muchos libros. Cuando abri el libro, que hacia decades que no habia hojeado, me acorde de muchas cosas preciosas. Este libro trata de un reino extraño poblado por monstrous enormes y peludos pero que son completamente humanos, con todas sus manias y con todos sus miedos. Es un libro que libera la imaginacion de los ninos como pocos libros lo consiguen. Es el primer libro que le he comprado a mi hija. Aunque ella, solo tiene 2 años .

Mi hija ya siente passion por los libros e insiste en que le lea algo antes de dormirse. Eso tambien me inspira a escribir. Quiero que mi hija lea lo que yo he escrito y publicado. Tengo la esperanza de que algun dia tambien ella sienta motivacion y passion por escribir.

Va por buen camino. Aunque nosotros no tuvieramos hijos deberiamos asegurarnos que otros ninos aprendan a leer y a escribir correctamente desdepequenitos. Esto hara que tengan mas posibilidades de conseguir Buenos empleos en el siglo XXI.

Los maestros trabajan duro para ayudar a nuestros ninos. Pero los padres tienen que adoptar tambien medidas proactivas para ayudar a sus ninos a que se conviertan en lectores y en escritores durante el resto de su vida. Al igual de lo que pasa con la musica, que nos inspira y nos da esperanza, a millones de ninos les pasa lo mismo con la lectura y la escritura. Basta con mirar que cara ponen cuando por fin aprenden a leer y escribir. Sonrien. Esa es la razon por la que sigo escribiendo año tras años. Quiero que mi hija, Mirian, sonria siempre y encuentre esperanza en la lectura y en la escritura.

Randy Jurado Ertll es director ayudante de comunicaciones y relaciones con la comunidad del Distrito Escolar Unificado de Pasadena.

L.A. Times
South Los Angeles Must Have Higher Political Visibility
March 6, 2005

Poor people are invisible, especially African Americans and Latinos who live in South-Central Los Angeles. This is not new; it has existed for decades. I grew up there and saw the injustices of poverty, poor housing, inadequate and unsafe school facilities and police brutality.

But in the Los Angeles mayoral runoff election in May, African Americans and Latinos can finally play a key role in being the swing vote. It is becoming almost impossible to win the mayor's seat with only the Valley and Westside vote. We've heard enough hollow promises while young African American and Latino children continue to join gangs, drop out of school and kill each other. The pattern of unequal distribution of wealth can be seen throughout South-Central, where resources are scarce. A few churches do provide hope and guidance for many families, but city government also needs to provide more opportunities. Poor people pay taxes too.

One of the premier universities of the world is in South L.A. -- the University of Southern California, yet it is surrounded by some of the worst public schools in California. It is a symbolic dream for many South-Central youths who would like to attend such a prestigious institution but feel that they cannot.

A study titled "Equity Beyond Dollars" from New Schools/ Better Neighborhoods states that "today's injustices are largely the result of a patchwork of school financing that until recently systematically benefited newer suburban and edge-city school districts at the expense of predominantly poorer inner-city and inner-suburban districts. The result has been an unfair and unequal distribution of billions of dollars in state bond funds."

These unfair practices must stop, and whoever the mayor of Los Angeles is can take a lead role in advocating for equitable funding for Los Angeles inner-city schools.

The thousands of voters in South-Central can make a difference in determining who will run Los Angeles. This is their opportunity to make Mayor James K. Hahn and rival mayoral candidate Antonio Villaraigosa recognize that they can no longer be ignored or dismissed as "those poor people who don't vote."

Latinos and African Americans also must strive to build coalitions around issues that will benefit both ethnic groups. The School of Policy, Planning and Development at USC found that the African American population in South-Central was 39.8% in 2000 (214,873) and the Latino population had grown to 58% (313,303). Within this population, there are many thousands of registered voters.

These voters must demand more resources to be placed into their neighborhoods, such as police protection. Not police abuse. African American and Latino youth must not be criminalized just because they live in poor neighborhoods with few opportunities. Whoever is elected mayor must create viable opportunities, programs and jobs in South-Central L.A.

These voters also want their children to obtain a quality education. The youth of South-Central deserve more qualified and compassionate teachers. We cannot set low expectations for our students or allow mediocre performance. We want them to be prepared and qualified to attend USC or any other top university in the nation. We must offer these young people hope and make them realize that they cannot throw away their futures.

In the May election, South-Central voters must not squander the opportunity to be taken seriously.

Randy Jurado Ertll, a former congressional staffer, works for a public school district.

La Opinión
Las pandillas Los Angeles
3 de abril de 2005

Con muchas dudas decdi escribir acerca acerca del asunto de las pandillas en Los Angeles, ya que el tema hace sentir incomoda a mucha gente. Incluso el presidente George W. Bush escogi6 no hablar del tema en el discurso del Estado de la Naci6n .

Aun cuando los homicidios en 1a ciudad de Los Angeles han disminuido ligeramente, la cantidad de asesinatos relacionados con las pandillas es muy alta, no podemos darnos el lujo de ignorar el tema de las pandillas. El Departamento de Policia de Los Angeles (LAPD) registro 517 hornicidios en 2003 y 511 en 2004.

La percepci6n existente de los jovenes de las partes pobres de la ciudad es que son miembros de pandillas o incluso se les perfila como pandilleros cuando de hecho simplemente se visten de cierta fonna para ser aceptados por sus companeros.

Yo veo a mi primo, que asiste a la Escuela Secundaria Manual Arts del Distrito Escolar Unificado de Los Angeles (LAUSD), vestir con canisetas enormes,pantalones bombachos y llevar la cabeza rapada. El pertll de un pandillero, pero el no lo es. Simplemente ha adoptado este esti1o y a mi me preocupa. Me preocupa que lo hostiguen lapolicia y los "verdaderos" pandilleros.

No quiero que mi primo sea arrestado ni golpeado simplemente por como ha, escogido vestirse. Sin embargo,este es el estilo en muchas secundarias en todo Los Angeles y hay desafortunadas consecuencias. Muchos j6venes de minorias han sido ca1ificados como delincuentes y la sociedad ha aprendido a temer a los jovenes de las areas pobres que lucen o actuan de ciertas formas. Como debe verse o actuar un joven que viene de vecindarios con alto indice depobreza y que no puede comprar ropa cara, especialmente cuando los trabajos escasean?Muchos jovens de las areas pobres compran en los Swap meets locales o tiendas en las que pueden comprar camisetas y pantalones baratos.

Algunos distritos de escuelas publicas han implementado codigos de vestido para evitar la confusión de quien es y quien no es pandillero. Estos han contribuido a reducir la violencia y la afiliación con las pandillas.

Tenemos que analizar mas y comprender 1a creacion y el florecimiento de las pandillas en Los Angeles. Nuestros candidatos a la alcaldla deben enfrentar 1os temas que han afligido a los vecindarios pobres por decadas, en las que nada ha cambiado mucho. Estos candidatos no tienen todas las respuestas ni las soluciones al problema de las pandillas. Es la responsabilidad de todos ayudar a resolver este asunto y nuestros jovenes deben asumir una responsabilidad personal y deben darse cuenta de que unirse a una pandilla no es la unica forma de lograr el poder o la atencion.

Nadie es un experto completo ni tiene las soluciones para prevenir ni eliminar lapertenencia a las pandillas: Sin embargo, hay personas y organizaciones que han creaado programas que verdaderamente ayudan a evitar que los chicos se unan a las pandillas.

En Boyle Heights, e1 sacerdote cat6lico Greg Boyle ha ayudado a miles de jovenes a obtener trabajo y a quitarse tatuajes. A algunos no los ha podido salvar, pero continua ayudando a muchos y sigue esperanzado. A traves del tiempo muchos miembros de pandillas se han arrepentido y han dado vuelta a su vida e incluso sirven como modelo para muchachos y jovenes que corren riesgo de unirse a una pandilla.

A un recuerdo cuando conoci a un joven salvadoreño que tenia problemas de adiccion al alcohol y las drogas y a quien, ademas, le faltaba un ojo. Me pidio ayuda para aprender ingles y me conto su tragica historia de como habia emigrado a Estados Unidos y habia decidido unirse a una pandilla. Sus rivales un dia los golpearon con bates y le sacaron un ojo con un cuchillo. Fue a dar al hospital y ninguno de sus "homies" lo visit6. Termino sin trabajo y sin hogar. En esa conversacion de 10 minutos me di cuenta de como este chico inocente perdio toda la esperanza y estaba destruido fisicamente debidoa su decision de unirse a una pandilla. Sin embargo, estaba en camino de arreglar su vida y de darse cuenta de que habia,cometido un error. .Fue una poderosa experiencia educativa para el y para mi.

Otros jovenes no se dan cuenta de 1o que hacen cuando deciden iniciarse en una pandilla. Piensan que va a ser divertido escaparse de Ia escuela, ir a fiestas y conocer chicas. Algunas veces es cierto, pero la mayor parte de las veces, la experiencia de unirse a una panllila se convierte en algo violento.

Muchos muchachos tienen que golpear a los miembros de pandillas rivales 0 incluso matarlos para probar que son lo suficientemente duros, y no debiles.

Es una Iarga tradicion que los adultos que no crecieron ni pasaron tiempo en los barrios pobres y las escuelas pobres no logran entender. Las peliculas de Hollywood han idealizado o representado mal la historia de este circulo vicioso. Una deestas peliculas que capturan parte de esta realidad es *American Me*, en la que el actor Edward James Olmos arriesgo su vida al desempenar su papel. Incluso tuvo que contratar guarda espaldas y eliminar ciertas partes de la pelicula, pues su vida fue amenazada. Un colaborador hasta fue asesinado.

El tema de las pandillas es serio y va mas alls de los esloganes de campana y promesas vacias de los candidatos Politicos. Nuestros jovenes deben darse cuenta de que la educacion provee ciert:as oportunidades de escapar de la parte pobre de la ciudad y del estilo de vida de pandillas.

Nuestros jovenes necesitan darse cuenta de que son duros y al mismo tiempo cool al ser excelentes eatudiantes. Probar su masculinidad uniendose a una pandilla no es la mejor elecci6n y debemos hacer que nuestros ninos se den cuenta de que la prision es un infierno.

Todos estamos juntos en esto y todos resultamos

impactados por la violencia de las pandillas aunque no vivamos en barrios pobres, pues podria eventualmente extenderse a las areas de las clases media y alta de Los Angeles. El jefe dela policia, William Bratton, ya ha advertido acerca de la expansión de las pandillas. Por esto, debemos encontrar alternativas y oportunidades para nuestros hijos, sean latinos, afroamericanos, blancos, asiaticos, del Medio Oriente, o de cualquier naconalidad en particular. Debemos hablar de este tema delicadoy no actuar como si no existiese, de la misma forma que la gente ve hacia otra parte cuando se encuentra a un mendigo.

Debemos pensar en formas de ayudar y de luchar para crear justicia para todos. Debemos darnos cuenta de que no es "su" problema"sino "nuestro problema", y de que debemos crear oportunidades para los jovenes de nuestra ciudad.

Randy Jurado Ertll, crecio en el sur de Los Angeles y asistio a escuelas publicas.

The Progressive Magazine
South Central vote will be critical for L.A. mayoral race
April 13, 2005

The mayoral race in Los Angeles should not be about personalities. It should be about South Central and about offering a quality education to all children.

In the May 17 run-off, Mayor James K. Hahn faces City Councilman Antonio Villaraigosa. Much of the recent coverage has been about endorsements, with basketball legend Earvin "Magic" Johnson coming out for Villaraigosa on April 11, after backing Hahn four years ago.

But beyond the big names, there are the hard-working, low-income people who demand our attention. Hundreds of thousands of them. They live in South Central.

We need drastic improvement or changes of leadership to improve South Central Los Angeles, where the same problems that existed in the 1980s still exist today. Gang activity, homicides, drug sales, astronomical school drop-out rates, common teen pregnancies and high unemployment continue to be rampant in South Central.

In response, several city council members chose to change the name of South Central to South L.A. But changing names is a band-aid approach to the major social problems that beset this locale.

By contrast, improving education in South Central, as in other big cities around the country, could make a huge difference.

It is an irony that many of the worst schools in South Central are mere blocks away from the prestigious University of Southern California. These schools do not get adequate funding, and as a result, most of the students there can only dream of attending USC.

The drop-out rates of students who attend public schools in South Central are unacceptable. A recent study conducted by Harvard University found that nearly half of the students at South Central's Manual Arts High School and Jefferson High School drop out of school.

Whoever is elected mayor must be an advocate for the students of South Central. That requires a fairer distribution of resources to inner-city schools and a greater commitment to quality education for all. The youth of South Central deserve more qualified and caring teachers and more dedicated principals. We cannot set low expectations for our students or accept mediocre performance. Parent involvement is also critical to the success of student academic performance.

The education issue is one that should unite African-Americans and Latinos. Fighting for the same scarce resources is counterproductive. The African-American population in South Central was 30 percent in 2000 (215,000), and the Latino population grew to 58 percent (313,000), according to the School of Policy, Planning and Development at USC.

Combined, the African-American and Latino populations of South Central have the opportunity and the power to decide who the next mayor of Los Angeles will be. Together, they can make history by helping to determine who will lead the second-largest city in the United States. And together, they can demand a better future for the children of South Central.

Randy Jurado Ertll attended public schools in South Central Los Angeles and graduated from Occidental College.

La Opinión

El fuego aun arde en LA
Viernes 29 de abril de 2005

Han pasado 13 años desde los peores desordenes en Los Angeles y muchas personas quisieran olvidar que ocurrieron. No podemos darnos ese lujo.

Estamos obsesionados en ver o analizar los eventos historicos importantes cuando llega el aniversario, y los desordenes de Los Angeles no son excepcion.

No debemos dejarnos atrapar en aniversarios o cuestionarnos si fue desobedencia civil, levantamiento o revuelta del pueblo. Llamemoslo solamente deordenes, pero no debemos olvidar ni ignorer la importancia que estos tuvieron en Los Angeles. Muchas vidas se perdieron y debemos evitar que vuelva a occurir tanto en LA, como en otras ciudades de Estados Unidos.

Luego de la sorpresive absolucion el 29 de abril de 1992 de los cuatro agentes del Departamento de Policia de Los Angeles (LAPD) acusados de golpear a Rodney King, los desordenes duraron tres dias, se extendieron mas alla del sur, y dejaron 58 muertos, 2,400 heridos y perdidas a la propiedad por 1,000 millones de dolares

Mas de 16 mil personas fueron arrestadas, mas de la mitad latinos y mas de una tercera parte afroamericanos. La Oficina de Control de Inmigracion y Aduanas (ICE), anteriormente conocida como Servicio de Naturalizacion (INS), deport al menos a 700 personas y los lideres latinos lamentaron que el LAPD se enfocara en los inmigrantes y la aparente transgression de una ordenanza de la ciudad que prohibe a los agentes de la policia intervener en casos de inmigracion.

La Orden Especial 40 se implement en 1979 para evitar la colaboracion entre la policia y las oficinas federales de inmigracion. Sin embargo, durante los desordenes de Los Angeles se implemento la ley marcial y las autoridades militares asumieron el control de la vigilancia y el cumplimiento de la ley, sea que eso implicara matar o deportar a la gente.

Los arrestos se dieron principalmente en vecindarios pobres con una alta concentracion de inmigrantes recientes. Las areas que se mencionaron constantemente fueron el sur y Pico-Union/Westlake. El estereotipo ear, y sigue siendo, que los afroamericanos viven en el surcentro y los centroamericanos son mayoria en Pico-Union/Westlake.

Eso no era asi en 1992 y tampoco ahora. Esas areas son diversas e incluyen residents que no solamente son afroamericanos y centroamericanos. Actualmente, en el sur, la mayoria son latinos y en el area de Pico-Union/Westlake los mexicanos siempre han sido mayoria. Algunos funcionarios electos culparon a los centroamericanos del pillaje y los desordenes en Pico-Union/Westlake. Estaban orgullosos de que no se hubiera extendido al Esta de Los Angeles.

La comunidad centroamericana de 1992 no tenia mcuha influencia politica y por ello se quedo callada, excepto por dos salvadoreños a quienes se permitio surgir como portavoces a traves de los medios.

Denunciar la colaboracion entre el INS y la policia no fue suficiente. Lo que debio denunciarse es la historica y continua violacion de los derechos civiles en estas comunidades pobres y la falta de recursos economicos, vivienda adecuada y las tasas ridiculas de desempleo. Estos y otros factores contribuyeron a los desordenes.

La gente del sur de Los Angeles y de otras comunidades pobres estaban hartas de sentirse ignorada y hostigada constatemente por las autoridades del orden.

La golpiza de Rodney King fue una prueba clara de abuso policial. La sensacion de impotencia y de privacion de derechos llevo a muchos a la ira y desafortunadamente, a los desordenes.

Debemos ver a Los Angeles como un caso de studio para evitar el circulo vicioso de pobreza, abuso policial y la intolerancia basada en la etnicidad o la raza. Vimos como los afroamericanos tuvieron choques contra los coreanos durante los desordenes y los mismo va para los afroamericanos, latinos, y blancos.

Esperamos que el Distrito Escolar Unificado de Los Angeles (LAUSD) y otros distritos de escuelas publicas hayan implementado lecciones en que los estudiantes de primaria hayan aprendido a apreciar la diversidad cultural que existe en Los Angeles y que los desordenes de 1992 se discutan o analicen cada vez que se acerque la fecha del 29 de abril cada año.

En muchas partes de Los Angeles ya se dan minidesordenes, especialmente dentro de las escuelas publicas en que latinos y afroamericanos pelean unos contra otros, por ejemplo en las secundarias Jefferson y Manual Arts e incluso la violencia se ha extendido a las escuelas de la ciudad de Santa Monica. Tambien se ha dado tension por causas raciales entre latinos y armenios en la ciudad de Glendale.

Como adultos testigos de los desordenes de 1992 en Los Angeles, no ocultemos ni ignoremos las verdaderas raices de la falta de equidad social y la intolerancia racial. Debemos ensenar a nuestros ninos la tolerancia racial, la historia de otros grupso raciales y a aceptar el multiculturismo. No nos temamos unos a otros, y en cambio unamonos como hermanos y hermanas, sin importer de donde venimos o de que color es nuestra piel.

Podemos levantarnos unos a otros o contribuir a destruir Los Angeles a traves de la falta de equidad socioeconomic y la intolerancia basada en la raza o el nacionalismo.

Prefiero contribuir a fortalecer Los Angeles y a aceptar nuestra diversidad racial. No permitamos una repeticion de los desordenos de LA.

Randy Jurado Ertll crecio en el Sur Centro y fue testigo de los desordenes de 1992.

La Opinión
ELECCIÓN DE ALCALDE: El Centrosur exige atención
7 de mayo de 2005

La competencia por la alcaldía de Los Ángeles no se debe decidir sólo por asunto de personalidad. Debe tratarse el Centrosur y ofrecerse una educación de calidad a todos los niños que viven en la ciudad de Los Ángeles.

En el desempate por la alcaldía el 17 de mayo, el alcalde James K. Hahn enfrenta al concejal Antonio Villaraigosa. Mucha de la cobertura reciente ha sido sobre los apoyos, como el de la leyenda del basquetbol Earvin "Magic" Johnson, quien dio su respaldo a Villaraigosa el 11 de abril, en contraste con hace cuatro años, cuando apoyó a Hahn.

Pero, más allá de los grandes nombres, está la gente que trabaja duro, con bajos ingresos que exigen nuestra atención. Cientos de miles de ellos viven en el Centrosur.

Necesitamos una mejoría drástica o cambios de liderazgo para favorecer el Centrosur de Los Ángeles, donde existen hoy los mismos problemas que en los años 80. La actividad de pandillas, los homicidios, la venta de drogas, las astronómicas tasas de deserción estudiantil, el embarazo frecuente entre las adolescentes y un alto desempleo siguen dominando el vecindario.

Como respuesta, varios miembros del Concejo de la Ciudad escogieron cambiar el nombre de Centrosur de Los Ángeles a Sur de Los Ángeles. Pero esa modificación es una solución de "curita" a los principales problemas sociales que aquejan al área.

A modo de contraste, mejorar la educación en el Centrosur, al igual que en otras grandes ciudades del país podría marcar una gran diferencia.

Es irónico que muchas de las peores escuelas del Centrosur están a solamente cuadras de la prestigiosa Universidad del Sur de Californa (USC). Estos centros escolares no reciben fondos suficientes y, como resultado de ello, la mayor parte de estudiantes ahí solamente pueden soñar con asistir a USC.

Al mismo tiempo, la tasa de deserción de estudiantes que asisten a las escuelas públicas en el Centrosur es inaceptable. Un estudio reciente realizado por la Universidad de Harvard descubrió que casi la mitad de los estudiantes de las secundarias Manual Arts y Jefferson High School abandonan la escuela.

Quien sea que resulte electo alcalde debe ser un defensor de los estudiantes de esa área de la ciudad. Eso requiere una mejor distribución de recursos a las escuelas más pobres de la ciudad y un mayor compromiso con la educación de calidad para todos. La juventud del Centrosur merece maestros con mejor capacitación y directores más dedicados. No podemos establecer expectativas bajas para nuestros estudiantes ni aceptar un desempeño mediocre. Además, para el rendimiento de los estudiantes también es crítica la participación de los padres.

El tema de la educación es uno que debe unir a los afroamericanos y latinos. El luchar por los mismos recursos escasos es contraproducente. La población afroamericana en el Centrosur era de 30% en el año 2000 (215 mil) y la población latina creció a 58% (313 mil), según la Escuela de Políticas, Planificación y Desarrollo de USC.

Combinadas, las poblaciones afroamericana y latina del Centrosur tienen la oportunidad y el poder para decidir quién será el próximo alcalde de Los Ángeles. Juntas pueden hacer historia ayudando a decidir quién guiará la segunda ciudad —en tamaño— de Estados Unidos. Y juntos pueden exigir un mejor futuro para los niños del Centrosur.

Randy Jurado Ertll asistió a las escuelas públicas del Centrosur de Los Ángeles y se graduó en el Occidental College.

La Opinión
LOS LATINO Y LOS AFROAMERICANOS
5 de junio de 2005

Las tensiones entre los afroamericanos y los latinos en la zona sur de Los Angeles comenzaron a aumentar en la decada de los 80, y los funcionarios electos, los medios de comunicacion y muchos
lideres comunitarios siempre se mantuvieron en silencio con respecto a este tema. Era tabu mencionar el aumento de la tension entre estas dos comunidades.

Ahora estamos viendo los resultados negativos de cerrar los ojos y permanecer callados. Los estudiantes afroamericanos y latinos se atacan fisicamente a mayor escala y hoy debemos confrontar y resolver estas tensiones.

El nuevo alcalde de Los Angeles, Antonio Villaraigosa,

debe continuar siendo un lider a la hora de construir coaliciones etnicas y debe dar el ejemplo sobre como los latinos y los afroamericanos pueden entenderse y compartir el poder en la ciudad de Los Angeles.

Ademas, las relaciones raciales ya no pueden discutirse 0 analizarse considerandolas asuntos en "blanco y negro". El ejemplo del Movimiento de los Derechos Civiles todavia es relevante y util, pero la situacion se ha vuelto mas compleja.

Ahora, cuando nos enfrentamos a temas relacionados con la raza, debemos incluir a los latinos, asiaticos, personas del Medio Oriente y otras persbnas provenientes de una gran variedad de paises. Ignorar o excluir a un grupo etnico es irresponsable y puede tener consecuencias negativas.

La importante llegada de inmigrantes latinos en la decada de los 80s provoco un cambio gigantesco en . la constitucion demografica de Los Angeles y en otras grandes ciudades como Miami, Washington D.C., Nueva York y Chicago, entre otras.

Ademas, segun los datos de 2000 de la Oficina de Estadistica y Censo federal, la cantidad de latinos era de 35,305,818 en total, el 12.5% de la poblaci6n nacional: mientras que los afroamericanos eran 34,658,190, el12.3% de la poblacion. Los latinos se convirtieron en el grupo etnico minoritario mas grande del pais y esto provoco titulares a nivel nacional y genero mucho debate.

En muchas de las principales ciudades de Estados Dnidos, una gran cantidad de afroamericanos sintieron que los inmigrantes los estaban desplazando y les estaban quitando su trabajo.

Especificamente, los inmigrantes latinos se convirtieron en blanco facil en !as calles de la zona sur de Los Angeles, muchos fueron victimas de agresiones fisicas, y algunos hasta resultaron asesinados en robos a mano armada.

Muchos inmigrantes latinos estaban indocumentados y tenian miedo de denunciar los "delitos cometidos por odio", y dudaban en llamar a la policia y presentar una denuncia cuando eran agredidos 0 golpeados.

En las zonas urbanas, los jovenes afroamericanos comenzaron a matarse entre si en cifras alarmantes y muchas personas comenzaron a hablar de problemas de violencia de "negros contra negros", lo que todavia continua siendo un grave problema. Las pandillas de latlnos tambien comenzaron a crecer a un ritmo descontrolado y debido a las guerras entre las mismas, los latinos comenzaron a matar latinos en un indice mas alto.

Si bien los homicidios en la ciudad de Los Angeles han disminuido levemente, la cantidad de homicidios asociados con pandillas es demasiado alta. El Departamento, de Policia de Los Angeles (LAPD) registr6 517 homicidios en 2003 y 511 en 2004.

Por que escribo sobre este tema? Fui testigo y victima de actos de violencia sin sentido en la zona sur de Los Angeles. Siempre me pregunte por que a nadie Ie importaba hablar de estos temas, y por que tantos de nuestros jovenes elegian la violencia como forma de resolver problemas, en la que muchos encontraban la muerte. Todavia me hago estas mismas preguntas ahora que la violencia se ha convertido en un tema mas importante en toda la ciudad de Los Angeles y continua, siendo un problema grave en otras ciudades de Estados Unidos.

Me preocupan esos muchachos jovenes que tienen que pasar por el mismo dolor y sufrimiento que yo tuve que soportar durante tantos años.

Debemos e,nviar un mensaje a nuestros estudiantes afroamericanos y latinos para que detengan este circulo vicioso de violencia y dejen de contribuir a su propia destruccion. La violencia genera mas violencia y no resuelve nada.

Los padres afroamericanos y latinos deben hablar entre si, aunque se requiera de la traduccion a otro idioma, Y . dar el ejemplo de que ellos pueden realmente vivir como buenos vecinos en la ciudad de Los Angeles. Los afroamericanos y los latinos de Los Angeles pueden dar el ejemplo para que pueda ser copiado 0 repetido en otras ciudades importantes.

Debemos construir coaliciones etnicas que beneficien a todos los grupos, blancos y no blancos, Tarde 0 temprano debemos enfrentar el problema de las relaciones raciales.

Durante mi vida en Los Angeles he aprendido mucho acerca de nuestra diversidad etnica y nuestra tolerancia racial .

He optado por perdonar a aquellos jovenes que robaron mi dinero y mi pase para el autobus y que me agredieron fisicamente en las calles de la zona centrosur de Los Angeles. Simplemente me alegro de haber sobrevivido fisica y emocionalmente para poder compartir mis ideas a traves de la palabra escrita .

Muchos.de mis amigos afroamericanos y latinos fueron victimas de esta violencia sin sentido y conocian demasiado bien la dura realidad de la violencia en las calles de Los Angeles. Desearia que algunos de ellos estuvieran vivos hoy para leer este articulo.

Trabajemos juntos para evitar que haya mas violencia y mas asesinatos sin sentido en las zonas urbanas de Estados Unidos.

Randy Jurado Ertll, crecio en la zona centrosur de Los Angeles y se graduo en Occidental College

La Opinión
Habra otros disturbios?
15 de julio de 2005

Los disturbios urbanos son igualmente predecibles como el pr6ximo gran terremoto. Nadie sabe cuando pasara, pero tarde o temprano ocurrira.

No nos gusta pensar en la posibilidad de otro disturbio grande en Los Angeles. El de Watts de 1965 y Los Angeles en 1992 han sido ya olvidados por las personas, ya sea que estuvieran presentes o no. El autor James Baldwin escri6 elocuentemente sobre el tema y algunos de sus libros describiendo los sintomas que contribuyen a los disturbios. Pobreza, hacinamiento de vivienda, abuso policial y racismo para mencionar unos cuantos. Ese era EstaUnidos cuando se veia con lentes del paradigma de negro y blanco de previas decadas.

En la actualidad, nuestras principales ciudades se han diversificado etnicamente e incluyen inmingrantes de todas partes del mundo, especialmente de America Latina y Asia.

Los Angeles no es la excepción en la actualidad de ejemplo para demostrarr si se puede prevenir otro disturbio grande o no.

Nuestro nuevo alcalde Antonio Villaraigosa debe abordar las raices que causan las injusticias socials. El esta muy consciente que la historia de Los Angeles incluye negros episodios de discriminacion contra inmigrantes, , minorias y gente pobre.

El alcalde Tom Bradley fue un lider inspirador y efectivo pero ni el ni su administración lograron prevenir los disturbios de 1992 de Los Angeles. Las tensiones se desbordaron cuando Rodney King recibió una paliza y los agentes de la policia que se la propinaron fueron absueltos.

Debemos de trabajar juntos y discutir las raices de las causas de disturbios urbanos. Debemos buscar y proponer soluciones que resuelvan las disparidades sociales y economicas. Por ejemplo, deberia ser un requisito que los estudiantes de secundaria tomen una clase de multiculturalismo para que aprendan sobre la historia, cultura y politica de otros estudiantes.

Las peleas entre las minorias de nuestras escuelas publicas deben ser adicionalmente examinadas y el Consejo Escolar Educativo y los directores de las escuelas deben tomar medidas al respecto para ayudar a prevenir este tipo de peleas en las escuelas.

Mas seguridad y la presencia policiaca ayuda pero la participacion de los padres es la clave.

Las organizaciones no lucrativas y lideres comunitarios deben involucrarse para ayudar a desarrollar un verdadero entendimiento de la cultura y tolerancia etnica entre los estudiantes. Los padres y los maestros tambien deben jugar un papel mas activo ensenando tolerancia racial a sus hijos y el respeto hacia otras culturas, etnias y nacionalidades.

Las secundarias Jefferson, Taft, Manual Arts y muchas otras escuelas confrontan en la actualidad "tensiones etnicas" en su población estudiantil. Las escuelas publicas sirven generalmente de "pulso" de lo que esta pasando en nuestras comunidades y muchas veces sirven de indicador de lo que ocurrira en nuestra sociedad.

No podemos esconder el hecho de que siguen habiendo tensiones raciales en Los Angeles. Ademas, las disparidades socioecon6micas contribuyen a otros muchos problemas. Por ejemplo, la gente pobre que no tiene los niveles de educaci6n adecuados tiene mas dificultad para encontrar trabajos que les permita rentar 0 comprar casas en vecindarios mas seguros. En general, el costa de rentar 0 comprar casa esta fuera del alcance de las personas que ga· nan apenas el salario minimo.

Tambien la participaci6n de los padres de los vecindarios mas pobres es mas baja que de los que viven en la clase media y alta. Muchos padres pobres estan tan ocupados para poder traer algo de comer a la mesa que no tienen tiempo de participar en las reuniones de las Asociaciones de Padres y Maestros (PTA). Hay algunas excepciones en que los vecindarios pobres cuentan con participaci6n efectiva de los padres. Los clubes PTA y de estudiantes pueden servir como medios de diversificaci6n donde los padres y estudiantes traten asuntos tales como la violencia y actividad de pandillas en las escuelas.

Directores, maestros y padres pueden desarrollar ideas creati vas para mejorar la comunicaci6n en la comunidad y escuelas. Por ejemplo, El Consejo Educativo puede establecer programas academicos que analicen la historia y causas de Watts y de Los Angeles. Se le asigna tarea y trabajos de inves tigacion donde tangan que presentar propuestas que ayuden a revitalizar los vecindarios. Se pueden implementer concursos de ensayos para que los estudiantes exploren lo que estan haciendo personalmente y para establecer que pasos se pueden tomar para ayudar a prevenir disturbios futuros.

Estas son ideas simples pero que pueden realmente tener un impacto en la mentalidad de muchos estudiantes que a menudo no estan expuestos a otras culturas y creen en estereotipos negativos de otros grupos etnicos y de las comunidades anglosajonas.

Debemos contribuir para mejorar Los Angeles; los negocios, organizaciones no lucrative y otras entidades deben seguir creando oportunidades reales de trabajo para todos, especia para los jovenes que necesitan mantenerse ocupados en trabajos de verano y de tiempo parcial.

No podemos prevenir los terrmotos pero si podemos prevenir futuros disturbios. Por lo tanto, trabajemos juntos para prevenirlo. Debemos creer en nosotros mismos y crear esperanza y oportunidades para otros, especialmente para nuestros hijos.

Randy Jurado Ertll crecio en el Sur de Los Angeles y trabajo para el Congreso.

La Opinión
LOS ÁNGELES: La muerte de una niña inocente
21 de julio de 2005

A medida que pasan los días me enojo más. Los pensamientos siguen dando vueltas en mi mente sobre la niña Suzie Peña, que fue baleada y muerta por el Departamento de Policía de Los Angeles (LAPD) en Watts.

Tengo una nena que acaba de cumplir 3 años y entiendo cuan devastadora es la pérdida de un hijo. Es una de las peores experiencias que puede enfrentar un ser humano, si no es que la peor.

Este trágico evento simboliza y trae a la luz muchas situaciones que han estado pasando por décadas en el sur de Los Ángeles: la indiferencia, falta de respeto y presentación de latinos y afroamericanos pobres como subhumanos y con menos derecho a la protección y respeto de la policía que otros.

El sur de Los Ángeles no es ya más predominantemente afroamericano. Hoy los latinos son la mayoría, y los centroamericanos representan un gran segmento de ellos, con miles de familias salvadoreñas y guatemaltecas.

Es bueno que los latinos y los afroamericanos se unieran para denunciar la muerte trágica de la niña. Aplaudo el liderazgo de algunos afroamericanos que tienen el coraje de defender y expresarse por inmigrantes latinos del sur de Los Ángeles que no hablan inglés.

Los afroamericanos y latinos deben seguir unidos,

respetarse unos a otros y defender los derechos civiles y humanos de sus hijos. Han ocurrido muchas tragedias en las calles del sur de Los Ángeles y mucha sangre joven se ha derramado en esas aceras. No lo vi a través de una pantalla a colores, sino en persona. Muchos latinos en el sur de Los Ángeles respetan y apoyan al LAPD. Lo que está denunciando la comunidad centroamericana es la muerte de Suzie Peña, una niña de 19 meses. Quieren saber por qué y cómo la niña fue acribillada a disparos por el Equipo Especial de Rescate (SWAT).

Varios activistas centroamericanos y organizaciones comunitarias están pidiendo a los nuevos miembros de la Comisión de Policía que agilicen la investigación y que ésta sea honesta y transparente. Esta comunidad quiere tener acceso para leer y revisar el completo reporte de la investigación que será presentado al inspector general del Departamento de Policía. Este tipo de información debería hacerse público.

La comunidad centroamericana de Los Ángeles llega a más del millón de personas, algunos indocumentados y otros sólo con permisos de trabajo. Sin embargo, muchos se han hecho ciudadanos y sus niños son también elegibles para votar. Se deben registrar y votar para tener voz en Los Ángeles. Los centroamericanos aún no eligen a nadie de su comunidad para el Concejo Municipal pero es cuestión de tiempo para que esto se vuelva realidad.

El concejal Bernard Parks y su esposa junto con el alcalde Villaraigosa han mostrado su liderazgo al asistir a los servicios funerales de Suzie Peña, en una señal de humanidad y respeto.

Otras organizaciones centroamericanas, mexicoamericanas y afroamericanas y sus líderes deben trabajar conjuntamente y presionar al LAPD, la Comisión de Policía, al Concejo de Los Ángeles y la oficina del alcalde para obtener respuestas y una explicación de cómo fue herida Suzie Pena; y más importante, para prevenir que esto le vuelva a pasar a alguien más en el futuro.

Muchos agentes del LAPD son padres, arriesgan sus vidas todos los días para servir y proteger. Su liderazgo, valor y compromiso por hacer cumplir la ley para proteger a los inocentes debe ser reconocido; y se los agradecemos.

Los centroamericanos al igual que el resto de las comunidades de inmigrantes son trabajadores, respetan la ley y pagan sus impuestos. Son parte de la humanidad de la ciudad de Los Ángeles. Muchos jóvenes centroamericanos están interesados en hacerse agentes del orden, unirse a la policía o al Departamento del Sheriff. Al hacerlo, esperamos que recuerden de dónde vienen y cómo sus padres han luchado para sobrevivir en Estados Unidos.

No olvidemos la muerte de Suzie Pena. Debemos luchar por la justicia y protección para todos los niños y debemos prevenir tragedias futuras que involucren a niños inocentes.

Randy Jurado Ertll, crecio en el sur de Los Angeles y trabajo anteriormente para el Centro de Recursos Centroamericanos (CARECEN).

La Opinión
Un simbolo de unidad latina
13 de agosto de 2005

Angela Sanbrano nunca imagino a finales de la decada de los 70 que algun dia estaria dirigiendo la organizacion centroamericana mas importante en Estados Unidos. Angela Sanbrano es mexicoamericana y una guanaca (regionalismo que significa salvadorena) adoptiva.

Sanbrano es reconocida y respetada entre los lideres latinos y representa la unidad que existe entre mexicoamericanos y centroamericanos. Ella sirve de modelo para mexicanos, salvadorefios, guatemaltecos, hondurefios, nicaraglienses y muchas otras nacionalidades.

Es una organizadora reconocida y eficaz fundadora de una coalicion que empezo su carrera activista a fmales de los 70, cuando asistia al People's College of Law en el area de Pico-Union/Westlake. Ella vio a muchos refugiados salvadoreños que protestaban contra la intervencion de Estados Unidos en El Salvador y Ie dio curiosidad saber por que estas personas habian arriesgado sus vidas en su pais y estaban hoy (ese entonces) denunciando las atrocidades cometidas por las fuerzas armadas salvadorenas y los escuadrones de la muerte. Empezo a asistir a las marchas y mitines y escuchaba los testimonios personales de salvadorefios que habian sufrido tantos abusos a los derechos humanos y muchos de sus familiares habian sido torturados y asesinados. Fue inspirada por la valentia mostrada por los salvadoreños y decidio unirse al movimiento solidario.

En marzo de 1980, las noticias sobre la muerte de monsefior Oscar Romero a manos de los militares viajaron alrededor del mundo. "Si el gobierno tuvo la audacia de asesinar a monsefior Romero, eso mostraba que no existia ningun respeto a la vida humana en El Salvador," dice Sanbrano. "Comenzamos denunciando el apoyo de Estados Unidos al gobierno de El Salvador que estaba contribuyendo al asesinato de tanta gente inocente".

Sanbrano termino la escuela de leyes en 1983 y en 1985 fue electa coordinadora nacional del Comite de Solidaridad con la Gente de El Salvador (CISPES). Viajo por todo el pais hablando y denunciando las atrocidades que estaban ocurriendo en El Salvador hasta que se movio a Washington DC a presionar al Congreso para que parara la ayuda a El Salvador y abusos de los derechos humanos.

Finalmente termino la guerra civil de El Salvador y en 1992 se negociaron los acuerdos de paz entre el ex presidente Alfredo Cristiani y el Frente Farabundo Marti para la Liberaci6n Nacional (FMLN). Sanbrano participo en algunas de las reuniones de negociacion y en la frrma de los acuerdos de paz en el Castillo de Chapultepec, en la Ciudad de Mexico.

En 1993, Sanbrano se movio a El Salvador y establecio una organizacion llamada Centro de Solidaridad Internacional (CIS). En 1994 organizo y dirigio un equipo de 400 personas, de 12 diferentes paises, para observar las primeras votaciones democraticas en El Salvador. Los observadores de las elecciones fueron decisivos para ayudar a asegurar que las elecciones fueran justas y el recien creado partido politico FMLN tuviera una oportunidad de elegir a sus propios representantes.

Sanbrano regreso en 1995 a Estados Unidos y comenzo a notar el marcado crecimiento de la comunidad salvadorena en todo Los Angeles. Los salvadoreños cambiaron la dinamica y politica de Los Angeles con sus habilidades participativas y de organizacion. Muchos llegaron a convertirse en organizadores comunitarios y lideres de base del trabajo.

Sanbrano siempre ha abogado porque los mexicanos y salvadorefios trabajen juntos en asuntos comunes y que sean buenos vecinos. Muchos salvadoreños y mexicanos se han casado y sus hijos son representantes de ambos paises.

Sanbrano nunca imagino que llegaria a ser la directora ejecutiva del Centro de Recursos Centro Americanos (CARECEN) y que la organizacion llegaria a poseer su propio edificio valorado hoy en millones de do1ares. Ella reconoce que CARECEN se inicio y se establecio por los refugiados salvadoreños y es un legado e historia que no se debe olvidar. La mayoria de los miembros del consejo de directores de CARECEN son salvadorefios.

La visi6n y mision de CARECEN siempre ha sido servir a las comunidades inmigrantes de bajos recursos que necesitan servicios legales de inmigracion y luchar por los derechos civiles y humanos de los centroamericanos y todos los latinos. CARECEN se ha convertido en una gran instituci6n que ofrece programas de enriquecimiento academico y cultural para ninos y jovenes. Tambien ofrece clases de ingles como segundo idioma, organizacion comunitaria, entrenamiento de liderazgo, defensores de justas leyes de inmigracion, ha desarrollado educacion de votante y desarrollado esfuerzos a favor de 1a participaci6n en votaciones CARECEN representa la esperanza y oportunidad para muchos centroamericanos, chicanos, y no latinos que actualmente trabajan aqui.

Sanbrano ha ayudado a recaudar millones de dolares y continua expandiendo los programas en CARECEN. Ella ve como han madurado los salvadoreños, muchos han luchado para convertirse en residentes permanentes y ciudadanos de Estados Unidos. Muchos se estan registrando para votar en las elecciones locales, estatales y federales. Sanbrano sabe que los salvadoreños seran un dia representados por un miembro salvadoreñoamericano en el Concejo Municipal. Ella conoce las caracteristicas que definen a los salvadoreños: valientes, empresariales, duros trabajadores, partidarios de la justicia social y personas inteligentes que se han sobrepuesto a tremendos problemas.

CARECEN y !as comunidades centroamericanas son afortunados al poseer una lider tan visionaria y comprometida como Angela Sanbrano. Ha dado tanto de su tiempo y trabajado muchos anos gratis o por muy poco dinero. Es un gran ejemplo de como los salvadoreños y mexicanos deben trabajar juntos para lograr representacion politica y respeto mutuo. Los mexicanos son capaces de representar y abogar por los derechos de los salvadoreños y estos, por su parte, son tambien capaces y pueden representar las necesidades de los mexicanos. CARECEN sigue ayudando a miles de personas, sin importar su nacionalidad. Sa,nbrano es un simbolo de esperanza, inspiracion y unidad para mexicanos y salvadoreños. Sigamos su legado.

Randy Jurado Ertll, activista salvadoreño de origen y presidente del Comite de Accion Polftico Salvadoreño Americano (SAL-PAC).

La Opinión
La experiencia de los salvadoreños
Miercoles 7 de septiembre de 2005

Yo puedo hablar acerca de los salvadoreños nacionalizados estadounidenses con pleno conocimiento, ya que soy uno de ellos. Por eso sostengo que debemos procurar convertirnos en participantes activos de gobierno de nuestra ciudad y llegar a formar parte de el como consejeros o lideres politicos.

He decidido escribir sobre mi ccomunidad a traves de la pagina editorial en vez de hacerlo en un libro en respuesta a la urgencia de los salvadoreños de ser tomados en serio por alcaldia y dejar de ser ignorados por los politicos establecidos.

Pero, como vamos a ser tornados seriamente cuando Los Angeles es una version en miniatura de la Organizacion de las Naciones Unidas (ONU), incluye grupos originarios de

todas partes del mundo. Algunos de estos grupos tienen
mas influencia politica que otros, pero aquellos sin poder no
deben ser ignorados.

Los salvadoreños componen el Segundo grupo solo
despues de los mexicanos en esta ciudad, a la que arribaron
por cientos de miles en las decadas de 1980 y 1990. .
Que haya empleados salvadoreños en la alcaldia no seria
solo algo simbolico, crearia un gran orgullo en una comunidad
que necesita desesperadamente representacion ya mismo, no
en 10 o 20 años.

La Oficina del Censo conto 187,193 salvadoreños viviendo
en el condado de Los Angeles, incluidos en un total de
372,777 centroamericanos. Esta poblacion ha continuado su
crecimiento y no puede ser ignorada ni dejada de tomar en
cuenta. .

La guerra civil de El Salvador forzo a miles de salvadoreños
a inmigrar a Estados Unidos entre 1980 y 1992 para salvar la
vida. Muchos encontraron la muerte cruzando Mexico a pie.

Esta tragica historia tan mantenida en silencio revela el
coraje de los salvadoreños que han cruzado tres fronteras
para llegar aqui, segun describe la famosa cancion de Los
Tigres del Norte (titulada *Tres veces mojado*).

Los sobrevivientes de la guerra civil eligieron vivir en
el corazon de la ciudad de Los Angeles en los años 80, ya
que estaba convenientemente ubicado para viajar al trabajo,
especialmente al centro y lugares de los alrededores. Muchos
se quedaron en el centro y otros se mudaron mas hacia el sur,
que ofrecia rentas mas baratas. Otros decidieron establecerse
en el sudeste, el valle u otras vecindades. un estereotipo de
que los salvadoreños continllan viviendo en el area de Pico-
Union y Westlake no es cierto.

La Oficina del Censo refleja clara mente que tanto en
1990 como en 2000 los mexicanos eran y continuan siendo la
rnayoria indiscutida en el area Pico-Union/Westlake.

Otro estereotipo es que los salvadoreños solo trabajan como
conserjes o de empleados de limpieza en casas particulares.
Algunos de estos estereotipos aparecen en programas de
television como *Will and Grace*, de NBC. Estos retratos de

salvadoreños "subordinados" no son ciertos, ya que muchos han aprendido ingles, han alcanzado la residencia legal y obtenido entrenamiento tecnico o inscrito en una universidad. Miles han logrado titulos mas altos, como ingenieros, arquitectos, doctores, dentistas, abogados, asi como hay otros que son activistas lideres de organizaciones comunitarias o que han alcanzado puestos respetables.

Ser conserje o limpiar casas son trabajos honorables tambien, solo quiero enfatizar que formamos parte de una fuerza de trabajo muy diversa.

Estudios de investigacion de la Universidad de California en Los Angeles (UCLA) confirman lo que distingue a los salvadoreños de otros centroamericanos. Tienen un alto record de empleo y son muy trabajadores. Ademas, obtienen mas titulos universitarios que otros grupos de inmigrantes. Tambien se destacan por un alto porcentaje en naturalizacion y registro para votar. El condado de Los Angeles incluye a 55 mil votantes registrados.

Los salvadoreños ya han establecido raices en Los Angeles y continuaran creciendo en numeros y en poder economico y politico.

Por lo tanto, aunque esta cornunidad aun no tiene un representante el Concejo de la ciudad, queremos que la oficina del alcalde provea mas programas de entrenamiento y oportunidades de trabajo a nuestros jovenes. Las pandillas estan llevandose a muchos de estos y las dependencias del gobierno local deben encontrar formas de proveer mas programas para despues de la escuela y crear trabajos para ellos, ya que la juventud salvadorena representa un significativo porcentaje de estudiantes del Distrito Unificado de Los Angeles (LAUSD).

Nuestro nuevo alcalde, Antonio Villaraigosa, ha viajado a El Salvador y sabe de la lucha heroica e historia del pueblo salvadoreño. Sabe que aqui contribuimos a la riqueza cultural y econ6mica de la ciudad. Los miles de salvadoreños que aqui viven necesitan de modelos mas positivos. Esperamos que el alcalde incluya y contrate a estos ciudadanos y a otros centroamericanos en su Administracion. Esto reflejara la asombrosa diversidad cultural que existe en Los Angeles.

Randy Jurado Ertll es graduado del Occidental College y trabajo para el Congreso en Washington D.C.

La Opinión
Katrina: Se debe proteger a los inmigrantes
Miercoles 28 de septiembre de 2005

Durante la década de los 90, miles de inmigrantes llegaron de Centroamérica y México para trabajar en New Orleans y otros destinos estadounidenses que ahora se encuentran devastados por el huracán Katrina. Con o sin nuestro consentimiento, llegaron.

Es irónico que miles de hondureños y otros centroamericanos se dirigieron al área en 1998 huyendo de los estragos en su tierra natal causados por el huracán Mitch. A muchos de ellos, Estados Unidos les otorgó el Estado Temporal de Protección (TPS) por el desastre natural acontecido en tierra extranjera. Ahora algunas organizaciones comunitarias latinas le piden al presidente George W. Bush que otorgue Estado Temporal de Protección (TPS) o Deferred Enforced Departure (DED (salida obligatoria diferida) a los inmigrantes indocumentados sin posibilidad de salir por causa del huracán Katrina. Esto les permitiría, al igual que a otras víctimas de Katrina, conseguir permiso de trabajo y ser elegibles a recibir asistencia proveniente de la Oficina Federal de Emergencias (FEMA).

La propuesta tiene una lógica sencilla. Los ayudamos en otro momento. ¿Por qué negarles porque están aquí, dispuestos a hacer el trabajo y a aceptar el salario que los demás despreciamos? Según cálculos de las embajadas latinoamericanas, este grupo de víctimas llega a las decenas de miles. Sin embargo, no se les ve por ninguna parte en la cobertura de la tragedia humana que vemos realizarse en nuestras pantallas de televisión. ¿A dónde fueron? ¿Qué pasó con ellos? ¿Qué les pasó a sus hijos, nacidos en Estados Unidos?

Estas preguntas me remontan al terremoto de Northridge, California, en 1998, y a las familias que perdieron sus hogares y toda posesión terrena. Miles se quedaron sin techo y FEMA sí respondió bajo el liderazgo del presidente Bill Clinton. Pero las víctimas sin documentos de inmigración no eran elegibles a recibir asistencia federal. No la buscaron, aunque el terremoto afectó a sus hijos, ciudadanos estadounidenses por nacimiento. Algo similar ocurre ahora en Louisiana, Mississippi y Alabama. Los inmigrantes indocumentados no buscan ningún tipo de asistencia. Temen que se les pedirá su estado migratorio y que serán deportados.

Después de los atentados del 11 de septiembre de 2001, las leyes de inmigración de EU se han vuelto más severas. Como nación, nos hemos vuelto más antiinmigrante. La mayor parte de esta reacción se dirige a los que vienen de América Latina, quienes son pobres y de tez oscura, que hablarán con acento y sin un arsenal de términos en inglés para defenderse. Los inmigrantes mexicanos y centroamericanos que viven en la región afectada del golfo no saben a dónde ir hoy, si quedarse allí o irse a otra parte, donde los inmigrantes latinos se pueden perder entre la multitud.

Los consulados mexicano, salvadoreño, hondureño y otros han buscado e identificado a muchos de sus compatriotas desplazados por el huracán. Algunos intentan volver a establecerse en Texas y California. La mayoría lucha por sobrevivir. El otorgamiento de TPS definitivamente les ayudaría a volver a entablar su vida.

El TPS no es una amnistía general, ni una invitación a más inmigración ilegal. Es un instrumento humanitario que ayudaría a estas familias a escapar de su existencia subterránea para encontrar trabajo productivo, a la vez que fortalecen las economías locales.

El otorgamiento del TPS reforzaría nuestras leyes de seguridad nacional ya que se identificaría claramente a estos individuos. Podrán hacerse con tarjetas válidas de Seguro Social y licencias de conducir. Se volverán "inmigrantes documentados".

Los inmigrantes latinos han estado entrando al tejido social, económico y político de los estados del Sur durante décadas. Han obrado fuerte en los sectores de restaurantes, limpieza, construcción, agricultura y otros. Son individuos respetuosos de la ley quienes sencillamente quieren proteger a sus hijos nacidos en Estados Unidos. El padre del presidente Bush y Bill Clinton jugaron papeles heroicos al liderar esfuerzos por ayudar a los sobrevivientes de los maremotos en Asia y Africa. Ahora están ayudando en casa mediante el Fondo Katrina Bush-Clinton.

Con otorgar el TPS, el presidente Bush podrá demostrar al mundo que Estados Unidos cree en la promesa inscrita sobre nuestra Estatua de la Libertad.

Randy Jurado Ertll es miembro fundador del Comité de Acción Política Salvadoreño Americano, SAL-PAC en Los Ángeles.

La Opinión
Justicia Ambiental: No se debe ignorar el sureste de Los Ángeles
27 de Octubre de 2005

El sureste de Los Angeles es una de las regiones más pobres de Estados Unidos. También una de las más contaminadas. La ciudad de Maywood es un ejemplo de negligencia política e indulgencia. Algunos oficiales locales electos siguen ignorando problemas tales como el agua de beber contaminada, plomo en la pintura de las casas, falta de áreas de recreación seguras y más, mientras que los niños, ancianos y aún personas adultas de "buena" salud siguen enfermándose debido a los concentrados problemas de contaminación.

La ciudad de Maywood solo cubre 1.14 millas cuadradas y tiene una población de 28,083 habitantes. Paradójicamente, el programa Superfund del gobierno federal identificó en esta ciudad un sitio abandonado y sin control con los peores desperdicios tóxicos, considerado uno de los cinco lugares más contaminados del país. (La compañía química PEMACO desarrolló, almacenó y se deshizo de químicos que eventualmente penetraron en la tierra y el agua subterránea de la ciudad).

La limpieza, recuperación y procesos de curación de la

comunidad alrededor de esta área han sido retrasados porque los residentes de la zona, temerosos de la contaminación, se sienten excluidos de discusiones, planes y opciones en cuanto al lugar. Un plan actual bajo consideración es la construcción de un parque en el sitio que antes era PEMACO, pero algunos críticos argumentan que se estaría construyendo el parque en una tierra contaminada.

Parece haber mucha desconfianza y confusión con respecto a los beneficios de este plan, pero el consejo actual de la ciudad en su mayoría ha estado ansioso por seguir adelante con el plan y evitar la opinión de la comunidad. Los miembros de la comunidad de Maywood deben ser invitados a participar más activamente en su comunidad en asuntos importantes tales como el PEMACO.

El 8 de noviembre los votantes tendrán una oportunidad sin precedente de deshacerse de un par de miembros del consejo con mentalidad cerrada para elegir tres representantes fuertes e interesados en la comunidad. La Liga De Votantes Pro Conservacion Ambiental de Los Angeles (LALCV) apoya a los candidatos Thomas Martin (en ejercicio), Felipe Aguirre y Sergio Calderón. Su respaldo es un "sello de aprobación" en cuanto a asuntos de la salud y justicia ambiental, y está reservado para aquellos candidatos que demuestran un entendimiento de los asuntos que afectan la salud de una comunidad y que demuestran el deseo de hacer algo al respecto para mejorarlos. LALCV es un comité de acción política de todo el condado que apoya a candidatos que se han comprometido a proteger nuestra salud y ambiente.

En contraste con Martin, Aguirre y Calderón, los otros dos titulares de la elección han mostrado desinterés en aplicar, hacer cumplir o promover leyes locales o políticas para sanear a Maywood. El alcalde y estos dos candidatos han obstaculizado los esfuerzos por trabajar cerca de los grupos ambientalistas que pueden proveer recursos y sugerencias de como limpiar el aire para salvaguardar la salud de los niños que viven en esta ciudad. Han evitado trabajar con grupos de ciudadanos en estos asuntos. Han ignorado pedidos de reuniones públicas y mayor información. Se negaron a responder a la invitación de respaldo de LALCV. Los ciudadanos de Maywood deben elegir candidatos que aboguen por la protección del aire, agua, parques limpios y otros asuntos ambientales importantes. Si los niños siguen inhalando aire contaminado de trenes y camiones que emiten una sustancia letal, en particular de sus motores diesel, seguirán enfermándose y enfermos. Si los residentes son forzados a comprar agua de tomar para evitar el agua contaminada del grifo, seguirán gastando mucho dinero que preferirían gastar en renta o comida. Las elecciones venideras de la ciudad de Maywood ofrecen a los votantes una importante oportunidad de tomar control del gobierno de la ciudad. Al involucrarse con esta ciudad, la LALCV demuestra que aún las pequeñas ciudades son importantes, y que hay alternativas al statu quo. Animo a los votantes de Maywood a involucrarse más en los asuntos del medio ambiente de la localidad y ayudar a que sean elegidos estos tres candidatos altamente calificados: Martin, Aguirre y Calderón; que lucharán por proteger el ambiente y la salud de todos los residentes de la ciudad de Maywood.

Randy Jurado Ertll, fue organizador de Nuevos Votantes de la Liga de Votantes Pro Conservacion Ambiental y estuvo en la mesa directiva de LALCV. Contacto: randyertll@yahoo.com

La Opinión
  LOS ÁNGELES: Protección ambiental en el sureste
  20 de enero de 2006

Un resultado de campaña sin precedente ocurrió en esta ciudad donde la Liga de Conservación de Votantes endosó a los candidatos Thomas Martin, Felipe Aguirre y Sergio Calderón, que ganaron con un 63% del voto. Es una victoria ambiental arrolladora.

  La ciudad de Maywood es una de las más pequeñas y superpobladas de California. Aunque es diminuta geográficamente, no puede seguir siendo ignorada.

  Esta comunidad sirve hoy como modelo de cómo los asuntos ambientales pueden en efecto motivar a votar a la gente en altos números para proteger el aire y el agua limpia.

Asuntos ambientales promovidos por la Liga de Conservación de Votantes de Los Ángeles (CLCV) fueron los que ganaron las elecciones de Maywood. Por supuesto, aunados a la brutalidad policiaca, vivienda inadecuada y las proposiciones de noviembre de 2005 sometidas a votación también motivaron a los votantes. La protección ambiental es un tema primordial de interés para los latinos de California.

Los latinos de California siempre se han preocupado por la protección del ambiente. La Liga de Conservación de Votantes patrocinó una encuesta en 1996 y descubrió que el electorado latino verdaderamente se interesa en el aire y los asuntos del agua limpios y en la creación de parques seguros.

En 1996, varios puestos de la Asamblea y del Senado estatal fueron ganados cuando la CLCV creó bancos de teléfono bilingües, correo personalizado y organizó foros de los candidatos con la comunidad enfatizados en la protección ambiental. La organización ayudó a movilizar a nuevos votantes latinos y el resultado estuvo entre el 70% y el 80%.

El modelo usado en el ciclo de elección de 1996 probó ser también efectivo a nivel local en la ciudad de Maywood. Listas de votantes actualizadas se usaron para las elecciones de Maywood del 8 de noviembre y un cuadro comprometido de 40-50 voluntarios de Padres Unidos de Maywood (PUMAS) ayudaron a hacer bancos de teléfono bilingües además de caminatas consistentes en la zona.

Los líderes del área se identificaron y entrenaron para que salieran a obtener el voto. También, la cobertura de los medios de comunicación ayudó a informar a los residentes de Maywood sobre las posiciones de los candidatos en asuntos ambientales.

Se palpaba el entusiasmo y compromiso de los voluntarios. Los residentes de esa ciudad querían claramente un cambio en el liderazgo del ayuntamiento. Los residentes de Maywood demandaban agua clara y que se crearan parques limpios y seguros.

El gobierno federal identificó un sitio con desperdicios

tóxicos (conocido como PEMACO) en esta pequeña y densamente poblada ciudad, un superfondo considerado uno de los cinco más contaminados del país.

Los nuevos miembros del Concejo deben ahora encontrar formas de sanear completamente el sitio PEMACO y escuchar la opinión de la comunidad. Los miembros de la comunidad deben participar en las discusiones, planes y opciones para este lugar. Un plan actual bajo consideración es la construcción de un parque en este lugar, pero algunos críticos argumentan que se construirá un parque sobre tierras contaminadas.

Con el nuevo liderazgo del Concejo de la Ciudad, los miembros de la comunidad deben ser invitados a tomar parte más activa en asuntos como el de PEMACO y la creación de parques en su ciudad.

Ahora Thomas Martin, Felipe Aguirre y Sergio Calderón tienen una tremenda oportunidad de hacer cambios positivos para idear formas creativas de enfocarse en asuntos de limpieza y protección ambiental. Pueden convertirse en los campeones de protección ambiental del sureste de Los Ángeles y poner el ejemplo para el resto. Ellos deben establecer una Comisión Ambiental para esta ciudad, la cual debe revisar y hacer recomendaciones en asuntos relacionados a la protección ambiental.

El electorado de Maywood tiene la esperanza de que estos tres concejales ayudarán a proteger el ambiente y a abogar por el respeto de la policía.

Esta ciudad es una prueba de que los temas ambientales tienen resonancia en los votantes y que la gente saldrá a votar para proteger el aire que respira y el agua que toma.

Esta victoria histórica puede repetirse en otras ciudades pequeñas y medianas de todo el condado de Los Ángeles y más allá. La gente pobre puede ser motivada a votar si se organiza una campaña electoral basada en un mensaje de protección ambiental.

No toleremos negligencia política que permita más aire y aguas contaminadas en estas pequeñas ciudades. Elijamos a candidatos más interesados en el ambiente en otras ciudades del sureste de Los Ángeles y más allá.

Randy Jurado Ertll integra la Liga de Conservación de Votantes de Los Ángeles y es director ejecutivo del Centro de Acción Social en Pasadena, California. randyertll@yahoo.com

La Opinión
SOCIEDAD : Contribuyendo lo mejor a L.A.
Lunes 10 de abril de 2006

¿Pueden los afroamericanos y inmigrantes latinos presentar un frente unido sobre el tema de la inmigración? Mientras el debate continúa exacerbándose en todo el país, se llevó a cabo una reciente mesa redonda en Los Ángeles para discutir este tema.

Como resultado, líderes de ambas comunidades rechazaron la Resolución de la Cámara de Representantes Nº 4437 (Ley de 2005 para la protección de frontera y el control del anti-terrorismo y de la inmigración ilegal), que habría considerado delincuentes a millones de inmigrantes.

Los inmigrantes afroamericanos y latinos han vivido y trabajado juntos durante décadas y muchos han adoptado las tradiciones y la cultura de los otros. Sin embargo, no podemos negar el hecho que algunos miembros de ambas comunidades no son tolerantes. Los líderes de ambas comunidades deben establecer una mejor comunicación simplemente creando más canales de interacción y manteniendo un diálogo fluido.

Así se construyen la confianza y el respeto. No son suficientes las palmadas en la espalda y los abrazos entre las autoridades electas latinas y afroamericanas. Necesitamos más organizaciones de base que organicen y establezcan un diálogo comunitario entre los miembros de las comunidades obreras, ya que son la mayoría de los habitantes del Sur de Los Ángeles.

Ambas comunidades comparten altos índices de pobreza, altos índices de deserción de las escuelas públicas, jóvenes que se afilian a pandillas y tasas de desempleo astronómicas. Estos indicadores negativos deben cambiar si ambas comunidades desean mejorar sus estándares de vida.

El alcalde Antonio Villaraigosa y los miembros del Consejo Jan Perry, Bernard Parks, Herb Wesson y otros líderes electos deben pensar en ideas creativas para cerrar la brecha en la comunicación que existe actualmente entre ambas comunidades. La falta de diálogo y los malos entendidos son algunos de los motivos que crean y perpetúan estereotipos negativos en ambas comunidades. Además, la falta de empleo genera desesperación y desesperanza, lo que provoca que cada uno considere culpable al otro.

Algunos miembros de la comunidad afroamericana ya sostienen que los inmigrantes latinos les quitan los empleos y que no se preocupan por aprender inglés. Estos tipos de acusaciones deben ser analizadas con mayor detenimiento y los líderes de ambas comunidades deben afrontar estos temas. ¿Es realmente cierto que los inmigrantes latinos le quitan los trabajos a los afroamericanos? UCLA, USC u Occidental College deben llevar a cabo un estudio de investigación sobre las realidades de ambas comunidades.

Muchos afroamericanos ahora están aprendiendo a hablar español y muchos inmigrantes latinos están inscribiéndose en clases nocturnas para aprender inglés. Estos esfuerzos beneficiarán en última instancia a ambas comunidades y fortalecerán su interacción.

Los líderes de más edad deben dar el ejemplo a las generaciones más jóvenes. Los líderes de los Derechos Civiles de ambas comunidades no pueden permanecer en silencio simplemente aceptando la realidad. Los líderes latinos que ayudaron a organizar la marcha masiva en el centro de Los Ángeles el sábado 25 de marzo deben invitar y hacer participar a los líderes afroamericanos para que apoyen ese tipo de esfuerzos.

Las tensiones en las escuelas públicas y en el sistema penitenciario son indicadores de que las cosas no están bien. Por lo tanto, los administradores escolares y los miembros de la junta directiva escolar deben hacer énfasis en la sensibilidad cultural y es fundamental implementar un plan de estudios que incluya la historia de los afroamericanos y latinos para que nuestros jóvenes sean más tolerantes y estén más informados. La ignorancia generalmente genera violencia. No podemos permitir que nuestros jóvenes estén desinformados y sean atraídos hacia las pandillas, que con gran seguridad harán que terminen en el sistema penitenciario, en vez de de asistir a los centros de educación terciaria y a las universidades. El cemento de las calles de la zona Sur-Central de Los Ángeles ya ha visto demasiada sangre derramada, perteneciente a jóvenes afroamericanos e inmigrantes latinos.

Abracemos las raíces inmigrantes de ambas comunidades, la afroamericana y la latina. No nos olvidemos que nuestros ancestros llegaron de otros países, como inmigrantes. Los miembros de mi familia ahora son latinos, afroamericanos e inmigrantes de El Salvador, Cuba, México, Francia y Hungría. Estados Unidos ha sido construido con el sudor, la sangre y las lágrimas de los inmigrantes de ayer y de ahora.

Randy Jurado Ertll es director ejecutivo de El Centro de Acción Social ubicado en Pasadena. randyertll@yahoo.com

La Opinión
LOS ÁNGELES: Elusiva coalición afroamericana y latina
   Doming, 11 de junio de 2006

Necesitamos tener un verdadero diálogo entre las comunidades afroamericana y latina. No es suficiente con que los funcionarios electos de minorías o con que los líderes de la comunidad se hablen entre ellos. Lo que es realmente primordial es que la clase obrera, afroamericanos y latinos, comience a establecer mejor comunicación, confianza, respeto, y acuerdos mutuos para compartir el poder en Estados Unidos.

Compartir el poder redunda en los mejores intereses de ambas comunidades; y el asunto número uno que actualmente las une es la educación. Ambas comunidades deben tener cero tolerancia de permitir la cifra astronómica de deserción de estudiantes afroamericanos y latinos. Muchos estudiantes se están preparando y entrando al sistema de prisión en vez de matricularse en el de colegios y universidades.

Debemos empujar al Congreso y a la Casa Blanca a pasar una reforma migratoria justa, humana, equilibrada y completa. Algunos afroamericanos se oponen realmente de hecho a la ley HR4437 de Protección Fronteriza, Antiterrorismo y de Control de Inmigración Ilegal de 2005, que convertiría en criminales a millones de inmigrantes. El comité central del Congreso hispano y el afroamericano deben unirse en esta cuestión y sostener una rueda de prensa conjunta, significando la unidad.

Las consecuencias involuntarias de la HR4437 son similares a la Proposición 187. Ahora millones de latinos están motivados para hacerse ciudadanos estadounidenses y registrarse para votar. El comité central del Congreso hispano y afroamericano en Washington, D.C. no puede permitir que la cuestión de inmigración divida a estas dos comunidades.

Muchos afroamericanos se preocupan realmente por la cuestión de inmigración, unos están a favor y otros se oponen a la inmigración indocumentada. El liderazgo latino debe hacer un mejor trabajo en establecer comunicación con afroamericanos para hablar de la cuestión de inmigración, ya que esto afecta realmente a inmigrantes de otros continentes, no sólo de América Latina. Incluso del africano y de otras áreas como el Caribe (Haití y otros pequeños países).

Los afroamericanos y latinos deben desarrollar coaliciones sólidas a largo plazo, no sólo a nivel estatal, sino también en varias ciudades en todas partes de Estados Unidos. Ambas comunidades deberían examinar más detalladamente otra legislación de inmigración que apoyen juntos, como la propuesta de unión bipartidista de los senadores McCain y Kennedy.

Esta propuesta de ley es justa y completa y ayudaría a legalizar a millones de trabajadores indocumentados. En Pasadena, California, un acuerdo ha sido formalizado entre el Centro de Acción Social (fundado en 1968) y la Asociación Nacional para el Progreso de la Gente de Color (NAACP-Pasadena). Ambas organizaciones se seguirán concentrando en cuestiones de educación, e impulsarán a los miembros de la comunidad a registrarse para votar y a los residentes permanentes para buscar la ciudadanía estadounidense. Esta coalición/alianza será difundida. Latinos y afroamericanos tienen que envolverse más en el voto.

El Movimiento de Derechos del Inmigrante no es exactamente el Movimiento de Derechos Civiles. Algunos afroamericanos se ofenden cuando un activista latino compara las marchas recientes al Movimiento por los Derechos Civiles de los años 60. Los años 50 y 60 fueron décadas de lucha constante para los afroamericanos; y los latinos (principalmente mexicoamericanos) aunque eran más pequeños en números también sufrieron mucha discriminación, pero no tenían a un líder nacional de derechos civiles como Martin Luther King, Jr.

Finalmente en los años 70, César Chávez se hizo aquella voz de los trabajadores migratorios latinos en California y otros estados.

El liderazgo afroamericano y latino debe evolucionar para tener una estrategia "universal y hospitalaria". Ambas comunidades tienen que ampliar su base de apoyo, y deben incluir a blancos, asiáticos, grupos étnicos del Medio Oriente, y otros en las luchas para la obtención de poder económico y la creación de empleos para todos.

Las comunidades afroamericana y latina siguen estando un poco divididas debido al debate de inmigración.

Es responsabilidad de todos el cerrar esa brecha de comunicación. Es imperativo para ambas comunidades compartir el poder.

La clave es seguir abogando por la no-violencia. Debemos parar la violencia que existe realmente en el sistema de prisión y que se ha derramado ahora hacia las escuelas públicas donde los latinos y afroamericanos se están haciendo daño el uno al otro.

Nos elevaremos juntos o seguiremos teniendo los índices más altos de deserción escolar, presidiarios en las prisiones, desempleo y otros males sociales penetrantes que afectan a los latinos y afroamericanos. ¿Qué van a hacer nuestros latinos y afroamericanos electos para parar la violencia y la pobreza que destruye las comunidades del centro de la ciudad formadas de latinos y afroamericanos?

Las organizaciones de la comunidad, negocios, administración municipal, constructoras y otros jugadores clave deben ayudar a crear empleos para nuestra juventud.

Los distritos escolares públicos (empleados y miembros de bordo) deben admitir los problemas tremendos que existen realmente. Deben desarrollar un mejor plan de estudios multicultural y de historia que enseñe a los niños afroamericanos y latinos a estar orgullosos de su herencia. Ya no más bajas expectativas de los niños de minorías pobres. Debemos creer en ellos y ellos deben creer en sí mismos para comenzar a cambiar nuestra sociedad. Sembremos las semillas para un mejor futuro en nuestra sociedad. No podemos permitirnos ningún futuro disturbio "étnico".

Debemos de preocuparnos por el bienestar de nuestros vecinos y no ser tan egoístas, egotistas, materialistas e intolerantes. Los inmigrantes indocumentados merecen la oportunidad de convertirse en residentes legales en un merecido proceso de legalización. América fue construida por el sudor, lágrimas y sangre de afroamericanos e inmigrantes de todo el mundo.

Randy Jurado Ertil es director ejecutivo del Centro de Acción Social en Pasadena, California. randyertll@yahoo.com

La Opinión

PANDILLAS: Nuestra guerra civil
Domingo 6 de agosto de 2006

En muchas de las principales ciudades estadounidenses, durante décadas se ha estado llevando a cabo una silenciosa guerra civil urbana entre dos de las pandillas más numerosas en Estados Unidos: la denominada mara de la Calle 18 y la Mara Salvatrucha (MS).

Al mismo tiempo, la comunidad salvadoreño americana está madurando políticamente en Estados Unidos. La congresista Hilda Solís, la primer integrante de la legislatura federal de ascendencia centroamericana, propuso la acertada Resolución 721 en la Cámara de Representantes, donde se reconocen las contribuciones positivas de los más de un millón de salvadoreño americanos en Estados Unidos.

Está claro que no todos los salvadoreños son miembros de la Mara Salvatrucha o de la Calle 18. Sin embargo, a pesar de las contribuciones positivas de los salvadoreño americanos, hay un porcentaje significativo de nuestra gente joven que sigue adhiriéndose a estas pandillas.

Nuestro reto es que conseguir que estos jóvenes, hombres y mujeres, resistan la tentación de afiliarse a pandillas. La Mara Salvatrucha y la Calle 18 son los principales grupos que siguen reclutando a decenas de miles de nuestros jóvenes. Al mismo tiempo, los colegios y las universidades siguen teniendo bajo índice reclutamiento e inscripción de estudiantes centroamericanos.

Los colegios y las universidades deberían ser los reclutadores principales de nuestra juventud salvadoreño americana y no las pandillas.

Las organizaciones comunitarias, negocios, funcionarios electos y los activistas de la comunidad tienen la directa responsabilidad de ayudar a crear empleos y otras oportunidades para nuestra gente joven. Nuestros jóvenes salvadoreño americanos también deben tener la autodeterminación, la responsabilidad personal y la madurez para resistirse a participar en actividades ilícitas.

Las resoluciones como la propuesta por la congresista Hilda Solís son claves para comenzar un verdadero diálogo de lo que es realmente necesario para la comunidad salvadoreño americana: impedir a nuestros niños afiliarse a pandillas.

Es irrelevante mencionar que grupos comunitarios iniciaron esta resolución legislativa, ya que la prioridad debe ser la inversión en la educación de nuestros hijos. El trato que una comunidad da a sus niños es un indicio del éxito que esa comunidad tendrá en el futuro.

Es urgente parar el abuso y el maltrato de niños salvadoreños en Estados Unidos, México y El Salvador. Estas sociedades tienen que aceptar y respetar los derechos de los niños.

Los menores no deberían estar dispuestos a dejarse golpear brutalmente para unirse a las pandillas por el solo hecho de buscar una familia. Nuestra gente joven debe aprender que asistir a la escuela y sobresalir académicamente debe ser una prioridad para que ellos puedan ayudar a sus propias familias y comunidades.

El comportamiento autodestructivo y las actitudes negativas de nuestra gente joven sólo reforzarán estereotipos dañinos ya perpetuados contra la comunidad salvadoreña. Debemos obtener el poder a través de la educación. Tenemos que preparar a nuestras futuras generaciones de líderes que serán nuestros abogados de derechos civiles, futuros jefes de policía, directores de bancos principales, doctores, jueces y funcionarios electos en todos los niveles. Los pequeños salvadoreño americanos deben comprender que el poder y el respeto no se deben obtener uniéndose a una pandilla.

Los hombres jóvenes y mujeres que son o han estado implicados en pandillas, y deciden abandonarlas, deberían recibir oportunidades para reconstruir sus vidas con programas educativos o de creación de oportunidades laborales.

Otras grupos étnicas han invertido estratégicamente en la educación de los niños de su comunidad en particular para ganar el poder político y económico. Los profesionales salvadoreños presentes y futuros deben proporcionar una mano de ayuda a la gente joven que necesita empleos como aprendices, pasantes y oportunidades de trabajo permanentes. El poder es raramente dado o compartido. Por lo tanto, la gente joven salvadoreño americana debe aprender a crear su propio poder por la educación y la creación de negocios exitosos.

Los Acuerdos de Paz se firmaron en 1992 y así terminó la turbulenta y sangrienta Guerra Civil de El Salvador. Sin embargo la comunidad salvadoreña que vive en Estados Unidos sigue llevando esas cicatrices dolorosas; y muchos vuelven a vivir aquellas memorias debido a la violencia en sus vecindades estadounidenses, por la enemistad entre la Mara Salvatrucha y la Calle 18.

Un paso adelante sería si la Mara Salvatrucha y la Calle 18 firmaran un acuerdo de paz y decidieran dejar de matarse unos a otros. Los CRIPS y los Bloods han sido capaces de firmar acuerdos de paz; por lo tanto, la MS y la Calle 18 pueden seguir su ejemplo. Ya se ha derramado suficiente sangre y no podemos permitirnos que nuestros jóvenes salvadoreño americanos crezcan en el sistema penitencial.

Estados Unidos, México y América Central se beneficiarían enormemente si nuestra juventud salvadoreña americana pusiera el ejemplo a los adultos de que se puede conseguir la paz aun cuando parezca una ilusión.

Tal vez nuestra siguiente resolución de la Cámara Baja debería perfilar un acuerdo de paz o tregua entre la Mara Salvatrucha y la Calle 18. Hoy eso sí sería realmente histórico, justo, como los Acuerdos de Paz salvadoreños de 1992.

Randy Jurado Ertll, se crió en el sur de Los Ángeles y laboró en el Congreso federal. Es director ejecutivo del Centro de Acción Social Inc, en Pasadena. randyertll@yahoo.com

PASADENA STAR-NEWS
Community must work to stem violence
September 17, 2006

PASADENA is witnessing a surge in violence. Reports indicate that various homicides have occurred within the last couple seeks, and some media reports indicate
that race played a role.

However, we must dig deeper to find e real root causes for the escalation in violence.

African American and Latinos leaders must unite and address this issue immediately. We cannot ignore hate crimes and must denounce them immediately.

All Pasadena residents must confront and address the root causes of violence.

Poverty, low education levels and lack of jobs many times contribute to an escalation of violence in poor urban neighborhoods, especially in northwest Pasaena.

At a very young age, students are influenced to become gang members, and some begin to exhibit violent behavior and disrespect toward anyone who is not from their gang.

Parents need to take more responsibility and need to

become more involved in their children's education and life activities.

Also, community-based organizations need to obtain more resources in order to help the city and school district with education and youth leadership programs.

The city of Pasadena, Pasadena Unified School District, Pasadena Police Department, various churches, Pasadena Fire Department, the Chamber of Commerce, community-based organizations and other major players must come together to address the issues of violence produced by racial intolerance.

We cannot afford to ignore the issues of violence. .

The issue must be addressed in the households by parents, at public and private schools and in our city government and community-based organizations. Various community groups and leaders should convene a summit where racial tolerance and non-violence topics are addressed in an open and authentic manner.

Some community groups have already agreed to initiate such a citywide effort that needs to be supported and embraced by more elected officials and community members.

Involvement from the grassroots level is key if such a summit is to have a direct impact within the community.

South Central Los Angeles is a case study where the city of Los Angeles, Los Angeles Unified School District (LAUSD) and the Los Angeles Police Department ignored racial tensions and racial violence.

This area and others exploded with violence in the 1992 Los Angeles riots, when LAPD officers were acquitted in the Rodney King police brutality case.

The acquittal of the LAPD officers is what sparked the out -of-control violence, but the underlying factors were already there: poverty, lack of jobs, high drop-out rates, high gang activity, police brutality and non-involvement of parents in the education of their children.

In contrast to South Central Los Angeles, Pasadena is a city that has an abundance of economic resources, and it is known worldwide.

Northwest Pasadena cannot be ignored as merely the area

where poor African Americans and Latinos live. The city of Pasadena must establish further collaboration with Pasadena Unified School District (PUSD) and community organizations to find solutions.

The city of Pasadena and the school district must help more students to prepare to attend colleges and universities or to obtain jobs through local businesses.

It is in everyone's interests to safeguard and promote racial tolerance and non-violence.

The Pasadena Unified School District should implement curriculum at the elementary and middle school level that will focus on the history of various ethnicities and promote awareness and tolerance of various cultures.

We cannot wait for our young students to enter colleges and universities to begin learning about their own history and the struggles of minority communities. The earlier we start - at the elementary and middle school levels with curriculum that emphasizes racial tolerance and non-violence, the less violence we will see at the high school levels.

The city of Pasadena must embrace all children - minority and non-minority, poor, middle class or rich.

Pasadena can set the example to the rest of the nation that we can coexist without violence.

As the wise phrase says, "You reap what you sow."

Randy Jurado Ertll is executive director of El Centro de Accion Social in Pasadena.

La Opinión
PASADENA: Un mensaje de tolerancia racial
6 de octubre de 2006

Pasadena está siendo testigo de un brote de violencia. Las crónicas indican que en las últimas semanas han ocurrido varios homicidios y algunos informes de los medios señalan que la raza fue un factor en dichos eventos. Sin embargo, debemos ir más profundo para encontrar el verdadero motivo de este aumento en la violencia.

Los líderes afroamericanos y latinos deben unirse y atacar este asunto de inmediato. No podemos ignorar los "delitos cometidos por odio" y se deben denunciar sin demoras. Todos los residentes de Pasadena deben afrontar y atacar los motivos que causan la violencia. La pobreza, el bajo nivel de educación y la falta de empleo muchas veces contribuyen a un aumento en la violencia en vecindarios urbanos pobres, especialmente en Northwest Pasadena.

A una edad muy temprana, los estudiantes se ven presionados a convertirse en miembros de pandillas y algunos comienzan a manifestar conductas violentas y no respetan a nadie que no pertenezca a su pandilla. Los padres deben tomar mayor responsabilidad y necesitan participar más en la educación y en las actividades de sus hijos.

Además, las organizaciones con base en la comunidad deben obtener más recursos para poder ayudar a la ciudad y al distrito escolar con la educación y los programas de liderazgo juvenil.

La ciudad de Pasadena, el Distrito Escolar Unificado de Pasadena, el Departamento de Policía de Pasadena, varias iglesias, el Departamento de Bomberos de Pasadena, la Cámara de Comercio, las Organizaciones con Base en la Comunidad y demás actores clave deben unir sus fuerzas para atacar los temas de violencia generados por la intolerancia racial. No podemos darnos el lujo de ignorar el tema de la violencia.

Los padres deben tratar el tema en los hogares, en las escuelas públicas y privadas y en nuestro gobierno municipal y organizaciones con base en la comunidad. Muchos grupos y líderes de la comunidad deben convocar una cumbre para hablar sobre temas de tolerancia racial y no violencia en forma abierta y sincera.

Algunos grupos de la comunidad ya acordaron iniciar este esfuerzo en toda la ciudad, pero dicho esfuerzo debe ser apoyado y adoptado por más funcionarios electos y miembros de la comunidad.

La participación a nivel de organizaciones de base es clave si se desea que dicha cumbre tenga un impacto directo dentro de la comunidad.

El sur de Los Ángeles es un caso paradigmático en el cual la ciudad de Los Ángeles, el Distrito Escolar Unificado de Los Ángeles (LAUSD, por sus siglas en inglés) y el Departamento de Policía de Los Ángeles (LAPD, por sus siglas en inglés) ignoraron las tensiones y la violencia racial. En esta y otras zonas explotó la violencia en los Disturbios de Los Ángeles de 1992 cuando fueron absueltos los oficiales del Departamento de Policía de Los Ángeles en el caso de represión policial contra Rodney King.

La absolución de los oficiales de LAPD fue lo que desató una violencia fuera de control, pero los factores subyacentes ya estaban dados: la pobreza, la falta de empleo, el alto índice de abandono escolar, la gran actividad de las pandillas, la represión policial y la falta de participación de los padres en la educación de sus hijos.

A diferencia del sur de Los Ángeles, Pasadena es una ciudad con abundantes recursos económicos y es conocida en todo el mundo. Northwest Pasadena no puede ser ignorada y considerada exclusivamente como una zona donde viven los afroamericanos y latinos pobres. La ciudad de Pasadena debe establecer una mayor colaboración con el Distrito Escolar Unificado de Pasadena (PUSD, por sus siglas en inglés) y con las organizaciones de la comunidad para encontrar soluciones a la hora de mejorar

La ciudad de Pasadena y el distrito escolar deben ayudar a más estudiantes a prepararse para asistir a colegios y universidades para obtener empleos a través de empresas locales.

Es de interés de todos proteger y fomentar la tolerancia racial y la no violencia. El Distrito Escolar Unificado de Pasadena debe implementar un plan de estudios en la escuela primaria y media que enfatice la historia de diferentes grupos étnicos y promueva la conciencia y tolerancia de las diferentes culturas.

No podemos esperar a que nuestros estudiantes lleguen a la universidad para empezar a aprender sobre su propia historia y sobre las luchas de las comunidades minoritarias. Cuanto antes comencemos con un plan de estudios que enfatice la tolerancia racial y la no violencia, en la escuela primaria y media, notaremos menos violencia en la escuela secundaria.

La ciudad de Pasadena debe tener un lugar para todos los niños, de minorías y no minorías, pobres, de clase media o acomodada. Pasadena puede darle el ejemplo al resto del país de que podemos convivir sin violencia. Como dice el viejo y sabio refrán, "uno cosecha lo que siembra".

Randy Jurado Ertll, director ejecutivo de El Centro de Acción Social en Pasadena.

La Opinión
PANDILLAS: La caída de Los Ángeles
January 28, 2007

Algunos vecindarios de Los Ángeles se han visto involucrados durante décadas en pequeñas guerras civiles entre pandillas rivales. Antes, la violencia asociada con las pandillas se limitaba principalmente a homicidios de "latinos contra latinos" y "afroamericanos contra afroamericanos".

A la mayoría de los residentes de Los Ángeles no parecía importarles mucho este hecho ya que afectaba a las comunidades pobres y de minorías concentradas en la zona sur de Los Ángeles y otras regiones pobres.

Ahora, la violencia está aumentando entre los miembros de pandillas afroamericanas y latinas, y está llegando a los vecindarios de clase media.

El sistema penitenciario ha contribuido a la expansión de este problema, pero sus orígenes datan de mucho tiempo atrás. Surge en los distritos escolares disfuncionales, los departamentos de policía abusivos y los políticos que pretendían que todo estaba bajo control y no ofrecieron ni implementaron verdaderas soluciones para la prevención de las pandillas.

La creación de más empleos, la contratación de más oficiales de policía y la inversión de más dinero en nuestro sistema de educación pública sería una ayuda a disminuir el problema de las pandillas.

143

Esto se debe implementar de inmediato.

Recientemente, el Proyecto para el Progreso (Advancement Project) recomendó que se debería invertir aproximadamente 1,000 millones de dólares (durante los primeros 18 meses) para implementar programas de prevención, intervención y creación de puestos de trabajo y ayudar así a disminuir la actividad de las pandillas. Esto representa un verdadero paso en la dirección correcta.

El hecho es que muchos jóvenes afroamericanos y latinos han muerto a causa de la violencia de las pandillas y muchas personas eligen ignorarlo a sabiendas y mantenerse alejadas del problema. A muchos no les importa porque no les afecta directamente.

Ahora las guerras entre pandillas urbanas están llegando a los suburbios de clase media en todo el condado de Los Ángeles. Estas comunidades ahora están preocupadas y con razón. Ya no se limita a los estereotipos de la zona sur y Este de Los Ángeles.

La violencia de las pandillas ha llegado hasta Pasadena y otras ciudades tranquilas.

Ahora que este tema afecta a los votantes de la clase media, ¿las autoridades electas lo abordarán con mayor seriedad?

He sido testigo de la violencia desde los finales de la década de 1970 y 1980 en la zona sur de Los Ángeles. Crecí allí y siempre me pregunté porqué no se hacía mucho para evitar la violencia y la proliferación de las pandillas. Recuerdo a las madres que perdían a sus hijos a causa de la violencia de las pandillas. Recuerdo a mis compañeros de clase que eligieron ese camino y terminaron muertos o en la cárcel de por vida.

Desde la década de 1980, el Distrito Escolar Unificado de Los Ángeles (LAUSD) y el Concejo Municipal ignoraron y descuidaron las tensiones raciales entre los estudiantes afroamericanos y latinos. Recuerdo cómo en mi escuela intermedia, a mediados de la década de los 80, el Cinco de Mayo se celebraba como el "Día de los Mexicanos", lo que significaba que algunos estudiantes afroamericanos recorrieran toda la escuela para golpear a los estudiantes latinos. ¿El distrito escolar hizo algo por abordar estos temas? Ahora vemos que algunos estudiantes latinos en diferentes escuelas atacan a los estudiantes afroamericanos. Estos actos de violencia no pueden ser tolerados.

Los distritos de las escuelas públicas deben hacer un mejor trabajo a la hora de enseñarles a los niños las diferencias y las semejanzas que existen entre todos los grupos étnicos y no étnicos. Estos distritos todavía prefieren no enseñar en profundidad sobre la historia, la cultura y las luchas políticas de los afroamericanos y los latinos. Este tipo de educación multicultural debe implementarse desde el kindergarten al 12º grado.

Casi 30 años más tarde, las tensiones raciales han surgido en todo Los Ángeles, ahora todo el mundo se muestra sorprendido, de repente, son noticias a nivel nacional. La violencia de las pandillas debería haber sido menos grave y haber sido abordada hacía varias décadas.

Pero todavía no es demasiado tarde para arreglar el problema. Debemos admitir que este tema de violencia está relacionado con los altos índices de pobreza, que crean más desesperación, desesperanza y adjudicación de culpas.

Rocky Delgadillo, fiscal de la ciudad de Los Ángeles, y otras autoridades de alto rango han dicho claramente que no negociarán con los miembros de las pandillas.

No se trata de negociaciones. Se trata de encontrar soluciones reales al problema de las pandillas. El alcalde Villaraigosa debe crear un comité asesor compuesto por personas de altos conocimientos y apasionados por el tema que puedan ofrecer soluciones prácticas y sólidas para disminuir la violencia de las pandillas. Connie Rice, Antonia Hernandez, el padre Greg Boyle, Ramon Cortines, Najee Ali, Blinky Rodríguez, Earl Ofari Hutchinson y otras personas de acción deben unirse y ofrecer una política pública eficaz y realista además de soluciones prácticas para la vida real. Nombrar a un solo "Zar de las pandillas" no resolverá el problema.

No podemos esperar solamente que el Departamento de Policía de Los Ángeles y el Distrito Escolar Unificado de Los Ángeles resuelvan el tema de las pandillas. Los padres, los jóvenes, los docentes, el gobierno municipal y las organizaciones comunitarias deben hacer más para abordar las tensiones raciales y ayudar a crear programas que eviten que los jóvenes se afilien a pandillas.

El respeto y la tolerancia racial deben enseñarse en el hogar y en todas las escuelas. El índice de abandono escolar debe reducirse. A los estudiantes se les debe enseñar a creer en su potencial y en el hecho de que pueden asistir a un centro de estudios terciarios de la comunidad o universidad. Algunos docentes y consejeros continúan creyendo que los niños pobres de grupos minoritarios o inmigrantes no alcanzarán el éxito académico.

Este tipo de concepto es inaceptable y nuestros superintendentes de escuelas públicas deben hacer que sus empleados asuman la responsabilidad. Los jóvenes afroamericanos y latinos necesitan asistir a instituciones de educación superior no al sistema penitenciario.

Creo que más empleados de corporaciones, miembros de iglesias, oficiales del orden público, personal de organizaciones sin fin de lucro, estudiantes universitarios y miembros de la comunidad en general deben involucrarse como voluntarios en las escuelas con el fin de ser tutores o maestros de los jóvenes de minorías que viven en zonas con altos índices de actividad pandillera. Ser voluntario unas pocas horas a la semana puede marcar una gran diferencia en la vida de un niño.

Esto no es un problema urbano, de afroamericanos o de latinos solamente. O nos levantamos todos juntos como una ciudad o repetiremos la historia como la Caída de Roma.

Randy Jurado Ertll, director ejecutivo de El Centro de Acción Social en Pasadena, CA. Sitio en Internet: www.elcentropasadena.org

Daily News
The Fall of Los Angeles: Rise in Gang Violence Spells City's Decline
February 11, 2007

SOME neighborhoods in Los Angeles have been confronting mini-civil wars between rival gangs for decades. Before, the violence was mainly limited to "Latino on Latino" and "African-American on African-American" gang-related homicides. Most L.A. residents seemed not to really care since the problem mainly affected poor, minority communities.

Now, the violence is increasing, and it's flowing into middle-class neighborhoods. These communities are suddenly concerned, and rightfully so.

So will elected officials at last take this issue more seriously? We can only hope so.

The problem of gang violence takes its roots long ago in dysfunctional school districts, abusive police departments and politicians who pretended that everything was under control while doing nothing to offer real gang-prevention efforts. For decades, even though many young African-American and Latino youth died because of gang violence, many people purposely chose to ignore the problem.

I witnessed violence since the late 1970s and 1980s in South Central Los Angeles. I grew up there, and I wondered why so little was done to prevent violence and the proliferation of gangs. I remember the mothers who lost their children to gang violence. I remember my classmates who chose that route, and ultimately ended up dead or in prison for life.

Since the 1980s, the Los Angeles Unified School District and the City Council have ignored and neglected racial tensions between African-American and Latino students. I recall how in my junior high school during the mid-1980s, Cinco de Mayo was celebrated as "Mexican Day," which meant that some African-American students would purposely run throughout the school beating up the Latino students.

But the school district did nothing to deal with these issues, and now, almost three decades later, racial tensions have erupted throughout Los Angeles, and everyone is surprised. The crisis has become the cause of the moment, even though gang violence should have been seriously addressed decades ago.

Still, it is not too late to fix this problem.

To begin, we must admit that this issue of violence is related to high poverty rates, which create more desperation, hopelessness and the blame game. And to solve this crisis, a comprehensive approach must be implemented immediately.

Recently, the Advancement Project recommended that approximately $1 billion should be invested (during the first 18 months) in implementing prevention, intervention, and job-creation programs to help reduce gang activity. This is definitely a step in the right direction.

The next step is for Mayor Antonio Villaraigosa to create an advisory committee of highly knowledgeable and passionate individuals who can provide some practical, solid solutions to resolve and reduce gang violence. Connie Rice, Father Greg Boyle, Antonia Hernandez, Najee Ali, Blinky Rodriguez, Ray Cortines, Earl Ofari Hutchinson and other people of action must come together and offer effective public-policy and real-life practical solutions. Appointing a single "gang czar" will not resolve the problem.

City Attorney Rocky Delgadillo and other high-ranking Los Angeles officials have clearly said that they will by no means negotiate with gang members. But this is shortsighted. We need to talk to gang members, not to "negotiate," but to draw on their experiences to help find real solutions to the gang problem.

Yet whatever actions the city takes will amount to little unless the education system plays a major part, too.

Public-school districts must do a better job of teaching children the differences and similarities that exist among all ethnic and nonethnic groups. Most schools still choose to ignore teaching children in-depth about African-American and Latino history, culture, and political struggles. This type of multicultural education must be implemented from kindergarten through 12th grade.

Dropout rates must be reduced. Students need to be taught to believe in their potential, and that they can in fact attend a community college or university.

Amazingly, some teachers and counselors continue to believe and act as though poor minority and immigrant children cannot succeed academically. This type of thinking is unacceptable, and our new LAUSD superintendent must hold his employees accountable. The district's goal must be to make sure that African-American and Latino youth enroll in institutions of higher learning, not the prison system.

But we can't expect government and schools alone to resolve the gang issue.

Teaching racial tolerance is a job that begins in the home. And parents, as well as community organizations, must do more to address racial tensions and help to develop programs that will prevent young kids from joining gangs.

More corporations, churches, law-enforcement officials, nonprofit groups, college students and community members in general must also become more involved by tutoring or mentoring young minority children who live in areas that have high rates of gang activity.

Volunteering a few hours per week can make a real difference in the life of a child, and the health of our city. Actions speak louder than words. If we really care about this problem, the least each of us can do is become a tutor or volunteer at our local public schools.

This is not an urban, black or brown thing. Either we will rise up together as a city, or we will repeat history -- the fall of Rome.

Randy Jurado Ertll, executive director of El Centro de Accion Social.

La Opinión
Inmigración: Marchar hasta conseguir la reforma
13 de mayo de 2007

Los inmigrantes han marchado durante más de un siglo en Estados Unidos por diferentes temas políticos y de justicia social. Ahora marchan pacíficamente para obtener una oportunidad justa para poder ser residentes legales.

Pero el debate tuvo un giro hacia los abusos de la policía en Los Ángeles debido a los ataques que sufrieron las personas que participaban en una marcha y los periodistas en el parque MacArthur en Los Ángeles, el 1 de mayo de 2007.

Irónicamente, muchos de los países de los que provienen

esos inmigrantes son famosos por la represión y los militares o la policía muchas veces acorralan a quienes protestan y los encarcelan o los matan. Los ataques a civiles inocentes y periodistas el 1 de mayo de 2007 son atroces y vergonzosos. Veamos qué tan lejos llegan otros gobiernos para reprimir la libertad de expresión y la libertad de reunión.

La noche de Tlatelolco en 1968 es un triste capítulo de la historia mexicana. Cientos de estudiantes y civiles inocentes fueron asesinados o desaparecieron debido a acciones de los militares y la policía. Los estudiantes y los trabajadores pedían una reforma en el gobierno. El 28 de febrero de 1977 también marca un día negro en la historia de El Salvador, cuando los militares atacaron y asesinaron a muchos civiles que protestaban contra el fraude electoral. No podemos olvidar a los estudiantes chinos y otros manifestantes que fueron asesinados en la Plaza Tiananmen en 1989.

Nunca debemos permitir que ese tipo de atrocidades ocurran en Estados Unidos. Los departamentos de policía deben respetar los derechos de los manifestantes, especialmente cuando participan personas de la tercera edad y niños. Los ataques recientes en la marcha de los inmigrantes del 1 de mayo que el Departamento de Policía de Los Ángeles (LAPD) llevó a cabo contra civiles inocentes y periodistas es algo inaceptable y despreciable.

Si no se hace nada para investigar a fondo y tomar medidas con respecto a esos ataques, otros departamentos de policía pueden comenzar a repetir lo que el LAPD hizo en Los Ángeles. El debate sobre la inmigración continuará intensificándose y el odio hacia los inmigrantes se extenderá, como un incendio, por todo el país.

Es por esto que el presidente George W. Bush debe actuar como líder en la búsqueda de una solución verdadera para el debate sobre la inmigración.

El presidente Bush puede dejar un legado si asume un papel de firme liderazgo y presiona a los demócratas y a los republicanos para que lleguen a un enfoque sencillo, integral y humano que ayude a los inmigrantes indocumentados a ser residentes permanentes y luego ciudadanos estadounidenses.

Nuestro Presidente debe detener el cómodo juego de acusaciones y culpas que ambos partidos están llevando a cabo.

Nuestro Presidente debe convencer al Congreso de que es lo mejor para la política interna de Estados Unidos y que el presidente Ronald Reagan dejó su legado de política interna al aprobar la Ley de Reforma y Control de la Inmigración (IRCA) en 1986. Esta ley no fue perfecta, pero se necesitó de mucho valor para aprobarla.

No será suficiente aprobar un programa de trabajadores invitados, ya que eso no ofrecerá el proceso de legalización que se merecen los 10 a 12 millones de inmigrantes indocumentados. Por lo tanto, la migración circular es un modelo a considerar, que ya está siendo implementado en algunos países europeos.

Algunos funcionarios del gobierno de Bélgica proporcionan visas de trabajo temporal a determinados inmigrantes africanos y, si encuentran trabajo permanente, pueden volver a solicitar permiso para quedarse más tiempo con una visa. En cierta manera la migración circular es similar al propuesto programa de trabajadores invitados.

El propósito de la migración circular es permitir que los trabajadores temporales obtengan visas —lo que ayuda a reducir la inmigración ilegal— y que esos trabajadores cubran necesidades en determinadas industrias agrícolas o de servicios. Es exactamente lo que los grupos de presión política de negocios agrícolas y de restaurantes están defendiendo en el Capitolio. Necesitan inmigrantes para cubrir esos puestos.

El presidente George W. Bush tiene una magnífica oportunidad de repetir la sorprendente proeza del presidente Ronald Reagan. Debemos recordar que los demócratas también jugaron un papel importante para que la Ley IRCA fuera una realidad.

El mandatario debe fortalecer sus acuerdos con los países de América Latina y otros países, en caso de que se apruebe un programa de trabajadores invitados. Los gobiernos de la región deben proporcionar más trabajos y un estilo de vida estable para que la emigración hacia Estados Unidos sea mucho menor. Esos países también deben asumir la responsabilidad de cuidar del bienestar y estabilidad de su gente para que permanezca en su país de origen.

Es muy cómodo para los gobiernos de los países en desarrollo permitir fácilmente que sus ciudadanos emigren. Simplemente suponen que la economía estadounidense los absorberá y que esos inmigrantes apoyarán a sus países de origen a través de envíos de dinero.

Miles de inmigrantes mueren viajando por mar o por tierra intentando llegar a Estados Unidos.

Los inmigrantes seguirán marchando. Es probable que nuestros futuros senadores en Estados Unidos sean algunos de los niños pequeños que están marchando y que inician su aprendizaje en activismo político en las calles del centro de nuestras principales ciudades.

Nuestros agentes de policía necesitan dar un buen ejemplo a esos niños para que no crezcan en medio del temor o la desconfianza hacia los agentes de las fuerzas del orden.

Es muy probable que algunos de los niños que estaban presentes en el parque McArthur estén ahora traumados, después de ser testigos de actos tan violentos.

Esperemos que el presidente George W. Bush haga lo correcto y asuma un papel de liderazgo aquí en casa, logrando la aprobación de una ley integral de inmigración que permita que aproximadamente 12 millones de inmigrantes indocumentados invisibles sean verdaderamente "visibles" y respetados como seres humanos.

No podemos volver al tipo de violencia de la década de 1960 contra los participantes en las marchas por los derechos civiles, o surgirán disturbios.

Randy Jurado Ertll, director ejecutivo de El Centro de Acción Social. *www.elcentropasadena.org*

La Opinión
Los Ángeles: Mito demográfico de Pico-Union/Westlake
Domingo, 10 de junio de 2007

La comunidad centroamericana está dividida con respecto a la designación de la zona Pico-Union/Westlake como Central

American Town por parte del Concejo Municipal de la Ciudad de Los Ángeles. Sería mejor que los esfuerzos y las disputas internas que han surgido como consecuencia de esa medida se dirigieran a temas importantes que realmente ayuden a mejorar la vida cotidiana de las personas.

La realidad es que los salvadoreños y centroamericanos no son, ni han sido nunca, la mayoría de la población en la zona de Pico-Union/Westlake. Este es un mito que ha evolucionado para transformarse en una realidad sin hechos ni pruebas demográficas que la respalden.

Analicemos un hecho. Según la oficina del concejal Ed Reyes, la zona de Pico-Union/Westlake está definida por los siguientes códigos postales: 90006, 90015, 90017 y 90057. Los números revelan que la población mexicana se compone de 52,734 personas en esa área y que la población centroamericana cuenta con 25,868 personas. Por lo tanto, la comunidad centroamericana no es la mayoría. Los salvadoreños son solamente 12% de la población latina en esa área.

Los salvadoreños, guatemaltecos, hondureños, nicaragüenses, panameños, beliceños y costarricenses viven en toda la ciudad de Los Ángeles. Cientos de miles viven en el Valle de San Fernando, en el Valle de San Gabriel y en el oeste, sur y sureste de Los Ángeles y muchas otras áreas que no son Pico-Union/Westlake.

Los líderes centroamericanos deberían dar prioridad y enfrentar los siguientes temas: la exigencia de una mejor educación pública para sus hijos, el acceso a niveles más altos de educación, la creación de empleos para la comunidad centroamericana, más acceso a cobertura de atención de la salud, la prevención de la adhesión a pandillas entre los jóvenes, la denuncia de la brutalidad de la policía, la protección del medio ambiente urbano y la exigencia para que la municipalidad contrate a más centroamericanos en posiciones clave para las decisiones políticas.

Con más urgencia aun, el tiempo y el esfuerzo que se están dedicando a la lucha para la designación de Central American Town deberían emplearse en temas como los ataques de la policía el 1 de mayo en el parque McArthur, el asesinato de la niña Suzie Peña en Watts y la proliferación y adhesión a las pandillas por parte de los jóvenes centroamericanos.

¿Qué están haciendo las organizaciones de la comunidad centroamericana para crear y exigir empleos para los jóvenes centroamericanos? Por el momento están divididos y peleando por una designación geográfica que no tendrá como resultado que los miembros de su comunidad tengan una mayor participación.

Los líderes centroamericanos necesitan concentrar sus esfuerzos en la verdadera creación de empresas exitosas y empleos, organizaciones comunitarias independientes y con estabilidad financiera que luchen por los derechos de los miembros de su comunidad y la preparación y la formación de futuros líderes centroamericanos que puedan ser candidatos a cargos políticos.

Durante los disturbios en Los Ángeles en 1992, varios funcionarios electos tuvieron la audacia de responsabilizar a los centroamericanos por los disturbios y saqueos en la zona de Pico Union/Westlake —centro de Los Ángeles—. Dijeron que esas personas estaban acostumbradas a las guerras civiles. Todas las etnias participaron en los disturbios de Los Ángeles. Sin embargo, se generó el estereotipo de que todos los centroamericanos viven en la zona de Pico-Union y todos los medios de comunicación hicieron énfasis en eso. Muchas veces la percepción es más fuerte que la realidad.

Ahora, hasta algunos líderes centroamericanos creen que los centroamericanos son la mayoría en Pico-Union/Westlake, cuando en realidad ni siquiera esos líderes viven en esa área. Muchos de ellos viven en agradables vecindarios de clase media.

Otro mito que se ha reiterado hasta el cansancio en los medios es que la Mara Salvatrucha (MS 13) se originó en el área de Pico-Union/Westlake. ¿Hay realmente pruebas sobre eso? Ahora hasta a los gobiernos centroamericanos y mexicano les resulta conveniente culpar a la MS 13 de todos los problemas sociales.

El estereotipo que muchas personas tienen, después de leer extensos artículos de noticias en varios periódicos, es que los salvadoreños son violentos y pertenecen a pandillas como la MS13. La mayoría de los salvadoreños son personas muy trabajadoras y ciudadanos decentes que respetan las leyes y que merecen ser respetados. Sólo por haber tenido que soportar 12 años de guerra civil no quiere decir que son todos malvados y violentos.

Los líderes centroamericanos deben luchar por obtener una cobertura justa y equilibrada de su comunidad en la televisión, radio y prensa. Basta de cubrir solamente las noticias sobre las pandillas. Tenemos muchos relatos que son mucho más positivos que los miembros de una pandilla empuñando machetes.

Tenemos testimonios de verdaderas luchas y supervivencia. Historias de una comunidad que ha soportado golpizas, cuchilladas y asesinatos en las calles de Los Ángeles mientras caminaban a tomar el autobús para ir a trabajar en las "maquilas" del centro de Los Ángeles.

Los centroamericanos han sufrido y pagado el precio para trabajar y vivir en Los Ángeles. No hay nada "gratis" para ellos. Pagan miles de millones de dólares en impuestos, pagan el alquiler, la hipoteca y trabajan con mucho esfuerzo para criar a sus hijos y ayudarlos a que puedan alcanzar el famoso sueño americano.

Es muy probable que el área Pico-Union/Westlake sea designada como Central American Town. Es un pequeño paso en la dirección correcta, pero no es suficiente para una comunidad que lucha por una mayor participación y representación política.

Para la verdadera participación, se necesitaría que un centroamericano sea electo para el municipio, del mismo modo que la comunidad mexicoamericana, anglosajona y afroamericana ayudaron a elegir a Ed Roybal al Concejo Municipal de la ciudad de Los Ángeles en el año de 1949, allanando así el camino y abriendo la puerta para otros políticos latinos.

El ex concejal y congresista Ed Roybal continúa siendo un héroe y un gran ejemplo, no sólo para los mexicoamericanos, sino también para los jóvenes centroamericanos que viven en toda la ciudad de Los Ángeles.

Randy Jurado Ertll, ex director de comunicaciones y asistente legislativo en Washington D.C. Salvadoreñoamericano que creció en la zona sur de Los Ángeles.

La Opinión
¿Podemos lograr la paz con treguas?
Pandillas
5 de agosto de 2007

Casi todas las noches, los helicópteros de la policía sobrevuelan muchas ciudades. Es una señal de que la violencia entre las pandillas continúa siendo una amenaza para la que debemos encontrar soluciones que eviten su aumento. Debemos examinar cómo otras ciudades se han aliado en forma exitosa para disminuir la violencia entre las pandillas.

Miremos un caso exitoso que fue analizado académicamente por la profesora Karen Umemoto de la Universidad de Hawaii. Umemoto publicó un libro titulado The Truce: Lessons from an L.A. Gang Warfare (La tregua: lecciones de guerra de una pandilla de Los Ángeles). Allí la profesora analiza en forma objetiva la forma en que las pandillas de afroamericanos y latinos pudieron lograr la paz mediante una tregua en la zona de Venice, California.

Este libro puede servir como un ejemplo exitoso a repetir en varias ciudades que hoy se enfrentan a la violencia entre las pandillas, como Pasadena y Altadena.

Analicemos los puntos principales señalados por la profesora Umemoto en su investigación y presentación en la Biblioteca La Pintoresca de la Ciudad de Pasadena —una zona recientemente azotada por la violencia—.

Los votantes de California aprobaron la Ley Tres Delitos y Afuera en 1994, con el 72% de apoyo de los votantes. Poco después, los índices de encarcelación aumentaron vertiginosamente en California.

La afiliación a las pandillas aumentó en gran medida porque

la población carcelaria creció y la "violencia de las pandillas por razas" se expandió aún más en el sistema penitenciario. Las pandillas de las cárceles como Mexican Mafia, Nuestra Familia, Black Gorilla Family, Jacuza, Aryan Brotherhood y otras aumentaron sus miembros en cantidades astronómicas. Parte de esa mentalidad separatista y de odio se extendió a muchas comunidades en California.

Para agravar aún más el problema de la violencia entre las pandillas, durante la década de 1990 y ahora, el gobierno federal dejó de financiar programas sociales y educativos, destinando esos fondos a sectores de orden público y programas con énfasis en el cumplimiento de las leyes y la represión.

También vale la pena destacar que los índices de deserción escolar en el Distrito Escolar Unificado de Los Ángeles (LAUSD, en inglés) y en otros distritos escolares públicos continuaron aumentando considerablemente, alcanzando valores de dos cifras. Esto generó un flujo constante de estudiantes que abandonaron la escuela, de los cuales muchos se vincularon con pandillas y terminaron llenando más cárceles.

Otro elemento que no podemos ignorar es la cantidad de medios de comunicación y de música estilo hip-hop/rap que han glorificado y romantizado el estilo de vida de las pandillas, engañando e influenciando a muchos jóvenes para que se afilien a pandillas en busca de un ejemplo a seguir como Tupac Shakur y Notorious BIG.

La profesora Umemoto analizó los medios de comunicación y el papel que tuvieron en la zona de Venice. Señaló que los principales periódicos locales en Venice usaron titulares llamativos y sensacionalistas como "La guerra mortal en Venice se transforma en una guerra de razas".

Muchos integrantes de la comunidad comenzaron a creer que había comenzado una guerra entre razas y las pandillas (afroamericanos y latinos) comenzaron a atacarse unos a otros con mayor frecuencia. Muchos de estos ataques se basaban en rumores y en un perturbado sentido de supervivencia.

El Departamento de Policía optó por hacer cumplir, reprimir y adoptar una actitud de cero tolerancia hacia las pandillas. Se realizaron allanamientos en hogares de afroamericanos, lo que tuvo consecuencias incluso más negativas ya que generó un vacío de liderazgo en las pandillas afroamericanas.

Algunos de los miembros más jóvenes de las pandillas recurrieron a la violencia como solución, mientras que la comunidad afroamericana comenzó a sentirse bajo la mira de la policía en Venice. Al mismo tiempo, circularon rumores en esa ciudad de que los urbanizadores y la policía se habían confabulado para deshacerse de los residentes afroamericanos pobres. Afortunadamente, algunas iglesias comenzaron asumir un papel más activo, junto con Venice Community Housing Corporation (Sociedad de Viviendas de la Comunidad de Venice) para ayudar a aplacar los rumores falsos que contribuían a la violencia.

La lección que debemos aprender de la ciudad de Venice es la labor creada por grupos comunitarios como iglesias, junto a algunos oficiales de libertad condicional para encontrar una solución a la violencia de las pandillas. Ellos se acercaron y se vincularon con los integrantes de pandillas para proponer soluciones y acabar con la violencia entre pandillas. Los pandilleros afroamericanos y latinos establecieron un diálogo entre sí y con el tiempo optaron por negociar una "tregua" que probó ser eficaz y ayudó a salvar muchas vidas.

Las ciudades pequeñas y medianas son capaces de lograr la paz. El gobierno municipal, el distrito escolar, el Departamento de Policía, las organizaciones comunitarias, las iglesias, el sector empresarial, los sindicatos y otros actores clave deben unirse para crear más trabajos para los jóvenes que actualmente están afiliados a pandillas. Tenemos que darles a estos jóvenes la oportunidad de cambiar sus vidas.

La represión y el encarcelamiento de los integrantes de las pandillas no ayudarán a acabar con la violencia. Por lo contrario, contribuye a aumentarla ya que muchos de los miembros de las pandillas que son enviados a centros de detención de menores o a sistemas penitenciarios salen de estos lugares con más odio y furia debido al abuso y al maltrato que allí reciben. El tratamiento en estos lugares es infrahumano.

Por otra parte, debemos invertir más fondos en programas sociales y educativos que ayuden a prevenir y que tengan un impacto positivo en las vidas de los jóvenes que se sienten presionados a afiliarse a una pandilla.

Los líderes de la comunidad y los activistas deben unirse para exigir la implementación de más programas de capacitación laboral y la creación de puestos de trabajo para nuestros jóvenes de bajos ingresos.

Hay que ser realistas. La pobreza y las pandillas no serán totalmente erradicadas, pero eso no significa que seamos cómplices permitiendo que continúen creciendo en nuestras ciudades.

Estamos perdiendo demasiados jóvenes a causa de la violencia entre pandillas. No abordemos este problema con cinismo e indolencia. Trabajemos juntos para buscar buenas soluciones y generar servicios y programas que ayuden a nuestros jóvenes. No perdamos la esperanza y la fe como comunidad. Nuestros niños y jóvenes dependen de nuestro valor y liderazgo en momentos de crisis. Demos juntos el paso necesario para ayudar a cambiar y salvar vidas, aunque signifique hacerlo de un caso por vez.

Randy Jurado Ertll, director ejecutivo de El Centro de Acción Social en Pasadena.randyertll@yahoo.com

La Opinión
COMUNIDAD: Afroamericanos y latinos
5 de octubre de 2007

The Latino Challenge to Black America: Towards a Conversation Between African Americans and Hispanics (El desafío latino para los negros de Estados Unidos: establecer el diálogo entre los afroamericanos y los hispanos) es el título el libro que Earl Ofari Hutchinson acaba de publicar.

Cada capítulo del libro analiza temas específicos relacionados con las complejas problemáticas de ambas comunidades. Los temas comunes que se mencionan son los altos índices de desempleo, el elevado índice de deserción en las escuelas públicas, la pobreza sistémica, la violencia de las pandillas y la discriminación continua.

Sin embargo, el Dr. Hutchinson analiza y señala con destreza las diferencias que existen y dividen a ambas comunidades: temas de inmigración, competencia por empleos, educación bilingüe y representación política.

Su libro tiene un objetivo clave: evaluar las perspectivas de ambas comunidades. ¿Por qué los afroamericanos sienten temor de los inmigrantes latinoamericanos y por qué los latinos tienen miedo de los afroamericanos?

Estos son temas difíciles para hablar abiertamente ya que se consideran tabúes. Por ejemplo, los índices más altos de delitos provocados por el odio en el condado de Los Ángeles son cometidos por ambas comunidades entre sí.

Hutchinson también describe algunas de las diferencias que existen entre las nacionalidades de los diferentes latinoamericanos, como los mexicanos, salvadoreños, etc. Este tema merece un libro entero para poder comprender cabalmente las diferencias históricas entre los países. El Dr. Hutchinson es uno de los primeros académicos afroamericanos que evalúa estos temas sociales y políticos que es necesario poner sobre la mesa.

Se ha hablado mucho sobre establecer coaliciones de afroamericanos y latinos. Pero se han logrado pocas y la mayoría no ha durado mucho tiempo. En muchos casos, estas coaliciones se basan en intereses propios y electorales. Además, los líderes de las elites muchas veces ofrecen una visión romántica de estas coaliciones, cuyos beneficios no llegan a los vecindarios de familias trabajadoras o de clase media.

Este libro señala las promesas hechas por los líderes afroamericanos y latinos que no fueron cumplidas. Un buen ejemplo son las marchas por los derechos de los inmigrantes. Pocos líderes y miembros de comunidades afroamericanas participaron o se unieron a este movimiento.

Los líderes latinos a favor de los inmigrantes no hicieron mucho por incluir una amplia representación de líderes y organizaciones afroamericanas. Además, muchos miembros de comunidades afroamericanas se han visto afectados por la retórica antiinmigrante que sostiene que "los inmigrantes son delincuentes que están violando nuestras leyes federales de inmigración y están quitándonos nuestros empleos".

El Dr. Hutchinson señala en forma responsable que, de hecho, esta retórica antiinmigrante ha sido parte de la experiencia afroamericana desde comienzos de 1800. Asegura que los inmigrantes son usados como chivos expiatorios a los que se les atribuyen los males de la sociedad.

Otro ejemplo que denota la importancia de este libro es la forma en que algunos líderes latinos comenzaron a decir, de manera no intencional, que el movimiento de los derechos de los inmigrantes era el nuevo movimiento de los derechos civiles. Esto enfureció a muchos afroamericanos que cuestionaban la falta de visibilidad de los latinos durante la lucha por los derechos civiles.

Muchos afroamericanos consideran que los latinos se han beneficiado de sus luchas y demandas. Sin embargo, no podemos continuar con el juego de culpas y la lucha por lograr la calificación como el grupo de minoría que más sufre la discriminación. Ambas comunidades han sufrido enormemente y ninguno de los dos lados puede negar ese hecho.

Como el Dr. Hutchinson señala con responsabilidad y madurez, es hora de que ambas comunidades trabajen juntas en los temas comunes y dejen a un lado la mentalidad de competencia feroz.

Cada comunidad debe exigir, en forma unida, que se reduzcan los índices de deserción escolar, que disminuya la violencia de las pandillas, que se creen fuentes de empleo equitativas para ambas comunidades y que no se toleren ni defiendan delitos provocados por el odio en ninguna de las dos comunidades.

Que los afroamericanos y los latinos trabajen juntos no debe ser una amenaza para nuestra sociedad. Ambas comunidades simplemente desean alcanzar el "sueño americano" para obtener una educación decente, un trabajo estable con beneficios, poder comprar una vivienda y un automóvil, poder brindar alimentos, hogar y vestimenta a sus hijos. Éstas no son ideas radicales. Son necesidades humanas básicas.

Randy Jurado Ertll, director ejecutivo del Centro de Acción Social en Pasadena.

San Diego Union Tribune - UT
Why African-Americans and Latinos must get along
October 12, 2007

African-Americans and Latinos have too much in common not to get along better.

Both communities face high unemployment rates, high dropout rates, systemic poverty, gang violence, a disproportionate number of prison inmates and continual discrimination.

So why do so many African-Americans resent Latin American immigrants, and why do so many Latinos fear African-Americans?

Some issues that continue to create controversy between the two communities are immigration, job competition, bilingual education and political representation. These are tough issues that we need to address in a respectful and thoughtful manner.

Some African-American and Latino leaders have tried to form alliances. But this has proven more difficult than you might think.

Take the big immigrant rights marches over the past couple of years. The pro-immigrant Latino leadership did not do enough outreach to include a wide representation of African-American leaders and organizations. And few African-American leaders and community members participated in this movement.

We need to do more to accentuate the history of alliances between African-Americans and Latinos. We should stress that Mexicans played an important role in the underground railroad during slavery. Creating a southern route, Mexicans enabled an estimated 10,000 escaped slaves to arrive in freedom south of the border. And we should also recall that Cesar Chavez marched with Martin Luther King Jr.

There are negatives, too, that we must examine. Earl Ofari Hutchinson recently wrote a book titled "The Latino Challenge to Black America: Towards a Conversation Between African-Americans and Hispanics." Hutchinson points out that anti-immigrant rhetoric has, in fact, been part of the African-American experience since the 1800s. He also notes how immigrants have been used as scapegoats.

And we all should be sensitive about the words we choose and the claims we make. During last year's massive pro-immigrant rights marches, some Latino leaders began to say that the immigrant rights movement was the new civil rights movement. This infuriated many African-Americans who asked where all the Latinos were during the civil rights struggle and who pointed out that Latinos have benefited from that struggle.

This bickering must come to an end. Both communities have suffered tremendously, and neither side can deny that fact. We should come together to demand that gang violence be curtailed, dropout rates be reduced, jobs be created for both communities and hate crimes be wiped out.

African-Americans and Latinos alike simply want to achieve the American dream: to have a decent education, to have a stable job with benefits, to have the ability to buy a house, a car, and to be able to provide food, shelter and clothing to their children.

We should help each other achieve this dream first by studying and respecting each other's history and culture and then by working together in common cause.

But we cannot continue to blame each other, much less prey on each other. And we should not compete for the title of the country's most victimized minority group. That is a losing game.

Ertll is executive director of El Centro de Accion Social in Pasadena.

The Press Telegram
Why Blacks and Latinos must get along
October 14, 2007

African-Americans and Latinos have too much in common not to get along better.

Both communities face high unemployment rates, high dropout rates, systemic poverty, gang violence, a disproportionate number of prison inmates and continual discrimination.

So why do so many African-Americans resent Latin American immigrants, and why do so many Latinos fear African-Americans?

Here is a fact that should make us wrestle with that question: African-Americans and Latinos have the highest rates of hate crimes in Los Angeles County - and most of those hate crimes are against each other.

Some issues that continue to create controversy between the two communities are immigration, job competition, bilingual education and political representation. These are tough issues that we need to address in a respectful and thoughtful manner.

Some African-American and Latino leaders have tried to form alliances. But this has proven more difficult than you might think.

Take the big immigrant rights marches over the last couple of years. The pro-immigrant Latino leadership did not do enough outreach to include a wide representation of African-American leaders and organizations. And few African-American leaders and community members participated in this movement.

We need to do more to accentuate the history of alliances between African-Americans and Latinos. We should stress that Mexicans played an important role in the underground railroad during slavery. Creating a southern route, Mexicans enabled an estimated 10,000 escaped slaves to arrive in freedom south of the border. And we should also recall that Cesar Chavez marched with Martin Luther King Jr.

There are negatives, too, that we must examine. Earl Ofari Hutchinson recently wrote a book entitled "The Latino Challenge to Black America: Towards a Conversation Between African-Americans and Hispanics." Hutchinson points out that anti-immigrant rhetoric has, in fact, been part of the African-American experience since the 1800s. He also notes how immigrants have been used as scapegoats.

And we all should be sensitive about the words we choose and the claims we make. During last year's massive pro-immigrant rights marches, some Latino leaders began to say that the immigrant rights movement was the new civil rights movement. This infuriated many African-Americans who asked where all the Latinos were during the civil rights struggle and who pointed out that Latinos have benefited from that struggle.

This bickering must come to an end. Both communities have suffered tremendously, and neither side can deny that fact. We should come together to demand that gang violence be curtailed, drop-out rates be reduced, jobs be created for both communities, and hate crimes be wiped out.

African-Americans and Latinos alike simply want to achieve the American dream: to have a decent education, to have a stable job with benefits, to have the ability to buy a house, a car, and to be able to provide food, shelter and clothing to their children.

We should help each other achieve this dream first by studying and respecting each other's history and culture and then by working together in common cause.

But we cannot continue to blame each other, much less prey on each other. And we should not compete for the title of the country's most victimized minority group. That is a losing game.

Randy Jurado Ertll is the executive director of El Centro de Accion Social in Pasadena.

La Opinión
Comunidad: Salvadoreños en EU
6 de noviembre de 2007

A pesar de la destrucción histórica y política en su tierra natal, muchos salvadoreños han alcanzado vidas exitosas en Estados Unidos, sin la ayuda de programas del estado, oportunidades justas de empleo y sin poder solicitar la categoría de refugiado para ser considerados residentes legales.

Los estereotipos que encasillan a los salvadoreños como pandilleros y miembros improductivos de la sociedad deberían ser examinados con mayor profundidad. Estudiar las circunstancias que llevan a una persona a involucrarse con una pandilla es un problema social y político. Doce años de una cruel guerra civil fueron suficientes para causar la pérdida de las propias raíces y cultura. Muchos salvadoreños huyeron de El Salvador y emigraron a países de todo el mundo buscando sobrevivir. Se puede considerar que los salvadoreños están en todo el mundo ejerciendo diferentes profesiones y ayudando y mejorando exitosamente distintas comunidades. A pesar de la desastrosa experiencia de guerra, los salvadoreños deberían estar orgullosos de sus raíces y su cultura y no sentirse avergonzados.

Los salvadoreños fueron deshumanizados por el ejército y la guerrilla, quienes se mataron unos a otros desde 1980 a 1992. Seamos responsables y no idealicemos a ninguno de los bandos. Examinemos de dónde provenían estos niños y qué tuvieron que enfrentar en los barrios urbanos de Estados Unidos.

Muchos niños salvadoreños fueron reclutados a la fuerza para pelear en la guerra. Se volvieron expertos en el uso de M-16, AK 47, usando lanzacohetes, asaltando cuarteles militares y detonando puentes. Los niños salvadoreños se transformaron en soldados y guerrilleros insensibles. Perdieron su inocencia cuando vieron cómo torturaban o asesinaban a sus padres.

Estos niños luego vinieron a Estados Unidos en los años '80 y se establecieron en los barrios urbanos de Los Ángeles, Washington D.C. y otras ciudades importantes. Dejaron una guerra cruel e inhumana y vinieron a enfrentarse a otro ambiente despiadado y violento aquí en nuestros barrios urbanos de Estados Unidos.

Estos niños fueron rechazados y discriminados en sus nuevos barrios y escuelas. No formaban parte de la sociedad por ser inmigrantes indocumentados a quienes no se les concedía una verdadera categoría de refugiados, no hablaban inglés, y su vestimenta y conducta delataba que eran inmigrantes recientes.

Un gran desafío para la juventud salvadoreña fue enfrentarse a las pandillas chicanas y afroamericanas. La respuesta a este desafío desafortunadamente también estaba compuesta de violencia.

Más allá del origen de sus integrantes, mexicanos o salvadoreños, la formación de pandillas parece compartir un componente en común: el de buscar ser respetados en una sociedad extranjera.

Muchos fueron abusados, no sólo durante la guerra civil en El Salvador, sino que también se mantuvo la tendencia de actos violentos a nivel de la familia, ya que toda la crueldad de la guerra civil infundió miedo, opresión y rabia en los corazones de nuestra población.

El gobierno de Estados Unidos recurrió a deportar a estos pandilleros y esto ha generado un crecimiento extraordinario de pandillas en México y Centroamérica. El problema no fue resuelto, sino exportado.

En los años '80, El Salvador solamente se conocía por informes de la prensa que retrataban una amenaza comunista por parte del FMLN y escuadrones de la muerte del ejército. Ahora, El Salvador tiene la distinguida posición de ser el exportador e importador de la supuesta "pandilla más violenta del mundo."

La pregunta es qué está haciendo el gobierno de Estados Unidos, las fundaciones, las empresas, los distritos de escuelas públicas, los departamentos de policía, y las organizaciones comunitarias para ayudar a los salvadoreños americanos a tener éxito y obtener trabajos decentes.

No mucho. La orientación es todavía la supresión, la encarcelación y la deportación de pandilleros salvadoreños. Ahora es políticamente conveniente decir que se están implementando programas de prevención.

Aún perdemos demasiados niños que ingresan en la violencia de las pandillas. Esperamos que se desarrolle un acercamiento integral y humano para ayudar a la juventud salvadoreña. Un primer paso sería la creación de capacitación laboral y la creación de empleos para estos jóvenes. Necesitamos que tengan un futuro próspero a través de la educación y el trabajo. No uniéndose a una pandilla o transformándose en una estadística carcelaria.

Es hora de poner manos a la obra y empezar a ayudar a nuestra juventud. No podemos darnos el lujo ni permitir que se pierda otra generación de salvadoreños debido a la violencia.

Randy Jurado Ertll es salvadoreño americano y vive en Los Ángeles.

The Progressive Magazine
Salvadoran-American gang problem needs to be tackled
November 20, 2007

Salvadoran Americans have become stereotypically associated with gangs. Continuing media coverage of the issue, most recently of a massive law-enforcement crackdown on Nov. 15 targeting a Salvadoran-American gang in Los Angeles, has helped perpetuate this notion.

Salvadorans, though, have led successful lives in the United States, in spite of several hurdles placed in their way. To the extent that there is a gang problem, it is due to the special circumstances of the community.

Many Salvadoran children were forcefully recruited to fight in the civil war that devastated their country from 1980 to 1992. They became adept at using M-16s, AK-47s and rocket launchers, raiding military barracks, and blowing up bridges.

Salvadoran children thus became hardened soldiers and guerrillas. They lost their innocence when they saw their parents being tortured or murdered.

Many of these children came to the United States in the 1980s and moved to the inner cities of Los Angeles, Washington, D.C., and other major U.S. metropolises. They left a cruel, heartless civil war and came to confront another brutal and violent environment here in our U.S urban centers.

These children were discriminated against in their new neighborhoods and schools. They did not fit in because they were undocumented immigrants who were not granted real refugee status (Cubans are granted automatic refugee status), they did not speak English, and they looked the part of recent immigrants by their clothing and demeanor.

Be it Mexican or Salvadoran, the trend of the formation of gangs seems to share one component, which is a search for respect in a foreign society. A big challenge for Salvadoran youth was dealing with Chicano and African-American gangs. The response to this challenge was, unfortunately, one that was also composed of violence.

Violence was also perpetuated at the family level, since the cruelties of the civil war instilled fear, oppression and anger in the hearts of our population.

For the last couple of decades, the U.S. government has been deporting these gang members, and this has created an amazing growth of gangs in Mexico and Central America. The problem has not been resolved, just exported.

Los Angeles Mayor Antonio Villaraigosa and California Gov. Arnold Schwarzenegger don't seem to have a real plan to help the thousands of young Salvadorans who live in Los Angeles and throughout California. Establishing positions of gang czars is not enough.

A first step in the right direction would be the creation of job skills training and job creation for these youth. We need them to obtain a prosperous future through education and jobs, not join a gang or become a prison statistic.

Let us roll up our sleeves and begin to help our youth. We cannot afford to lose another generation of Salvadorans to violence.

Randy Jurado Ertll, a Salvadoran American who grew up in South Central Los Angeles, has worked as a communications director/ legislative assistant for a member of Congress in Washington, D.C.

La Opinión
Historia: Pasaporte protegió a los judíos
18 de diciembre de 2007

En los tiempos difíciles que vivimos, los residentes indocumentados una vez más se enfrentan a la deportación y, en la mayoría de los casos, no tienen protección ni recursos de los que valerse para permanecer en Estados Unidos.

Imagínese estar sentado o durmiendo en el hogar con su familia y tener el terrible presentimiento de que las autoridades del orden público irrumpirán en su casa y le preguntarán si es residente legal de Estados Unidos. Es posible sentir que el corazón está a punto de explotar a causa del pánico y la angustia. Los niños crecen sintiendo que son fugitivos y que los persiguen, lo que provoca un sentido de permanente ansiedad y temor.

Sólo pensar en ser detenido por un agente de la policía después de cruzar un semáforo en rojo puede generar una gran angustia, imagine la idea de ser deportado sin ninguna alternativa.

En 1944, las autoridades del gobierno de El Salvador salvaron las vidas de más de 40 mil judíos húngaros emitiéndoles "documentación como ciudadanos salvadoreños". Estos dos héroes fueron el coronel José Arturo Castellanos, cónsul de El Salvador y George Mantello, primer secretario/cónsul honorario, descendiente de judíos.

En épocas difíciles como las actuales, es importante recordar los actos históricos y heroicos de figuras políticas que marcaron una diferencia a la hora de salvar vidas. Hoy día tenemos la oportunidad de proyectar una nueva luz sobre esta grandiosa hazaña y asignarle al gobierno de El Salvador la importancia que se merece en sus esfuerzos por ayudar a muchos judíos húngaros a sobrevivir el Holocausto de la Segunda Guerra Mundial.

Es importante recordar los actos humanitarios que algunos gobiernos en el mundo han llevado a cabo para proteger a la raza humana. El coronel Castellanos y el cónsul Mantello son dos notables ejemplos de personas que optaron por hacer algo en una época de grandes tragedias.

El Salvador, a través del Ministerio de Relaciones Exteriores, y el cónsul en Ginebra, Suiza, trabajaron en forma conjunta e implementaron un creativo plan par rescatar a más de 40 mil judíos húngaros de ser transportados a campos de concentración (entre las rutas a Budapest y Auschwitz).

El cónsul general Castellanos, de El Salvador, le concedió el título de primer secretario y cónsul de El Salvador al Sr. Mantello, aunque este último había nacido en Transilvania. Ambos estaban ubicados en Ginebra. El Sr. Mantello tuvo la idea de que a los judíos húngaros se les podía otorgar documentación como ciudadanos salvadoreños, lo que significaba obtener documentos oficiales que verificaban que eran realmente ciudadanos de El Salvador.

A través de estos documentos, muchos judíos húngaros obtuvieron protección y los nazis no pudieron arrestarlos ni deportarlos a los campos de concentración ubicados por toda Europa. El gobierno de El Salvador solicitó formalmente ante el gobierno de Suiza que aceptara este acuerdo y que obtuviera la aprobación del gobierno de Hungría. El acuerdo tuvo carácter oficial en 1944 y se le ordenó al cónsul de Hungría en Budapest que protegiera a las personas que tuvieran documentación salvadoreña. El gobierno suizo comenzó con la producción masiva de documentos salvadoreños. Estos documentos salvadoreños totalmente certificados fueron enviados al cónsul de Hungría en Budapest donde miles de judíos húngaros podían obtenerlos. Lograr esta documentación significaba salvar una vida de una pena de muerte segura en los campos de concentración de los nazis.El Sr. Mantello pudo captar la atención de los medios de comunicación para denunciar las aflicciones y los asesinatos de millones de judíos, por lo tanto el gobierno húngaro se vio presionado a no deportar a los judíos húngaros con documentos que los identificaban como ciudadanos salvadoreños.En todo el mundo (durante la Segunda Guerra Mundial), El Salvador fue el único país que otorgó derechos de ciudadanía a judíos húngaros. A través de este heroico gesto se salvaron decenas de miles de vidas.

El coronel José Arturo Castellanos y George Mantello se merecen un mayor reconocimiento y ser recordados continuamente como héroes. Ellos son un verdadero ejemplo de que unas pocas personas pueden marcar una gran diferencia.

Sigamos su ejemplo, aceptemos y respetemos a nuestros vecinos y compañeros de trabajo que son inmigrantes o tienen diferentes creencias religiosas.

Randy Jurado Ertll es de Los Ángeles de origen salvadoreño, francés y húngaro. randyertll@yahoo.com

San Diego Union-Tribune - UT
El Salvador's rescue of Hungarian Jews
December 20, 2007

The Allies turned the tide against Hitler's evil forces in 1944 with the beginning of the Battle of the Bulge.

Unfortunately, millions of Jews had already been murdered throughout Europe by then.

As we remember the valiant battle against Hitler, we also should note an amazing act of courage that has not received the attention it deserves: The government of El Salvador saved the lives of more than 40,000 Hungarian Jews that same year.

Working through its consular office in Geneva, Switzerland, the Salvadoran government came up with a creative plan. It decided to issue Salvadoran citizenship papers to Hungarian Jews who would otherwise have been sent to Nazi death camps.

The authors of this plan were Salvadoran Consul Colonel José Arturo Castellanos and First Secretary/Honorary Consul George Mantello, who was of Jewish ancestry.

Mantello, whose original name was Mandl, spoke no Spanish and never set foot in El Salvador. But he had assisted Castellanos in business, and Castellanos more than returned the favor.

He gave Mantello his honorary position at the embassy. Mantello used it to publicize Nazi atrocities and then came up with the idea of offering citizenship to Hungarian Jews.

Castellanos embraced Mantello's efforts, and Castellanos persuaded the Salvadoran government to give citizenship papers to Hungarian Jews.

The Salvadoran government then formally asked the Swiss government to accept this agreement and to obtain approval from the Hungarian government, which it did.

In Budapest, tens of thousands of Hungarians Jews were able to obtain Salvadoran citizenship papers free of charge. These were crucial for escaping the Nazi concentration camps and certain death.

Thanks to Castellanos and Mantello, El Salvador was the

only country that offered nationality rights to Hungarian Jews on a massive scale during World War II.

Castellanos and Mantello deserve to be remembered as heroes.

Let us follow their example by assisting those within our own country who face deportation or oppression.

Of course, immigrants in the United States facing deportation are not nearly in the same kind of situation that Jews were in during World War II.

But the example of reaching across nationalities and across religions to assist fellow human beings in need is one that we all can take to heart.

Ertll is executive director of El Centro de Accion Social in Pasadena. He is of Salvadoran, French and Hungarian descent.

The Progressive Magazine
Help Wanted: A candidate who meets the needs of our multicultural America
January 23, 2008

The Latino vote is still up for grabs. And whether Sen. Barack Obama or Sen. Hillary Clinton captures it should depend not on their appeals to this particular constituency but on their broader appeals.

The candidates should address African-Americans as well as Latinos, low-income and moderate-income whites, as well as other minorities.

It's odd that Clinton obtained two-thirds of the Latino vote in Nevada and Obama got 80 percent of the African-American vote, since both groups share so many interests.

On Super Tuesday, Feb. 5, Democrats will be competing again in Latino strongholds, this time especially in Arizona, California, and New Mexico. It's not enough for Clinton to court Latino voters by visiting East Los Angeles and eating Mexican food. Nor is it enough for Obama to chant "Si, Se Puede" ("Yes, We Can"), the slogan of the United Farm Workers.

Both candidates must strive to gain the Latino and African-American vote not by pandering but by looking after the needs of these two groups. Many of these are mutual, such as stopping foreclosures, providing decent jobs, improving graduation rates, and steering youth away from gangs and prisons.

Latinos, as a community, do have their own needs, as well, and the candidates should attend to these, including immigration reform and bilingual education.

But the bread-and-butter issues that affect Latinos and African-Americans also resonate with low-income and moderate-income whites. After all, most voters simply seek to have affordable housing, secure jobs, health insurance, enough money to feed and educate their children and Social Security and Medicare benefits for retirement.

These are universal concerns, not minority ones.

Let us vote for the candidate who is most committed to serving the needs of our multicultural society, someone who can reunite and revitalize our country — through actions, not just promises. The future of our country is at stake.

Randy Jurado Ertll was a communications director and legislative assistant for a member of Congress.

La Opinión
Ecología: Tema para Clinton y Obama
30 de marzo de 2008

Nuestros candidatos presidenciales necesitan despertarse y darse cuenta de que deben incluir la protección del medio ambiente como un tema prioritario en sus campañas, especialmente si su deseo es ser el vencedor de las primarias en Pensilvania el 22 de abril.

Hagamos un breve repaso del pasado en Pensilvania. El 28 de marzo de 1979 fue un día oscuro en la historia de Estados Unidos, debido al accidente en la planta nuclear Three Mile Island en Middletown, Pensilvania, donde el recalentamiento de un reactor provocó pánico en todo el país.

El incidente sacó a relucir temas de protección ambiental y casi tres décadas después, no se puede olvidar que la protección del medio ambiente debe ser un asunto prioritario para los candidatos presidenciales.

Sin embargo, el movimiento ambientalista no consiste únicamente en crear conciencia para proteger árboles y especies en peligro, sino que también debe ser un llamado de atención a tomar medidas y asumir la responsabilidad por la salud de nuestras familias y el bienestar de nuestras comunidades. Proteger el medio ambiente se trata realmente de proteger la salud de nuestras familias y comunidades. Estamos sufriendo una importante crisis de salud pública a causa de la creciente contaminación del aire, agua y alimentos.

Desafortunadamente, la campaña presidencial ha descuidado el medio ambiente como un tema importante y los candidatos presidenciales han elegido hacer énfasis en otros temas como la economía, la seguridad nacional, las viviendas, la reforma de la atención médica y la educación, entre otros.

La inclusión de temas ambientales en sus agendas es una acción responsable por parte de ellos.

Entre los temas dominantes con la protección ambiental debe incluirse la justicia ambiental, para que todas las comunidades se sientan incluidas.

El deterioro de la calidad de nuestro ambiente afecta a todos por igual, ya que respiramos el mismo aire, queremos beber agua segura y necesitamos comer alimentos no contaminados.

A través del documental de Al Gore An Inconvenient Truth (Una verdad inconveniente), estamos más informados sobre las consecuencias del calentamiento global. El documental también planteó de manera indirecta la desconexión que existe entre los ambientalistas de la corriente dominante y los grupos de justicia ambiental.

Muchos miembros de comunidades de minorías y con bajos ingresos siguen sin contar con información completa acerca del calentamiento global y por eso no consideran que el tema sea algo importante para su vida cotidiana.

Sin embargo, el senador Barack Obama y la senadora Hillary Clinton pueden construir puentes entre las organizaciones ambientalistas establecidas de la corriente principal y las organizaciones más pequeñas de justicia ambiental. Eso ayudaría a desarrollar una mejor comunicación, confianza y respeto.

El senador Obama y la senadora Clinton deben enfrentar de inmediato asuntos de justicia ambiental como la ubicación de los incineradores cerca de los vecindarios pobres, las emisiones de los camiones con motor diésel, la disminución de los niveles de plomo y la defensa para la protección y creación de espacios seguros con parques.

Algunas de las luchas famosas y documentadas de los defensores de la justicia ambiental incluyen la valiente batalla del Sindicato de Trabajadores Agrícolas (UFW), en la década de 1970, en contra de los pesticidas que afectaban de manera negativa la salud de los trabajadores. Algunos de los productos químicos que se usan actualmente continúan provocando cáncer y defectos de nacimiento.

En la década de los 80, el grupo Concerned Citizens of South Central pelearon valientemente y ganaron la batalla cuando no se permitió a la ciudad de Los Ángeles ubicar el proyecto de incinerador de residuos LANCER en el sur de Los Ángeles. Las Madres del Este de Los Angeles —Santa Isabel también— han luchado para proteger sus vecindarios de injusticias ambientales.

Es posible señalar muchos otros ejemplos, en muchos estados diferentes, sobre cómo las personas pobres de clase trabajadora han elegido unirse y movilizarse para proteger su ambiente.

Es un hecho que las comunidades pobres afroamericanas y latinas son las que viven más cerca de los sitios con residuos tóxicos y son las que tienen las tasas más altas de mortalidad debido a la contaminación ambiental.

En un estudio titulado "Construcción de comunidades saludables desde el suelo" se asegura que "casi tres millones de personas en California sufrieron síntomas de asma en 2001, debido en parte al hecho de que 11 de los 25 peores condados del país con respecto a contaminación por ozono se encuentran en California. En 1996 el riesgo estimado de que una persona sufriera cáncer en California debido a la exposición durante toda la vida a contaminantes al aire libre era 310 veces más alta que el objetivo de la ley federal Aire Limpio de una persona en un millón. Dentro del estado de California, los latinos, los asiáticos y los afroamericanos tienen mayor riesgo de sufrir cáncer que los blancos de cualquier nivel de ingresos".

Muchas personas mueren debido a los efectos negativos acumulados sobre la salud, ya que viven cerca de instalaciones industriales y autopistas.

La senadora Clinton y el senador Obama pueden ser fuertes defensores de los movimientos ambientalistas si deciden incluir su protección como un tema prioritario de la campaña, donde también pueden ofrecer soluciones políticas sólidas para proteger el aire, el agua, los alimentos y otros recursos naturales.

Nuestros candidatos presidenciales deben reaccionar y darse cuenta de que la protección ambiental es un asunto grave, de vida o muerte.

No es una ilusión.

Randy Jurado Ertll, trabajó con la Liga de Votantes Pro Conservacion Ambiental de California - CLCV Education Fund. www.ecovote. orgComuníquese con: randyertll@yahoo.com

The Seattle Times
Obama should visit Latin America
August 6, 2008

Sen. Barack Obama should travel to Latin America.

His much-publicized trip to Afghanistan, Iraq, the Middle East and Europe made him look presidential.

But by not going to Latin America, he is giving short shrift to this crucial region.

Not only is it one of the biggest trading partners of the United States, it has also borne the brunt of wrongheaded U.S. policies over the years.

Historically, the United States has propped up dictatorships and undermined democracies in Latin America. In the 1980s, the Reagan administration, for instance, supported a brutal government in El Salvador and waged an illegal war against Nicaragua.

Once the Cold War ended, many in the United States lost interest in Latin America, and U.S. aid to the region dropped off. One exception has been Colombia, since the United States has invested billions of dollars through Plan Colombia — ostensibly to combat drug trade but also to fight the rebels.

Voters have a right to know what Obama's views are on Plan Colombia, as well as on other important issues, such as the North American Free Trade Agreement with Mexico, U.S. policy toward President Hugo Chavez of Venezuela and U.S. response to the resistance many Latin American governments have to neoliberal economic policies imposed from Washington.

Plus, Obama needs to understand the push factors that force millions of Latin Americans to migrate to the United States. These include high rates of poverty and the free trade agreements that adversely affect the poor and the middle class.

Obama still has the opportunity to make his case — especially if he wants to capture the Latino vote in the United States.

But he should beware. Sen. John McCain has already gone to Mexico and Colombia, and Obama cannot risk looking indifferent to the roots of tens of millions of Latinos living in the United States.

A visit to Latin America would do Obama good.

Randy Jurado Ertll formerly worked as a communications director/ legislative assistant to a member of Congress in Washington, D.C.

La Opinión
¿Puede un burro ser un genio?
3 de Agosto de 2008

¿Qué es lo que define a un genio? Muchas personas dicen que ser como Albert Einstein, ya que esa es la imagen que se nos ha grabado como símbolo de un genio. Einstein fue realmente un genio, y lo admiro. Sin embargo, la verdad es que hay genios de todos los tamaños, formas y colores.

Un burro también puede ser un genio. Eso es lo que Víctor Villaseñor intenta demostrar en su libro, titulado Burro Genius (Genio Burro). Pero el libro es más que un título llamativo y demuestra que los genios no tienen un color de piel determinado y que también pueden ser pobres. La historia es en realidad sobre la vida de Villaseñor, sobre su vida como niño mexicoestadounidense en Oceanside, California. Increíblemente, tardó 42 años en terminar el libro Burro Genius. Lo corregía y modificaba constantemente, hasta que en 2004 decidió terminarlo y publicarlo. Villaseñor no fue diagnosticado oficialmente con dislexia hasta los 42 años. Eso explica las dificultades que tuvo para leer y escribir en la escuela. Pero muchos de sus maestros pensaban que era ignorante y estúpido y lo trataban como subhumano. Villaseñor escribió un libro revelador e impactante sobre cómo los estudiantes mexicoestadounidenses sufrían abuso y discriminación.

En su libro describe cómo en la década de los 40 no se permitía que se hablara español en las escuelas. Si los estudiantes hablaban español en la escuela, eran castigados. No se trataba de un castigo leve, sino de abuso físico como bofetadas en el rostro. ¿Pueden imaginar ser un niño pequeño y que un maestro le pegue si habla español?

Recuerdo cuando recién llegué a EEUU y tenía 5 años, en 1978. No hablaba inglés y lloraba mucho, porque extrañaba a mi abuela y a mi familia que se habían quedado en El Salvador. Los maestros se enojaban porque yo lloraba y me ponían cinta adhesiva sobre la boca para que no llorara, y me amenazaban diciéndome que llamarían a la "Migra", los agentes de inmigración para que mi familia y yo fuéramos deportados.

Los estudiantes latinos y afroamericanos históricamente han encontrado muchos obstáculos para obtener una educación de calidad en nuestros sistemas de escuelas públicas. A muchos se les ha enseñado a sentirse avergonzados de su propia cultura y a rechazarla.

Los estudiantes latinos y afroamericanos continúan teniendo los índices más altos de abandono escolar y de reclusión en cárceles. Existe una clara correlación entre no poder leer o escribir y terminar en prisión.

Nuestro próximo presidente de EEUU debe hacer de la educación una prioridad y debe exigir que los índices de abandono escolar entre las minorías disminuyan. No podemos seguir fingiendo que todo está bien mientras se destruye el futuro de tantos niños pequeños. Tampoco podemos esperar que la discriminación desaparezca de repente si el senador Barack Obama se convierte en nuestro presidente. Se necesitará tiempo para hacer mejoras que reduzcan la discriminación en toda nuestra gran nación.

Obama y Villaseñor son excelentes ejemplos de cómo han alcanzado el éxito a través de la perseverancia y la educación. Villaseñor fue afortunado de que su familia fuera dueña de un rancho y no dependiera de la limosna de nadie. Era una orgullosa familia latina que levantaba el ánimo de Villaseñor en el hogar. Sin embargo, en la escuela, sufría las torturas y desprecios de adultos inhumanos.

Imaginen niños que sufren abusos en la escuela, en las calles y en el hogar por parte de sus propios padres. Qué manera tan cruel, dolorosa e injusta de crecer.

Villaseñor nos hace examinar nuestra alma. ¿Cómo podemos vivir tranquilos cuando los niños son maltratados en la escuela y en el hogar?

Ya no está permitido el castigo físico, pero muchos educadores continúan faltando el respeto a los estudiantes que no pueden aprender determinadas materias o que no pueden hablar inglés. Las palabras causan daño, especialmente si algunos maestros gritan o les gusta avergonzar a ciertos estudiantes frente a sus compañeros.

Algunos maestros, incluso, alientan a los estudiantes a no asistir a la escuela o a abandonar los estudios. Afortunadamente son unos pocos, pero esos pocos maestros pueden destrozar la autoestima y el futuro de un niño. Afortunadamente la mayoría de los maestros son humanos y su vocación es enseñar y ayudar a los niños.

Villaseñor habla del abuso que debió soportar y cómo hizo para sobrevivir a eso. Su experiencia fue dolorosa. Le hicieron sentir que era menos que los demás, pero Villaseñor es un genio. Decidió superar su debilidad y escribir sobre lo que había en su corazón y su alma. Tiene la valentía de compartir sus dolorosas experiencias. Burro Genius nos lleva en un viaje mágico y sufrimos con la lucha de Villaseñor. Vi a mis sobrinos y me vi a mí mismo cuando leí Burro Genius. Mi pequeño sobrino Carlitos, que está en quinto grado, me dijo una vez que es un genio, y ahora le creo. Creer en uno mismo con tozudez y descubrir nuestros talentos ocultos son los primeros pasos para convertirse en un burro genio.

Está bien ser un genio, incluso, si nos hemos visto obligados a crecer en el infierno.

Randy Jurado Ertll, director ejecutivo de El Centro de Acción Social en Pasadena. www.elcentropasadena.org

La Opinión
Elecciones: No hay que olvidar Latinoamérica
10 de Agosto de 2008

El reciente viaje de Barack Obama a Europa y el Medio Oriente causó gran impresión. Se reunió con importantes líderes que le dieron credibilidad al senador Obama, ya que reservaron tiempo de sus actividades para reunirse con él y hablar sobre temas internacionales clave.

Incluso el presidente Sarkozy de Francia afirmó que a los franceses les agradaría mucho que el senador Obama fuera electo presidente de EEUU.

Es de esperar que ahora el senador Obama tenga un apoyo mayor entre los judíoestadounidenses, luego de que aclarase su posición al primer ministro Ehud Olmert de Israel, afirmando que Estados Unidos continuaría siendo un fuerte aliado. El senador Obama también fue inteligente al reunirse con Nouri Maliki, primer ministro de Irak; Shimon Peres, presidente de Israel; Salam Fayyad, primer ministro de Palestina, y Mahmoud Abas, presidente de la Autoridad Palestina. Obama también se reunió con el rey Abdulá II y la reina Rania de Jordán.

Obama afirmó que de ser electo presidente de EEUU ayudaría a encontrar soluciones para dar fin al conflicto entre Israel y Palestina, pero que eso llevaría tiempo para lograr una solución. Obama también se reunió con Gordon Brown, primer ministro británico.

Las imágenes del senador Obama de sus reuniones con los principales jefes de Estado del Medio Oriente y Europa le dieron un aspecto presidencial, además de mostrarlo como capaz de lidiar con asuntos de política internacional. ¿Pero no seguirá visitando otros países? Hago la pregunta porque todavía no ha visitado a América Latina.

El senador John McCain le lleva ventaja porque ya visitó México y Colombia.

Barack Obama debe fortalecer su relación con los jefes de Estado de América Latina. No puede darse el lujo de ignorar las raíces de más de 40 millones de latinos que viven en EEUU. El fortalecimiento de su relación con varios presidentes clave de América Latina mejorará seguramente su imagen entre los latinos que viven en EEUU.

Si el senador Obama no actúa con celeridad, entonces el senador McCain continuará solidificando su relación con México y otros países de América Latina. El presidente George W. Bush mejoró su imagen ante los mexicoestadounidenses, ya que desde que era gobernador de Texas se reunía continuamente con autoridades del gobierno mexicano. El presidente George W. Bush ganó en parte la presidencia de EEUU al obtener un gran porcentaje de los votos latinos.

El senador Obama debe priorizar a América Latina — uno de los socios comerciales más grandes de EEUU—. Debe planificar un corto viaje a América Latina antes de las elecciones generales de 2008. Los actos hablan más que las palabras, y necesitamos saber si América Latina es tan importante como Europa y el Medio Oriente.

Históricamente, EEUU ha subestimado a América Latina. EEUU aceptó que América Central era un "lugar difícil" durante la década de los 80 y envío miles de millones de dólares en lo que denominó "ayuda" para pelear contra la amenaza del comunismo. Una vez que finalizó la Guerra Fría, la importancia de América Central y América Latina en el escenario mundial se vio reducida considerablemente.

EEUU ya no necesitaba invertir fuertemente para ejercer influencia en los corazones y mentes de los latinoamericanos para pelear contra el comunismo. En la década de los 90, la ayuda de EEUU a América Latina se vio fuertemente reducida. Una de las excepciones ha sido Colombia, ya que Estados Unidos ha invertido miles de millones de dólares a través del Plan Colombia, para combatir la producción de hojas de coca, el principal ingrediente usado para la elaboración de cocaína. Necesitamos saber si América Latina se convertirá en una prioridad. El senador Obama todavía tiene la oportunidad de dar a conocer su postura —especialmente si desea captar el voto latino en EEUU.

Necesitamos saber más sobre cómo ambos candidatos presidenciales lidiarán con los futuros tratados comerciales, temas de inmigración, inversiones extranjeras y la pobreza que plaga a América Latina. Ambos candidatos deben hablar sobre estos temas si desean reducir los factores que obligan a millones de personas en América Latina a emigrar a EEUU.

Ninguno de los candidatos necesita hablar fluidamente en español para poder comunicarse con los líderes de América Latina. Para eso existen intérpretes y traductores plenamente capacitados para ese fin.

La pregunta es: ¿a EEUU le importa escuchar o prestar atención a las necesidades de nuestros vecinos latinoamericanos?

Randy Jurado Ertll es director ejecutivo del Centro de Acción Social en Pasadena y fue asistente legislativo en el Congreso federal.

La Opinión
El Salvador: La Marufa Salvadoreña
October 25, 2008

El Salvador

La Marufa Salvadoreña no es una nueva pandilla. Qué desilusión para los fanáticos de las noticias sensacionalistas.

La atención, sin dudas, debe trasladarse de Mara Salvatrucha (MS 13) a la Marufa Salvadoreña.

La Marufa Salvadoreña son métodos fraudulentos e inmorales para quitarle dinero a las personas comunes que respetan la ley. ¿Quiénes llevan a cabo tales marufas? Grandes corporaciones y bancos que están aprovechando el sistema monetario "dolarizado" que se impuso al pueblo en El Salvador. Los bancos cobran $6 por cada retiro de dinero o transacción que se realice en un cajero automático, la aerolínea TACA cobra más de $150 por cambiar la fecha de un vuelo a una persona que regresa a su país, las empresas de alquiler de automóviles cobran más de $175 por el alquilar de un vehículo, hay retiros fantasmas de dinero en varios cajeros automáticos, las tarjetas para teléfonos tienen menos minutos que los que se pagaron, los hoteles cobran tarifas adicionales y agregan grandes propinas en la factura final y las empresas de electricidad y agua cobran tarifas adicionales a los ciudadanos.

Hasta el candidato presidencial del ala derecha del partido ARENA, Rodrigo Ávila, ha admitido abiertamente que combatirá estas tarifas adicionales innecesarias e inmorales. Ha realizado sólidas promesas políticas de que combatirá la corrupción. El candidato presidencial de la izquierda, Mauricio Funes, también debería comprometerse a luchar contra la corrupción y debería hacer de este tema una prioridad.

Mantengamos la esperanza de que sin importar quién se convierta en el próximo presidente de El Salvador, implementará políticas y leyes que no permitirán que unas pocas corporaciones y bancos se aprovechen de la clase media y pobre que trabajan tan duro.

El ex presidente Francisco Flores cambió la moneda de la economía de colones a dólares. Esta medida de "dolarización" prometía bajar las tasas de interés y disminuir la inflación. El confuso plan económico tuvo el efecto contrario.

La clase trabajadora en El Salvador debe pagar por los alimentos y otros productos en dólares pero recibe su salario en el equivalente de la moneda actual, colones. Por lo tanto, los trabajadores ganan en promedio cien dólares al mes pero todos los precios han experimentado aumentos descontrolados y las personas apenas sobreviven.

Esta atmósfera de supervivencia ha creado más corrupción

y fraude. Las corporaciones están sacando provecho de los ciudadanos, ya que no hay buenas leyes de protección a los consumidores. Es la ley de la "supervivencia del más fuerte". Si se desea abandonar El Salvador viajando por TACA en una fecha anterior a la establecida, es necesario pagar $150 dólares, además de la diferencia de la tarifa aérea, lo que puede significar $100 ó $200 dólares por encima de las tarifas de más de $350. Si se llama para hacer preguntas o incluso si alguien se atreve a quejarse, se arriesga a ser transferido una docena de veces y a que lo hagan esperar durante horas. Es una técnica para frustrar e intimidar a los clientes para que no se quejen por esos costos adicionales inmorales.

El tratamiento que recibe la clase trabajadora en El Salvador no ha cambiado demasiado, incluso después de 12 años de guerra civil. Todo se reduce al apellido y las conexiones personales que se tengan. Si se es rico, se recibe un gran servicio y un tratamiento respetuoso. Pero si se es un campesino o de origen humilde, se es un indeseable.

Por supuesto, los bancos y las aerolíneas tomarán su dinero, pero lo tratarán como infrahumano. Esperemos que el próximo presidente no obligue a que el idioma español sea eliminado como el idioma oficial y se adopte el inglés.

El ex presidente Francisco Flores vendió la soberanía del pueblo salvadoreño al adoptar e imponer el dólar como la moneda oficial. Para usar una frase más popular: "Vendió el escudo del Pipil".

El candidato a vicepresidente por el partido ARENA, Arturo Zablah, sugirió que debemos volver a usar el colón. Ese sería un muy buen eslogan para una campaña: "Volvamos al colón, recuperemos nuestro nacionalismo". Zablah dijo que el cambio a dólares era irresponsable.

Vemos mejoras en las carreteras y centros comerciales enormes y elegantes como La Gran Vía.

Pero vemos más pobreza entre los niños y los ancianos. Los índices de hambre aumentaron de manera significativa.

El oxígeno de El Salvador son las remesas que envían las familias salvadoreñas que viven en EEUU.

Cuando estas personas regresan a El Salvador, intentan imitar el estilo de vida de las clases altas y presumen gastando de manera irresponsable miles de dólares para impresionar a sus familiares pobres. Inventan historias sobre las grandes riquezas que tienen en EEUU.

Esos mitos están quedando lentamente al descubierto, ya que $100 ó $200 dólares solamente pueden durar unos pocos días, incluso en El Salvador. Los alimentos, el alquiler y los precios del combustible están ahogando lentamente a los salvadoreños en su tierra natal.

No hay dudas de que estamos en una economía globalizada. El mercado de acciones de EEUU tiene dificultades y la avaricia de las corporaciones afecta a América Latina.

Esperemos que los gobiernos de América Latina aprendan que la avaricia puede tener como resultado pesadillas económicas.

La duda permanece, ¿las tarifas y costos adicionales e inmorales dejarán de existir en El Salvador si los salvadoreños que viven en EEUU hacen suficiente presión? Enviamos más de $2,500 millones en remesas, por lo que deberíamos exigir que empresas como la aerolínea TACA, que obtiene grandes ganancias, respeten a sus clientes salvadoreños. No más marufas.

Randy Jurado Ertll es salvadoreño y director de una organización local sin fines de lucro. randyertll@yahoo.com

The Pantagraph
Obama needs to reform the prison system
November 23, 2008

As president, Barack Obama should not neglect the invisible young men and women who are in our prisons.

He campaigned on a pledge of change. And one profound change he could help bring about is reforming our criminal justice system.

Today, we are warehousing 2.1 million people in jail or prison, more than any other country in the world.

Many are in prison because of the so-called war on drugs, which has been a huge failure and is bankrupting state budgets. "Drug offenders in prison and jails have increased 1,100 percent since 1980," according to the Sentencing Project, a nonprofit prison reform group based in Washington, D.C.

Our criminal justice system is discriminatory. "African-Americans comprise 14 percent of regular drug users, but are 37 percent of those arrested for drug offenses and 56 percent of persons in state prison for drug offenses," according to the Sentencing Project.

"More than 60 percent of the people in prison are now racial and ethnic minorities," the group notes. "For black males in their 20s, one in every eight is in prison or jail on any given day."

Many of these youth were not given the proper opportunities to obtain a quality education and many come from abusive households. The great majority of these youth live in poverty, where violence and incarceration is common.

Don't get me wrong. I am not defending or justifying criminal acts. Individuals who commit them need to be held responsible. But we, as a society, need to get at the root of this violence, as well as balance the scales of our justice system.

Obama should prioritize gang prevention and intervention programs that include youth-education and job-creation elements. Such programs can counteract the hopelessness that afflicts so many of our young people of color. We must change the defeatist mentality that says, "I don't give a damn — I'm going to end up in prison anyway or I'm going to die soon."

Obama ran on change and he ran on hope. He has an opportunity to continue inspiring and motivating our youth, whether they live in the urban ghettos or suburbs. To do so effectively, he needs to root out the bias in our criminal justice system and support effective gang and violence prevention programs.

A generation depends on this.

Randy Jurado Ertll is a former congressional staff member in Washington, D.C., and currently the executive director of a nonprofit community-based organization.

The Progressive Magazine
Hilda Solis should be secretary of labor
February 17, 2009

The Senate should confirm Rep. Hilda Solis, D-Calif., as secretary of labor.

And the Latino community should be outraged that Republicans are trying to torpedo this eminently qualified nominee.

She comes from an immigrant family, and she has worked very hard to succeed. She served in the Carter administration, and then won election to the California state legislature. There, she chaired the Senate Industrial Relations Committee and was instrumental in increasing the state's minimum wage.

Now serving her fourth term in Congress, Solis is the first Latina to get a seat on the House Committee on Energy and Commerce. She's the former co-chair of the Congressional Caucus for Women's Issues. And she was the first woman to win the John F. Kennedy Profile in Courage Award back in 2000 for her work on issues of environmental justice.

Yes, she's pro-labor, and there's nothing wrong with that — especially for someone who will be running the Labor Department.

But Republicans are out to get her, and they've seized on a tax issue.

It wasn't Hilda Solis who hadn't paid her taxes. It was her husband. She shouldn't be targeted since her tax payments are separate from the sole proprietor auto repair shop that her husband owns. And, anyway, he recently paid those taxes, which came to less than $6,500.

Still, the attacks continue against Rep. Solis.

Republicans see her as a threat because she is a sponsor of the Employee Free Choice Act, which makes it easier for workers to join unions, and because she is the treasurer of the pro-labor group American Rights at Work.

But it would be refreshing, for a change, to have someone at the top of the Labor Department who appreciates how hard it is to join a union today, who understands that employers routinely fire union organizers, even though it is illegal to do so, who intends to strengthen and enforce the labor laws of this country — and not look away when employers exploit their work force.

The hardworking men and women, who toil in low-skilled jobs, are the true heroes of our economy. They work, day in and day out, extra hours to pay the rent, buy food, and purchase clothes for their children. They pick our fruit and vegetables. They work in the kitchens of our restaurants. They are the seamstresses, janitors, street vendors, child-care workers and nursing home attendants.

They deserve a champion in Washington.

Lord knows, the business community has plenty there already.

Randy Jurado Ertll is a former congressional staff member.

Real Clear Politics
Homelessness must be given top priority
April 3, 2009

We need to do more to address the problem of homelessness. Homeless rates continue to rise in the United States now more than ever due to our severe economic crisis.

Last week, President Obama was asked about the problem at his news conference. To his credit, he gave a compassionate response.

"Part of the change in attitudes that I want to see here in Washington and all across the country," the president said, "is a belief that it is not acceptable for children and families to be without a roof over their heads in a country as wealthy as ours."

But today families make up 34 percent of the homeless population, and one in every 50 children is homeless in America, according to the National Center on Family Homelessness. The homeless are disproportionately black and brown, 43 percent black and 15 percent Hispanic, according to the center. And the faces of the homeless are getting younger, especially among the Latino community.

Many of the Latino parents who end up being homeless do not speak English and sometimes they do not know where to seek aid. Also, some organizations that work on homeless issues do not know how to reach out to them.

For all children, homelessness is especially tragic. They worry about where they're going to sleep at night. They worry about their own safety _ and that of their parents. They often feel ashamed and keep it a secret from their teachers or school administrators. Many have difficulty concentrating on their academics and cannot do their homework under a bridge or in the cramped, smelly, cheap motel rooms where illicit activities are rampant. They move from school district to school district sometimes several times a year, which makes it even harder for them to make the grade.

As taxpayers, we must demand that our government help alleviate this problem.

Instead of just bailing out and saving countless financial, automobile and insurance institutions, our government should also help the homeless children in our midst. Investing in these children would cost a mere fraction of what it's costing us to bail out corporate America. And we have a moral imperative to do so.

Insufficient funding to help homeless children must not be tolerated any longer.

Let's not ignore the homeless issue. Let's not pretend that homeless children do not exist.

They do. And it's our shame.

Randy Jurado Ertll, executive director of a non-profit organization.

La Opinión
Evitar tiroteos policiales
24 de septiembre de 2010

Luego del reciente tiroteo que cobro la vida de Manuel Jamines a manos de miembros del Departamento de Policia de Los

Angeles, las ciudades de todo el pais deben resolver esta grave problematica. La muerte de Jamines ocurrida el 5 de septiembre deencadeno varia noches de protesta. Jamines fue acusado de sujetar un cuchillo y negarse a soltar el arma, aunque al menos uno de los testigos niega la existencia de dicha arma. Jamines provenia de Guatemala, y fue asesinado en un vecindario poblado por latinos y Filipinos de bajos ingresos donde existe una gran tension con la policia. Este es uno de los vecindarios mas desatendidos y empobrecidos de la ciudad.

No olvidemso que son fondos provientes de los contribuyentes los que le pagan al Departamento de Policia de Los Angeles (LAPD, en ingles) para "Proteger y Service." Debemos recordarles a las fuerzas del orden public su obligacion de brindar servicios adecuados para generar seguridad y confianza, no solo en las zonas acaudaladas, sino tambien en las areas pobres.

Si bien el agente de policia que le disparo a Jamines era tambien latino, LAPD cuenta con 117 miembros en altos mandos, pero de ellos solo 14 son latinos. Esto no conduce con los datos demograficos de Los Angeles, donde casi el 50% de la poblacion es hispana. El alcalde Antonio Villaraigosa y el jefe de LAPD, Charlie Beck, tienen la obligacion de llevar a cabo una investigacion independiente y en profundidad que respond alas interrogantes planteadas por nuestra comunidad.

De todas formas, esta problematica trasciende al LAPD. Agentes de policia en departamentos de todo el pais han hecho uso de fuerza letal en circunsancias dudosas. El 1 de enero de 2009, un agente de transito de raza blanca en Oakland, CA disparo y mato a Oscar Grant, un hombre de raza negra, mientras este ultimo se encontraba contenido en el suelo. En 1991, un inmigrante salvadoreño recibio un disparo por parte de un agente de policia de raza negra, lo que tuvo como resultado disturbios durante dos dias en la zona de Mount Pleasant en Washington D.C. La falta de agentes de policia bilingues y la inestabilidad cultural han contribuido a la desconfianza y a generar antagonismo entre la comunidad y el departamento de policia.

Y por supuesto, no podemos olvidar la golpiza a Rodney

King por parte de cuatro agentes de policia de raza blanca. Estos agentes fueron absueltos el 29 de abril de 1992, y la comunidad se sintio indignada que los disturbios duraron tres dias, lo que causo muchas muertes y mas de mil millones de dolares en danos a la propiedad.

Los consejos municipals y las comisiones de supervision policial deben establecer politicas mas estrictas para el uso de la fuerza letal. Confiemos y pidamos para que estos tipos de tiroteos puedan evitarse en el future a traves de la implementacion de tacticas mas eficaces para contener o desarmar a las personas que plantean un peligro inminente tanto a los ciudadanos civiles como a los agentes policiales. De lo contrario, solo aumentara la desconfianza y la falta de respeto hacia los agentes de policia en las comunidades pobres. Debemos evitarlo, ya que es lo ultimo que necesitamos.

Director ejecutivo de una organizacion comunitaria.

La Opinión
Visita es una oportunidad para el cambio
13 de febrero de 2011

El presidente Barack Obama pronto visitará Chile, Brasil y El Salvador, ? podrá llevar algo más que un mensaje de esperanza?

Los ciudadanos de estos tres países deben exigir que se realice una mayor inversión en la educación y la generación de puestos de trabajos como algo esencial para reducir el flujo de inmigración forzada a los Estados Unidos.

En particular, los salvadore?os deben exigirle a su propio gobierno que invierta en programas sociales que son fundamentales para combatir las pandillas y los altos índices de violencia en El Salvador.

El Salvador cuenta con uno de los índices más altos de inmigración y sus ciudadanos deben abandonar su país y poner en riesgo sus vidas al cruzar Guatemala y México.

Los Estados Unidos no pueden comprometerse a invertir miles de millones de dólares en asistencia hasta que se garantice

que el dinero sea usado para implementar programas que
beneficien a los más necesitados, y no a aquellos en el poder.

El Salvador debe implementar con urgencia derechos
laborales para todos los trabajadores. Las maquilas en El
Salvador no están realmente generando puestos de trabajo
saludables y sostenibles. Los propietarios de las maquilas
dan prioridad a la mano de obra barata, y los trabajadores no
reciben ninguna protección.

El presidente Obama y el presidente de El Salvador,
Mauricio Funes, también deben considerar otros asuntos, como
los temas relacionados con la protección ambiental. La tierra
en El Salvador continúa siendo saqueada, y continuamente se
destruyen árboles y zonas verdes, lo que genera una situación
caótica y peligrosa debido a la falta de buenos abastecimientos
de agua potable. Muchos países desarrollados se deshacen de
sus desechos contaminados en países pobres como El Salvador.

Además, El Salvador debe crear puestos de trabajo que
protejan el medio ambiente, y el gobierno debe asumir esta
prioridad para poder estabilizar la economía. Se deben
construir "escuelas verdes" , escuelas para la sustentabilidad
del mundo y del medio ambiente) en todo El Salvador,
especialmente en las áreas rurales pobres y marginadas. Los
ni?os deben aprender a leer y escribir, en vez de trabajar la
tierra o brindar mano de obra infantil.

Se debe capacitar y contratar a un plantel de miles de
maestros salvadore?os para que estas escuelas se conviertan
en un modelo exitoso a replicar en el resto de Latinoamérica.
La educación es la clave para prevenir la participación en las
pandillas.

Los temas laborales y ambientales están interconectados en
El Salvador. Si el gobierno salvadore?o es capaz de implementar
eficazmente protecciones laborales y ambientales - a través de
la generación de puestos de trabajo- - de esta forma se reducirá
el flujo de emigración hacia los Estados Unidos.

Los inmigrantes salvadore?os se enfrentan a un sinnúmero
de atrocidades y abusos a los derechos humanos al viajar en
autobuses o trenes e incluso caminar por zonas peligrosas de
Guatemala y México, donde los cárteles de la droga son muy

activos y participan en la actualidad en otros rubros además de las drogas, como el tráfico humano. Las Naciones Unidas han asumido una mayor participación para controlar esta cuestión de gran importancia.

Ciertamente, el tema de la atención médica puede abordarse capacitando a más médicos salvadore?os y preparándolos para ayudar a los ni?os y a los ancianos, ofreciendo servicios de bajo costo o gratuitos en zonas rurales o áreas urbanas pobres.

Se pueden ofrecer visas provisorias a cierta cantidad de estudiantes de programas doctorales, ingenieros y arquitectos salvadore?os, que estarán obligados a regresar para trabajar en su país como profesionales gracias a la capacitación profesional que recibieron en los Estados Unidos. Esta sería una forma de retribuir a su país los conocimientos y oportunidades recibidas.

Estos estudiantes pueden devolver el dinero al gobierno de El Salvador o de EE.UU., a través de préstamos estudiantiles de bajo interés, y también mediante contratos de trabajo durante un a?o en los que ofrezcan servicios de bajo costo o gratuitos para ayudar a los enfermos.

En términos generales, El Salvador tiene el potencial de convertirse en un Hong Kong o Taiwan, si cuenta con el énfasis y el apoyo adecuado de los Estados Unidos. La clase obrera está comprometida y es muy trabajadora, solo necesitan oportunidades y puestos de trabajo que garanticen la protección a los trabajadores.

Los bancos y las demás entidades empresariales continúan dando la prioridad a las ganancias provenientes de las remesas, pero no destinan una parte de ellas a crear proyectos sociales que beneficien a los pobres. Esto debe cambiar en forma inmediata.

Los bancos deben comprometerse a establecer programas sociales que ayuden a los más necesitados, a fin de lograr una estabilidad económica a largo plazo. Conocemos algunos excelentes modelos de incubadoras de peque?as empresas, como los de Pakistán e India. Pero el compromiso debe ser real y el gobierno de El Salvador debe ser vigilado y hacerse responsable para poder evitar el uso indebido de fondos de ayuda económica.

La ayuda humanitaria y económica debe alcanzar a la clase obrera y no las cuentas bancarias personales o privadas de los políticos o de los ricos.

La soberanía y la promoción de la autonomía en Latinoamérica son ingredientes clave para poder plantar las semillas de la estabilidad económica, social y política para sus propios pueblos. Los latinoamericanos no merecen menos de los líderes electos por el pueblo.

Los habitantes de El Salvador necesitan trabajo y un entorno seguro libre del crimen, para que no verse forzados a emigrar a los Estados Unidos.

No hay dudas de que el presidente Barack Obama llevará un mensaje de esperanza a El Salvador. Pero lo que el pueblo de El Salvador realmente necesita es un verdadero cambio y oportunidades laborales, que deben ser creadas por su propio gobierno y por los líderes empresariales. Sin duda, la ayuda económica de los Estados Unidos sería un apoyo invalorable. De esta manera, el presidente Obama podría decir, "?Sí, podemos!".

Randy Jurado Ertll. autor del libro "Hope en Times of Darkness: A Salvadoran American Experience". www.randyjuradoertll.com

Daily News
Salvadorans need jobs, real change
February 20, 2011

President Barack Obama will visit Chile, Brazil, and El Salvador in March. Will he deliver more than just hope?

The citizens of these three countries must demand that investment in education and job creation is essential, in order to reduce the flow of force migration to the United States.

More specifically, Salvadorans need to demand from their own government, that investment in social programs is essential in combating gangs and violence rates in El Salvador.

El Salvador has one of the highest rates of forcing their citizenry to migrate and risk their own lives while crossing Guatemala and Mexico.

The United States cannot commit to invest billions of aid money until there is an assurance that the money will be used to implement programs that will benefit the neediest, and not the ruling parties.

Implementation of worker labor rights is urgently needed in El Salvador. The maquilas in El Salvador are not necessarily creating sustainable and healthy jobs. The maquila owners focus on cheap manual labor and the workers do not get any worker protections.

Obama and El Salvador's President Mauricio Funes must address issues of environmental protection. The land in El Salvador continues to be plundered and the trees and green areas are continually being destroyed, creating chaos and a dangerous situation in regards to lack of healthy drinking water supplies. Many developed countries dump their contaminated waste in poor countries like El Salvador.

Also, green jobs need to be created in El Salvador and the government must make this a priority in order to stabilize the economy. Schools need to be built throughout El Salvador - especially in the poor, marginalized rural areas. Children need to learn how to read and write instead of just working the land or providing child labor.

A cadre of thousands of Salvadoran teachers needs to be trained and hired to make these schools a successful model throughout Latin America. Education is the key in prevention of gang involvement.

Labor and environmental issues go hand in hand in El Salvador. If the Salvadoran government is able to effectively implement labor and environmental protections - through job creation - then the flow of emigration to the United States will diminish.

Too many atrocities and human rights abuses are occurring to Salvadoran immigrants when they have taken buses, trains, and even walked through dangerous areas of Guatemala and Mexico - where the drug cartels are active and are now involved in more than just drugs, but also in human trafficking. The United Nations can become more involved to monitor this very important issue.

Of course, the issue of health care can be tackled by training more Salvadoran doctors and preparing them to help children and the elderly, at low costs or free services in rural or poor city areas.

A certain number of Salvadoran doctoral students, engineers, architects can be allowed to obtain temporary visas - with the enforcement that they will return to work in their home land, as professionals, to give back to their own country, through the professional training that they receive in the United States.

These students can pay back the Salvadoran or U.S. government, through low-interest student loans and by agreeing to do a year of free or low costs services to help the ailing and sick.

Overall, El Salvador does have the potential to become a Hong Kong or Taiwan, with the right focus and support from the United States. The labor force is committed and hardworking; they just need opportunities and jobs that will guarantee worker protections.

The banks and other business entities continue to have a stronghold in making profit from the remittances and these profits are not being used for developing socially conscious projects that will benefit the poor. This must change immediately.

The banks must commit to establishing social programs to help the neediest - to commit to long-term economic stability. We know of some great models of small business incubators - in Pakistan and India. But the commitment must be real and the government of El Salvador must be monitored and held accountable - in order to prevent any misuse economic aid funds.

Humanitarian and economic aid must trickle down to the working class and not the private or personal bank accounts of the politicians or the wealthy.

Latin American self-government and self-empowerment are key ingredients in order to plant the seeds of economic, social, and political stability, for their own people. Latin Americans deserve nothing less from their own elected leaders.

The people of El Salvador need jobs and a safe environment from crime so that they will not be forced to come to the United States.

Barack Obama will definitely bring hope to El Salvador. But what the people of El Salvador really need is real change and job opportunities, that must be created by their own government and business leaders. Of course, economic aid from the U.S. would help tremendously and Obama, can then say "si podemos" (yes we can) to the Salvadoran people.

Randy Jurado Ertll author of the book "Hope in Times of Darkness: A Salvadoran American Experience." His website is www. randyjuradoertll.com

La Opinión
Obama y Romero
23 de marzo de 2011

El Salvador

El viaje del presidente Obama a El Salvador significa mucho para el pueblo salvadoreño y puede ayudar a cerrar algunas heridas de la Guerra Civil.

El presidente Barack Obama está en El Salvador hasta el día de hoy enn reuniones oficiales y visitando la tumba de Monseñor Romero, que fue asesinado hace 31 años.

El Papa debería canonizar a Monseñor Oscar Arnulfo Romero, de El Salvador, y el presidente Barack Obama debería apoyar esa iniciativa.

El viaje del presidente Obama despertó un gran entusiasmo en el pueblo de El Salvador. Además, es un giro de 180 grados con respecto a la política exterior de Estados Unidos, ya que está dispuesto a visitar la tumba del religioso que fue asesinado hace tres décadas por escuadrones de la muerte salvadoreños vinculados con el ejército de ese país. Romero entregó su vida defendiendo los derechos de los pobres y haciendo frente a la brutalidad de los poderosos.

Él fue asesinado el 24 de marzo de 1980. El día anterior había pedido públicamente al ejército salvadoreño y a la Guardia

Nacional que dejaran de asesinar a sus propios hermanos y hermanas. Después de su homicidio se siguió derramando sangre, ya que más de 80,000 salvadoreños fueron asesinados -y decenas de miles fueron torturados- durante los siguientes 12 años de guerra civil. Cientos de miles fueron obligados a huir del país y venir a Estados Unidos.

La mayoría de las muertes ocurrieron en manos del ejército salvadoreño y fuerzas paramilitares, que recibían entonces apoyo del gobierno de Estados Unidos. Por eso es muy importante el viaje del presidente Obama a El Salvador, especialmente porque el mandatario estadounidense Obama estaba interesado en la política en América Central cuando era estudiante en Occidental College, de Los Ángeles. Allí se mostró particularmente interesado en el asesinato del arzobispo Romero y la violencia que estaba surgiendo en 1980.

De todas maneras, los ciudadanos estadounidenses pueden preguntarse quién es el arzobispo Romero. Durante muchos años, Romero brindó servicios a las familias ricas de El Salvador. Pareció esconderse de las crueles injusticias que estaban sucediendo en su país.

Pero tuvo una experiencia que cambió su vida cuando visitó un poblado pobre conocido como "Los Naranjos". Allí se dio cuenta de que los niños se morían de hambre y que los campesinos eran básicamente esclavos obligados a trabajar la tierra. Vio que sufrían abuso y maltrato. Comprendió que no podían hablar ni denunciar las injusticias. Si lo hacían, los esperaban la tortura, golpizas o la muerte.

Otro momento decisivo para Romero sucedió en 1977, cuando su amigo y colega sacerdote, Rutilio Grande, fue asesinado a sangre fría.

Y así fue que comenzó a hablar por los pobres y los perseguidos. Y cuando los escuadrones de la muerte salvadoreños asesinaron brutalmente a los defensores de los trabajadores, a quienes organizaban a los campesinos, a quienes trabajaban por los derechos humanos y a líderes religiosos, Romero denunció esos horrores en tiempos difíciles.

"Yo quisiera hacer un llamamiento, de manera especial, a los hombres del ejército. Y en concreto, a las bases de la

Guardia Nacional, de la policía, de los cuarteles", dijo en su último sermón. "Hermanos, son de nuestro mismo pueblo. Matan a sus mismos hermanos campesinos. Y ante una orden de matar que dé un hombre, debe prevalecer la ley de Dios que dice: 'No matar'. ... Les suplico, les ruego, les ordeno en nombre de Dios: Cese la represión".

Treinta y un años han pasado desde que Romero fue asesinado, pero su espíritu y su legado siguen vivos. Él tuvo que soportar muchas acusaciones y difamaciones. No era un arzobispo comunista, como fue tildado falsamente. En el fondo, era un verdadero hombre de Dios.

Millones de salvadoreños honran a Romero como héroe nacional. Por eso la visita del presidente Obama a su tumba es tan importante y puede ayudar a cerrar esas heridas.

El actual arzobispo de San Salvador, José Luis Escobar Alas, anunció el año pasado que había escrito a Roma para pedir que Romero fuera canonizado "lo más pronto posible" y que el Papa lo declarara "San Romero de las Américas". El arzobispo Romero no murió en vano. Mantengamos vivo su legado apoyando los esfuerzos para que sea declarado santo.

El presidente Obama debe apoyar esta medida y también escribir una carta oficial instando al Papa a que declare santo al arzobispo Romero.

Es lo menos que merece.

Randy Jurado Ertll es autor del libro "Hope in Times of Darkness: A Salvadoran American Experience" www.randyjuradoertll.com

La Opinión
La clínica Romero
    8 de julio de 2011

Uno de los papeles fundamentales de las organizaciones sin fines de lucro de nuestra sociedad es ayudar a las personas más carenciadas mediante la prestación de servicios y programas, pero en este proceso, muchas de estas organizaciones desvían su misión de ayudar a los más necesitados y en vez se involucran en actividades polémicas y autodestructivas.

El caso más reciente y polémico ocurrido en Los Ángeles involucra a la Clínica Romero, una organización sin fines de lucro. Esta organización de la comunidad fue fundada a comienzos de la década de 1980 para ayudar a los refugiados centroamericanos a cuidar su salud y recibir atención médica. La Clínica Romero dejó de ser una pequeña organización de base en la comunidad para convertirse en una importante institución multimillonaria, que tiene un presupuesto de más de 10 millones de dólares y actualmente cuenta con tres sucursales. Es la excepción a la regla, ya que la mayoría de las organizaciones sin fines de lucro que ayudan a centroamericanos tienen presupuestos pequeños en comparación con la Clínica Romero.

Esto puede deberse a que la organización creció demasiado rápido para intentar satisfacer las necesidades de la comunidad. También ha dependido mucho del apoyo brindado por el gobierno, que recientemente redujo drásticamente los fondos destinados a las organizaciones sin fines de lucro.

Sin duda, la Clínica Romero ha jugado un papel fundamental al ayudar a miles de personas a tener acceso a la atención médica, pero también es claro que ha sufrido un gran impacto debido a la recesión económica.

Desafortunadamente, ahora oímos acusaciones y rumores de que el actual director ejecutivo y el presidente de la junta directiva participaron en actividades ilícitas, y se han organizado manifestaciones públicas en protesta, exigiendo sus renuncias. Sin embargo, no podemos olvidar que por ahora son solo acusaciones y rumores. Debemos valorar y respetar el lema de "inocente hasta que se demuestre culpable".

Muchos empleados fueron despedidos recientemente, ya que la recesión económica no ayudó ala Clínica Romero a recaudar suficientes fondos, y dichos despidos han generado mucha irritación. Además, la Clínica Romero es claramente la excepción a la regla, ya que cuenta con un sindicato de trabajadores que representa al personal.

En última instancia, son los pacientes los que más sufren a causa de estos conflictos. Es cierto que es responsabilidad de la junta directiva realizar una gestión a nivel de macroinstitución y ayudar a garantizar que el presupuesto esté saneado. Sin embargo, las operaciones diarias son responsabilidad del director ejecutivo, quien debe contratar personal competente y eficaz para el desarrollo y la recaudación de fondos. Lo que la Clínica Romero necesita es una estrategia inmediata para poner en orden sus finanzas y trabajar en equipo. El resto de los miembros de la junta, la gerencia y el sindicato de trabajadoresdeben actuar con racionalidad y concentrarse en recaudar fondos para ayudar a la Clínica Romero a superar este difícil período. Es más fácil hacer acusaciones destructivas que ayudar a recaudar los fondos necesarios para poder continuar ofreciendo estos servicios de salud vitales.

La dinámica de los reproches y de las culpas no generará subsidios federales, estatales ni locales, ni tampoco subsidios por parte de fundaciones. La Clínica Romero es vital para la comunidad salvadoreña/centroamericana, que lleva el nombre del arzobispo Romero, asesinado por una cuadrilla de la muerte en 1980 mientras celebraba una misa. Su deseo era que los pobres fueran tratados con dignidad y respeto.

El arzobispo Romero sentiría mucha desilusión si viera a la Clínica Romero sumergida en esta polémica, en que su personal, que supuestamente son personas progresistas, pelea entre sí y se ataca mutuamente.

Todas las partes involucradas en los asuntos de la Clínica Romero deben hacerse responsables ante los miembros de la comunidad a la que sirven. La junta directiva y el director ejecutivo deben actuar y recolectar los fondos necesarios para ayudar a la Clínica Romero a superar las graves dificultades económicas.

También sería muy constructivo que las personas más indignadas con este asunto ayudaran a recaudar fondos para salvar a la Clínica Romero. No hay tiempo para continuar con luchas internas y actitudes autodestructivas.

La Clínica Romero debe trascender la polémica y las protestas, su papel es servir a los más necesitados mediante la prestación de servicios de atención médica. El arzobispo Romero entregó su vida peleando por los pobres. Ya que esta organización sin fines de lucro eligió llevar el nombre del arzobispo Romero, la Clínica Romero debe proteger su reputación e integridad para continuar sirviendo a los más necesitados.

Randy Jurado Ertll, director ejecutivo de una organizacion comunitaria.

Pasadena Weekly
Idle hands: Creating work for young people is a good step toward reforming our criminal justice system
September 1, 2011

President Obama should not neglect the invisible young men and women who are in our prisons.

Let's not forget that Obama campaigned on a pledge of change. And a couple of profound changes he could help bring about are reforming our criminal justice system and creating real jobs for our disillusioned and frustrated young adults.

Today, we are warehousing 2.1 million people in jails or prisons — more than any other country in the world.

Many are behind bars because of the so-called war on drugs, which has been a huge failure and is bankrupting state budgets. "Drug offenders in prison and jails have increased 1,100 percent since 1980," according to the Sentencing Project, a nonprofit prison reform group based in Washington, DC.

Our criminal justice system is discriminatory. "African-Americans comprise 14 percent of regular drug users, but are 37 percent of those arrested for drug offenses and 56 percent of persons in state prison for drug offenses," according to the Sentencing Project.

"More than 60 percent of the people in prison are now racial and ethnic minorities," the group notes. "For black males in their 20s, one in every eight is in prison or jail on any given day."

Many of these youth were not given the proper opportunities to obtain a quality education and many come from abusive households that have high rates of alcohol and drug use. The great majority of these youth live in poverty, where violence and incarceration is common. Also, they do not have professional networking opportunities that upper-middle-class and upper-class young adults have. Many also do not have the proper household arrangements where they can concentrate and focus on studying.

Don't get me wrong. I am not defending or justifying criminal acts or making excuses. Individuals who commit crimes need to be held responsible. The concept of personal responsibility must be taught and shared among our youth. We must teach our youth that negative actions will most likely result in negative results.

But we, as a society, need to get at the root of solving socioeconomic disparities that lead to violence. Our justice system needs to be reexamined and adjusted to meet the current needs of our society.

Obama should prioritize gang prevention and intervention programs that include youth-education and job-creation elements. Such programs can counteract the hopelessness that afflicts so many of our young people of color. We must change the defeatist mentality that says, "I don't give a damn — I'm going to end up in prison anyway or I'm going to die soon."

Many of these youth have lost motivation, and we must restore equitable opportunities for the needs of our fellow citizens. Also, our youth must take responsibility in demanding a quality education from their public schools and advocate for equitable distribution of resources from their local city government representatives.

Our young adults must be taught key skills such as preparing a resume, understanding student loans, learning how to properly interview, and be willing to seek entry level jobs.

It is essential for President Obama and his administration to build programs that will truly help create real jobs at the grassroots level. The government-funded agencies that supposedly help provide training to obtain jobs are not enough — qualified individuals must be referred to places where they will have a shot of actually getting a job and not just promises.

We know the cliché "we will keep your resume on file" and we know that it will most likely get ignored, deleted or thrown in the trash can.

Obama ran his campaign on change and hope. We know that he promised positive change for our youth and that he is under-delivering for the working class families of America. He still has to go a long way to accomplish his promises. Our youth deserve to be given the opportunity to grow and be productive members of our society. We cannot stop inspiring and motivating our youth, whether they live in the urban ghettos or suburbs.

To do so effectively, he needs to root out the bias in our criminal justice system and support effective gang and violence prevention programs. He needs to establish and implement a plan that truly creates jobs for our youth. Otherwise, the frustrations and hopelessness will continue to grow.

Let us not forget that it is the responsibility of both major political parties, Democrats and Republicans, to create real jobs. A generation of low-income young people deserves real opportunities and jobs.

Democrats and Republicans, please stop the blame game, and start creating jobs. America's future depends on it.

Randy Jurado Ertll, executive director of El Centro de Accion Social, is the author of "Hope in Times of Darkness: A Salvadoran American Experience" (Rowman & Littlefield Publishing Group). Please visit randyjuradoertll.com.

Daily News
Improve policies on police lethal force
October 1, 2011

Thre is a significant need to revise policies governing the use of lethal force by police departments. This issue has become even more relevant with the just-released report by the Police Assessment Resource Center.

The semiannual report conducted with special counsel Merrick J. Bobb notes that "61% of suspects in state of mind shootings turn out to be unarmed. What troubles us is that African American or Latino youth is more likely to be the subject of a mistaken perception of dangerousness than is a white or Asian person."

The report goes further. "Latinos appear to be significantly overrepresented in shooting incidents in comparison to their overall arrest rates, while white suspects are underrepresented."

Regardless of race or ethnicity, police-related beatings and shootings need to be investigated and monitored more closely. On the heels of the brutal and fatal beating of Kelly Thomas, who was homeless and suffered from schizophrenia, by Fullerton police officers Jay Cicinelli and Manuel Ramos, cities around the country should grapple with this issue. The two officers have been charged with second-degree murder and involuntary manslaughter.

The case will now go to trial, and the jury will have to decide whether the officers are guilty or not. Let us not forget that it is taxpayer money that pays police officers "to protect and to serve."

We must remind law enforcement to provide suitable services to create safety and trust, not just in affluent areas, but also in poor and middle-class areas. It is a tragedy and an injustice what occurred in Fullerton, a city in Orange County where we would expect that police officers would be more respectful of its citizen civil rights since a majority of police abuse occurs in poor, neglected neighborhoods.

The Fullerton mayor, City Council, and the chief of police have an obligation to establish an independent citizen's commission that will oversee future police misconduct and to monitor how the Fullerton Police Department treats its citizens.

Kelly Thomas' case may have been ignored if he were not the son of Ron Thomas, a retired Orange County sheriff's deputy. Ron Thomas has led a citywide effort to bring justice to his murdered son. He is persistent and not afraid, especially because he has countless supporters and he knows how our legal system favors the more affluent.

Wealthy individuals and powerful bureaucracies can hire

high caliber criminal defense attorneys while the poor usually get sentenced since they cannot afford seasoned, well-known, expensive attorneys.

Police officers in departments around the country have used lethal force in many questionable circumstances.

Here are some of the most notorious in the last couple of decades - the ones, at least, that the public is aware of. Many cases go unnoticed or unreported since the families of the victims are afraid to speak up or do not know how to access media attention and political support.

On Jan. 1, 2009, a white transit officer in Oakland shot and killed Oscar Grant, a black man, while he was being subdued on the ground.

Back in 1991, a Salvadoran immigrant was shot by an African-American police officer and rioting occurred for two days in the Mount Pleasant area in Washington, D.C. Lack of bilingual police officers and cultural insensitivity had built up into distrust and antagonism between the community and the police department.

Of course, we cannot forget the savage beating of Rodney King by four white police officers. These officers were acquitted on April 29, 1992, and the community was so outraged that rioting lasted for three days resulting in many deaths and more than $1billion in property damages.

City councils and police oversight commissions must devise clearer and more stringent policies for the use of lethal force.

Let's just hope and pray that these types of shootings can be prevented in the future through the implementation of better tactics to subdue or disarm individuals who pose a clear and present danger to civilians and police officers. Also, police officers should also be trained in how to better communicate and treat individuals who have mental and physical challenges.

The Police Assessment Resource Center says that "the problems we describe can be resolved or substantially ameliorated by further training, strict accountability, and focused attention."

Otherwise, the distrust and disrespect towards police

officers will only continue to rise, not just in poor communities, but also in middle-class areas too.
That's the last thing we need.

Randy Jurado Ertll is the executive director of El Centro de Accion Social in Pasadena and the author of the book "Hope in Times of Darkness: A Salvadoran American Experience" His website is www. randyjuradoertll.com

La Opinión
El Movimiento Ocupar Debe Ser Mas Diverso
31 de Diciembre de 2011

El Movimiento Ocupar se compone principalmente de personas blancas, de bajos ingresos y de clase media que protestan como forma de denunciar a la codicia corporativa. Debido a la frustración generada por las desigualdades y las injusticias de la codicia corporativa, los activistas han organizado manifestaciones durante varios meses en todo el país.

Exigen un cambio en la forma en que las corporaciones llevan a cabo sus negocios, distribuyen sus exorbitantes ganancias, y también buscan reducir la brecha que existe entre los ricos y las demás personas, entre otros temas.

Los miembros del Movimiento Ocupar señalan que los puestos de trabajo ofrecidos a nivel local cada vez son menos y desean que el gobierno y las corporaciones de EEUU generen empleos para la clase pobre y media. Están cansados de que las corporaciones se trasladen a países en vías de desarrollo para aprovechar la mano de obra barata y así obtener más ganancias.

Los manifestantes del Movimiento Ocupar han sido descritos como hippies, socialistas, personas enfurecidas, perezosas, drogadictas y desequilibradas.

El hecho es que esas descripciones no son ciertas y por lo contrario, el movimiento capta la atención pública porque sus protestas invitan a analizar la disparidad cada vez mayor en la distribución de la riqueza, que ahora afecta directamente a la población de clase media dominante.

Lo que solía ser la clase media hoy forma parte de la nueva clase de bajos ingresos de EEUU, y vale la pena prestar atención a esto ya que nos encontramos retrocediendo económicamente. En su publicación del 5 de agosto de 2011 The Economist señala que el "Centro Pew indica que entre 2005 y 2009 el promedio de riqueza en los hogares hispanos (ajustado según la inflación) bajó un 66% — considerablemente peor que el descenso del 53% registrado durante el mismo período en los hogares de afro-americanos, y mucho peor que el descenso, que de todas formas se considera importante, del 16% en los hogares blancos".

Lo que los latinos han sentido durante tantas décadas en los Estados Unidos, se ha expandido a la cultura dominante, la clase media blanca. Muchas veces los latinos han sido dejados de lado, ignorados, golpeados y encarcelados por llevar a cabo manifestaciones en zonas rurales y en grandes ciudades. Algunos ejemplos son las golpizas de los Trabajadores Agrícolas Unidos (UFW en inglés) liderados por César Chávez y La Moratoria Chicana de 1970, donde el conocido periodista Ruben Salazar fue asesinado por un agente del departamento del sheriff.

Hoy día experimentamos una nueva dinámica: la clase media se está convirtiendo en el sector más visible del Movimiento Ocupar. Están denunciando que las clases pobre y media son las que pagan más impuestos, mientras que los ricos obtienen beneficios y no pagan lo que les corresponde. Hemos visto imágenes de los miembros del Movimiento Ocupar mientras son golpeados y arrestados, especialmente el veterano de guerra de Irak, Kayvan Sabehgi, que fue golpeado por la policía de Oakland.

Las imágenes de la televisión también muestran que el Movimiento Ocupar no está compuesto principalmente de latinos o afro-americanos. Vemos las imágenes de los manifestantes y son predominantemente blancos.

Sin embargo, esto no significa que los latinos y demás minorías no deban unirse a esta causa. Es una gran oportunidad para los miembros más jóvenes de una generación con educación universitaria para participar en un movimiento de justicia social no violento.

Aunque la pregunta es: ¿El Movimiento Ocupar recibirá y tomará más medidas para reclutar a miembros de minorías? ¿O reflejará las divisiones/la segregación que ha existido entre los estadounidenses blancos y las comunidades de minorías, las que han sido relegadas a vivir en entornos urbanos y suburbanos con altos índices de pobreza?

Los líderes y activistas de la comunidad latina han señalado durante décadas cómo los fenómenos como la discriminación, la disparidad económica y la falta de oportunidades educativas y laborales han creado una subclase en los Estados Unidos.

La mayor parte de la comunidad latina y afro-americana cuenta con un bajo índice de graduados universitarios y pocos se desempeñan en cargos corporativos de poder como para ayudar a generar puestos de trabajo o contratar latinos y afro-americanos para cargos de influencia. Durante generaciones, la balanza de la igualdad no ha mantenido el equilibrio para las minorías, especialmente en lo que respecta a latinos y afro-americanos.

El Movimiento Ocupar resulta atractivo pero no refleja la realidad en que los latinos han estado viviendo durante décadas. Los temas que surgen y son cuestionados por este movimiento de clase media blanca forman parte de la realidad cotidiana de los latinos de clase obrera.

Sobrevivir y poder dejar atrás las zonas pobres ha sido un desafío para la mayoría de los latinos nacidos en EE.UU., especialmente dado que muchos inmigrantes se vieron obligados a abandonar sus países de origen debido a las dificultades económicas y políticas. Los inmigrantes latinoamericanos pobres han sido usados y explotados como mano de obra barata, y muchas veces han sido caracterizados como infrahumanos por algunos políticos irresponsables.

Resulta interesante que el Movimiento Ocupar haya sustituido de alguna forma la atención que el Movimiento en Defensa de los Derechos de los Inmigrantes recibió hace una década. En la actualidad, algunas de las organizaciones en defensa de los derechos de los inmigrantes latinos y sindicatos laborales decidieron apoyar al Movimiento Ocupar.

Pero más de 50 millones de latinos en los Estados Unidos no parecen sentirse lo suficientemente atraídos o involucrados con el Movimiento Ocupar; quizás no se les está ofreciendo cargos de liderazgo o no se los está invitando a ser parte de dicho movimiento. Además, el Movimiento Ocupar no ha convertido la Reforma Inmigratoria en una prioridad o al menos en uno de sus temas principales.

Prestemos atención a la diversidad de los participantes del Movimiento Ocupar, especialmente a los miembros que marcharán al final del Desfile de Rosas de Pasadena el 2 de enero de 2012. El mundo estará observando y verá cuál es su diversidad étnica, ¿será esa la realidad que está surgiendo en EEUU?

Randy Jurado Ertll, autor del libro "Hope In Times of Darkness: A Salvadoran American Experience"/ Esperanza en Tiempos de Oscuridad: La Experiencia de un Salvadoreño Americano

North Iowa Today
Occupy movement needs to be more inclusive
January 17, 2012

If the Occupy movement is to succeed this year, it needs to become more diverse. The movement is predominantly composed of white, low-income and middle-class individuals who are protesting to denounce corporate greed. Feeling frustrated due to the inequities in our economic system, activists have led months of protests throughout the United States.

The Occupy movement needs to recruit minorities not only to reflect accurately the ethnic diversity that does exist in the United States but also to respond to the fact that economic injustice falls most heavily on the backs of minorities.

The median wealth of white households is 20 times that of black households and 18 times that of Hispanic households, according to the Pew Research Center.

For their part, Latinos, blacks and other minorities should join the Occupy movement. It offers a great opportunity — especially for younger people — to participate in a nonviolent social justice struggle.

But we need to feel welcome. And there is no reason we shouldn't be. White Americans and minorities are all in this together.

The U.S. Census recently released statistics that designate half of the U.S. population, 146 million, poor or low income.

The Occupy movement has done a great job shedding light on the economic disparities in our country. Now it needs to find common cause with the labor, civil-rights and immigrant-rights movements both to broaden its base and to build the kind of political force that can make our economy fairer for everybody.

A movement that is seeking economic and social fairness must not exclude minorities.

Randy Jurado Ertll, executive director of one of the oldest Latino non profits in the United States.

La Opinión
La paz nunca llegó
28 de enero de 2012

El candidato presidencial Newt Gingrich mencionó recientemente a MS 13 durante el debate presidencial en Carolina del Sur. MS 13 es una tristemente célebre pandilla.

Newt Gingrich está inculcando miedo pero no está ofreciendo ninguna solución para ayudar a El Salvador a luchar contra el crimen y la violencia. En realidad, EEUU contribuyó a las condiciones actuales al deportar a miles de presos que habían sido encarcelados por problemas relacionados con pandillas. Las cárceles en El Salvador no tenían capacidad para albergar la interminable cantidad de presos deportados por EEUU.

Según el Departamento de Estado estadounidense, "El Salvador es uno de los diez países más violentos del mundo.

Tiene uno de los índices de homicidios más altos del mundo: 64.4 por cada 100,000 (2010)". Para reforzar aún más esta realidad, EEUU tuvo que retirar a sus voluntarios del Cuerpo de Paz debido a la terrible violencia, que hace que nadie esté seguro.

En la década de 1980, América Central era una zona conflictiva, y las visiones políticas del presidente Ronald Reagan inculcaron el miedo en EEUU al asegurar que el comunismo triunfaría en América Central y que con el tiempo llegaría a EEUU a través de un efecto dominó.

Estados Unidos gastó más de dos mil millones de dólares en El Salvador en apoyo a los gobiernos de derecha y a los militares. Fue un promedio de dos millones de dólares por día para la guerra civil de 12 años en la que murieron más de 80,000 personas.

El año 2012 marca el vigésimo aniversario de la firma de los Acuerdos de Paz en el Salvador en 1992, que pusieron fin a la sangrienta guerra civil. El comunismo ya es no más una amenaza importante en América Central, y la mayor parte de la atención se ha trasladado a Medio Oriente.

La guerra civil terminó prácticamente en un estancamiento, ya que los militares y los guerrilleros de izquierda salvadoreños nunca pudieron derrotar al otro bando. No hubo un ganador claro, y la pobreza y la violencia continúan aumentando.

Durante los ochentas, es asombroso que haya sido el dinero de los contribuyentes de EEUU lo que financió la llamada ayuda humanitaria que EEUU enviaba al gobierno militar de El Salvador. El dinero se usó para comprar armas y los líderes de ambos bandos se vendían armas entre sí en el mercado negro. El resultado eran grandes ganancias a costa de la sangre derramada por soldados y guerrilleros. La violencia y los asesinatos se convirtieron en algo común. Se perdió el respeto por la vida humana y muchos niños imitaban el comportamiento violento.

La firma de un pedazo de papel no hace desaparecer las atrocidades que ambos bandos cometieron, principalmente contra la clase trabajadora y la población campesina. Ninguno de los dos bandos se atrevió a tocar ni atacar a los ricos, y de todas maneras la mayoría de ellos abandonó el país.

Los Acuerdos de Paz fueron un avance importante, pero la verdadera paz nunca llegó a El Salvador. Ahora el partido político FMLN se encuentra en el poder. El FMLN eligió como candidato al centrista Mauricio Funes para ganar las elecciones presidenciales.

Los dos principales partidos políticos, el FMLN y el Arena, no han podido alcanzar la estabilidad socioeconómica. Ninguno de los dos bandos ha aceptado verdaderamente las atrocidades que cometieron contra la humanidad, que contribuyeron a la creación de pandillas violentas.

La participación obsesiva de los EEUU en América Central en la década de 1980 ya no existe. La ayuda exterior de EEUU es deplorable. EEUU eligió ignorar a América Central después del fin de las guerras civiles, y ahora esos países son algunos de los más violentos. La inversión en programas sociales nunca fue una prioridad. Alcanzar la paz ha sido una ilusión, y no se ha logrado.

Doce años es mucho tiempo para soportar una guerra civil sangrienta. Esperábamos que la pesadilla terminaría en 1992. Sin embargo, la pesadilla continúa y esperaríamos que los candidatos republicanos mencionaran América Central como una prioridad para ayudar a establecer la paz y la prosperidad. Pero no tienen visión de futuro.

Actualmente México y América Central se encuentran entre las regiones geográficas más violentas del mundo.

A EEUU le interesa, por su propio bien, ayudar a esos gobiernos a establecer políticas y programas que ayuden a minimizar la violencia. La violencia ya no se puede detener con fronteras ni deportando prisioneros.

Podemos lograr más resultados cuidando las vidas de las víctimas inocentes en México y América Central. No deben ser considerados únicamente estadísticas, sino seres humanos con emociones y familias que los quieren y se preocupan por ellos.

Mantengamos la esperanza y oremos para que la violencia en América Central sea considerada seriamente, y que sea adoptada como una prioridad en la política exterior de EEUU.

Medio Oriente no debe ser la única área del mundo que merece atención, financiamiento y protección de los EEUU

Daily News
Things have improved, but there's still a long way to go
April 28, 2012

If the beating of Rodney King had not been captured on video, the same brutality and insanity would probably still be a normal occurrence in L.A.'s poor areas, even today.

In the 1980s and early 1990s, countless individuals were beaten by rogue Los Angeles police officers who were influenced by then-Chief Daryl Gates. Gates liked to portray himself as a tough-as-nails, no-holds-barred cop. He was willing to use force by any means necessary against the so-called bad guys.

During that time, the LAPD's mission became murky and blurry. Some LAPD officers who were fighting against the thugs became thugs themselves - engaging in unethical and illegal activities, under the protection of a badge. Many felt unrestrained power with the badge, baton and gun.

Many officers were seen as an occupying force who did not live in the areas that they patrolled. Racism was not subliminal but obvious.

Then the officers who savagely beat Rodney King on a traffic stop the year before were acquitted. People in South Central and Central L.A. were outraged. They were all-too familiar with such inequities and injustices.

The rage exploded in one of the most destructive riots in U.S. history.

A few of the positive outcomes of the riots were that the LAPD was forced to reform, Gates resigned as chief, and the Christopher Commission was created. The Christopher Commission came up with many proposals for reform, including revising the City Charter to make the chief of police subject to term limits.

It is also important to point out that the media chose to portray the L.A. riots as a white, black and Korean issue.

The Latino community was mostly ignored in the coverage.

The main Latino spokesperson to emerge was actor Edward James Olmos, who on live television decided to take a broom and asked others to join him in cleaning up Los Angeles after the looting and out-of-control fires initiated by arsonists.

Despite Latinos' invisibility to the media, the riots served as a wake-up call to the broader Latino community. It ignited concern largely from Central American immigrants who had quietly endured abuse by police for years. Street vendors, day laborers and youths began gathering at community meetings, telling their stories of harassment and abuse.

The fear of the LAPD was particularly pronounced among school-age teens (who were frequently profiled as gang members, even if they were just walking home from school with their friends). The fallout of the verdict meant elected officials would now have to begin hearing concerns raised in Latino neighborhoods about police misconduct. It spread to questions not only about the LAPD, but criticism of how the Los Angeles County Sheriff's Department treated Latinos as well.

Also, the real underlying political and socioeconomic issues were finally addressed by political and business leaders.

Two decades later, we now have a Latino mayor, a chief of police who believes in community policing, and a City Council that actually acknowledges certain social justice issues. However, we still have a long way to go and the injustices of the past still linger.

Areas such as South L.A., Koreatown, Pico-Union/Westlake, and other high poverty communities continue to be neglected. Liquor stores and cheap motels are still commonplace in South L.A. and other poor areas. The business leaders of Los Angeles have not done enough to bridge the gap between rich and poor.

The real question going forward should be, how will future elected officials help to create real jobs and opportunities in poor, neglected areas that have not improved much since 1992? We need to hold the current mayoral candidates' feet to the fire in regards to what they propose to do to help revitalize South L.A.

The continual challenge is to educated youths and train them in leadership positions.

Otherwise, the same vicious cycle of poverty will continue and the city's poor areas will remain neglected, dangerous and with no real hope.

Let's just hope and pray that real change will one day arrive. Let us not wait another 20 years.

Randy Jurado Ertll grew up in South Central Los Angeles. He is the author of the book "Hope in Times of Darkness: A Salvadoran American Experience."

La Opinión
El lega de Coca Cola
12 de mayo de 2012

El *libro Inside Coca-Cola: A CEO's Life Story of Building the World's Most Popular Brand (Dentro de Coca-Cola: biografía de un director ejecutivo del desarrollo de la marca más popular del mundo*), escrito por Neville Isdell con David Beasle se lee rápidamente.

El libro plantea algunas ideas sobre la dirección de una corporación multinacional y cómo Coca-Cola aumentó su participación en el mercado en países como Sudáfrica, Filipinas, Alemania y otros países. En última instancia se convirtió en una de las marcas más dominantes y reconocidas en el mundo.

Pero el libro omite mencionar cómo las corporaciones multinacionales como Coca-Cola en realidad tienen un impacto negativo en la disponibilidad de recursos naturales, especialmente el agua potable, en países en desarrollo, y cómo se han violado los derechos humanos en países como Colombia.

Coca-Cola tiene una historia formidable y un increíble reconocimiento de su nombre, sin importar el país o el idioma. Gracias a que muchos de nosotros nos hemos acostumbrado a tomar una con las comidas, se ha convertido en parte de nuestras vidas cotidianas.

Y puede llegar a ser adictiva. La mayoría de los consumidores no se dan cuenta de que el *marketing* de Coca-Cola es tan eficaz que hemos dejado de prestar atención a las violaciones ambientales y de derechos humanos de las personas pobres en los países en desarrollo.

El trabajo de Isdell es promover la Coca-Cola presentando los aspectos

positivos, ya que ha ganado mucho dinero en la corporación. Le gusta hacer énfasis en que comenzó su carrera en Coca-Cola como conductor de camiones, donde observó y aprendió de empleados de Coca-Cola con experiencia. Por ejemplo, describió a un empleado en particular "Cork condujo el camión durante tres días, inspeccionando las tiendas locales. Era un juego. Los clientes hacían comentarios a Hutch sobre Cork, y Cork recibía información de los clientes y del mercado". Isdell se convirtió en un experto en relaciones humanas y en desarrollar sólidas amistades en todos los niveles.

Isdell aprendió que necesitaba tener un contacto directo con la comunidad y que la meta clave de Coca-Cola era satisfacer a los clientes, lograr buenas utilidades para los accionistas y mantener contentos a los miembros del directorio.

Describió su ascenso en Coca-Cola y cómo le dieron la oportunidad de dirigir Coca-Cola en Filipinas. Se siente orgulloso de que Coca-Cola se convirtiera en la bebida número uno en Filipinas bajo su dirección.

Sin embargo, Isdell tiende a idealizar y hacer que Coca-Cola parezca una gran corporación que se preocupa por los países en desarrollo y sus habitantes. Menciona brevemente cómo ciertos escándalos fueron solucionados legalmente, pero evita a propósito profundizar en eso.

Por ejemplo, Deval Patrick, que actualmente es gobernador de Massassachusetts, señaló que hubo cierta discriminación en Coca-Cola, debido a que no se promovía a las minorías. Se llegó a un acuerdo en una demanda legal y los detalles siguen siendo confidenciales.

Además, Isdell olvida mencionar cómo Coca-Cola ha instalado plantas industriales en ciertos países que utilizan agua potable, ya que prefieren usarla para producir Coca-Cola. Esto es controvertido en la India y varios activistas han sido asesinados por denunciar el uso excesivo y monopólico de agua potable para producir Coca-Cola.

Isdell tuvo que admitir en el libro que se llegó a un acuerdo por una demanda judicial en la que se acusaba a Coca-Cola de apoyar y financiar escuadrones de la muerte en Colombia, que asesinaron a activistas de protección del medio ambiente. Es además uno de los motivos por los que el ahora gobernador de Massachusetts, Deval Patrick, renunció a Coca-Cola.

Otro punto es que Isdell no menciona que el consumo excesivo de Coca-Cola puede provocar diabetes y otros problemas de salud.

En realidad es básicamente una bebida llena de azúcar y un estudio reciente realizado por el Centro para la Ciencia en favor del Interés Público señaló que los aditivos del colorante caramelo han contribuido a provocar cáncer en ratones de laboratorio.

Al libro le faltan detalles sobre temas conflictivos relacionados con la disponibilidad y el uso del agua. Isdell lo utilizó como una herramienta promocional de sí mismo y para engrandecer su papel en Coca-Cola, y por lo tanto debemos ser consumidores con conciencia social.

El libro nos ofrece la oportunidad de cuestionar cómo las corporaciones multinacionales afectan negativamente el ambiente y los recursos naturales de los países en desarrollo y cómo los derechos humanos y los derechos laborales muchas veces son ignorados en los países pobres en desarrollo. La mayoría de los consumidores no son conscientes de lo que realmente sucede en las corporaciones multinacionales en relación con los derechos ambientales, los derechos humanos y los derechos laborales.

Algunos países en desarrollo están tan desesperados por obtener inversiones extranjeras que sus gobiernos están dispuestos a hacer la vista gorda a los abusos en cuanto a derechos ambientales, laborales y humanos. Muchas veces son cómplices, ya que también obtienen ganancias gracias a las alianzas comerciales.

Coca-Cola no debería buscar enormes ganancias a costa de dañar la salud de las personas e ignorar sus derechos humanos y ambientales.

La próxima vez que tomemos una Coca-Cola o veamos un comercial, recordemos a las personas que murieron debido a la avaricia corporativa que no valora ni protege la vida humana en los países en desarrollo.

Randy Jurado Ertll, es autor del libro Esperanza en Tiempos de Oscuridad: La Experiencia de un Salvadoreño Americano.

The Pasadena Weekly
The 'real' deadly thing: Is Coca-Cola slowly killing us and the rest of the world?
July 5, 2012

The Associated Press reported in March that "Coke directed its suppliers last year to change the way they manufacture caramel to reduce levels of the chemical 4-methylimidazole, or 4-MEI, which California has listed as a carcinogen."

This revelation offers an opportunity to delve deeper into "Inside Coca-Cola: A CEO's Life Story of Building the World's Most Popular Brand," by Neville Isdell with David Beasley. The book focuses on how Coca-Cola increased its market share and dominance in South Africa, the Philippines, Germany and other countries, ultimately becoming one of the most recognizable brands in the world.

But what are the hidden secrets of Coca-Cola that Isdell and Beasley do not talk about? Let's examine some of them.

This book fails to mention how multinational corporations such as Coca-Cola negatively affect the availability of natural resources, especially drinking water, in developing countries, and how human rights have been violated in countries such as Colombia. It also does not admit the caramel sweetener is a carcinogen.

Unfortunately, drinking Coca-Cola has become part of our daily lives. Many of us have grown accustomed to having a Coke with a meal — without ever thinking of its negative health effects.

Most consumers do not even realize how effective Coca-Cola marketing is. We have evolved to ignore the company's poor record on environmental issues and violations of human rights, particularly in regard to poor people in developing countries.

Isdell's job is obviously to promote Coca-Cola in a positive light, as the corporation made him very wealthy. He does like to emphasize that he began his career at Coca-Cola as a truck driver, where he observed and learned from seasoned Coca-Cola employees. He describes his rise in the company, ultimately becoming head of Coca-Cola in the Philippines. He is proud that they beat Pepsi through marketing gimmicks and political leveraging.

Isdell makes Coca-Cola seem like a righteous corporation, one that cares about developing countries and their people. He does mention how certain scandals were resolved legally, but he keeps it brief and purposely avoids going into them in any depth.

Deval Patrick, a former Coke executive who is now governor of Massachusetts, pointed out that certain discrimination did take place at Coca-Cola, where minorities were not promoted. A lawsuit regarding those hiring practices was settled out of court and the details remain confidential.

Isdell also neglects to mention how Coca-Cola has gone into certain countries to establish manufacturing plants that take away community drinking water, since they prefer using that to produce Coca-Cola. This has created great controversy in places like India, and several activists have been murdered for denouncing Coca-Cola's overuse and monopoly of drinkable water to produce its product. In addition, in Mexico, Coca-Cola has purposely developed a campaign titled "Super Heroes," targeting youth.

Isdell had to admit in the book that a lawsuit was settled that accused Coca-Cola of supporting and funding death squads in Colombia, ones that murdered environmental activists. This is one of the reasons why now-Gov. Patrick resigned from Coca-Cola.

Isdell does not directly address how consuming too much Coca-Cola can lead to diabetes, obesity and other health ailments. It is pretty much a sugar-filled drink and recent research conducted by the Center for Science in the Public Interest (CSPI) has indicated that the caramel coloring additives have contributed to cancer.

Some activists have denounced environmental groups,

especially the Sierra Club, for becoming too cozy with certain corporations and special interest groups. For example, Isdell became so influential through Coca-Cola that he gained a board seat on the World Wildlife Fund (WWF). This ultimately benefits Coca-Cola, since they now have an ally on the inside of a worldwide environmental group.

The book, although lacking in detail with regard to controversial issues related to water availability and use, provides an opportunity to question how multinational corporations harm the environments of developing countries and how human rights and labor rights are many times ignored in poor developing countries — issues that most US customers are probably not even aware of.

Some developing countries are so desperate to obtain foreign investments that their governments are willing to turn a blind eye when it comes to environmental, labor and human rights abuses. Many times they are accomplices, since they also profit and become wealthy from these business partnerships.

Coca-Cola should not be in the business of seeking profits at the expense of hurting people's health, disregarding their human rights and degrading the environment—at home or abroad.

Remember this the next time you consider ordering "the real thing" with your next sandwich.

Randy Jurado Ertll, author of the book "Hope in Times of Darkness: A Salvadoran American Experience," is executive director of El Centro de Accion Social in Pasadena. Visit his Web site, randyjuradoertll.com.

La Opinión

Epidemia de violencia: Hay que implementar leyes a todo nivel que pongan más obstáculos a toda persona que desee obtener un arma
19 de diciembre de 2012

Sociedad

Mientras conducía iba escuchando National Public Radio (NPR, en inglés), cuando oí por primera vez las noticias sobre la tragedia ocurrida en Connecticut. Sentí un gran dolor y tuve que obligarme a contener las lágrimas.

Estos actos violentos y al azar no tienen sentido alguno.

Luego de la tragedia comenzamos a recibir más información sobre los antecedentes y los posibles problemas de salud mental de los responsables del tiroteo. Es difícil identificar y evitar que las personas con enfermedades mentales opten por recurrir a la violencia.

Lo que es posible es cambiar nuestras leyes sobre las armas, que ya son obsoletas y no protegen específicamente a los niños de los enfermos mentales que optan por comprar estas armas de alta potencia de fuego para disparar en centros comerciales, cines, escuelas y otros lugares públicos.

Debemos aumentar la conciencia de que la violencia no se limita solamente a las pandillas callejeras.

Es una epidemia social y un tema que afecta la salud que existe desde hace décadas en nuestras comunidades, no solo en los entornos urbanos sino también en zonas suburbanas y ciudades y poblados remotos en todo Estados Unidos.

El presidente Obama debe declarar un estado de emergencia nacional en el que debamos atender la situación tanto en nuestros hogares como en los comités legislativos del Capitolio.

Tenemos que hacer todo lo que esté a nuestro alcance para proteger a nuestros niños contra la violencia y las armas que se han cobrado la vida de tantos jóvenes en todo Estados Unidos. Es una epidemia de proporción masiva que afecta a todo el país. Se trata de personas que matan personas, ya que es un individuo el que decide apretar el gatillo.

Por lo tanto, debemos implementar leyes a nivel local, estatal y federal que pongan más obstáculos a toda persona que desee obtener un arma, más allá de que tenga o no antecedentes penales, como medida disuasiva.

Desde que he sido testigo de esta violencia sin sentido, decidí dedicar buena parte de mi vida para trabajar por la paz y la no violencia. Es trabajo a largo plazo y la realidad es que la violencia es un tema social mucho más amplio que ha estado presente en toda la historia de Estados Unidos.

En tiempos de crisis necesitamos líderes con mucha visión que ayuden a cambiar la política nacional e implementen leyes eficaces para el control de armas. Los activistas y los líderes cívicos deben defender y ayudar a implementar programas de toma de conciencia y prevención de la violencia, especialmente a nivel local y dentro del programa de estudios de nuestros distritos escolares públicos.

Sí, a veces el uso de la fuerza es una medida necesaria para proteger a los inocentes. Pero generalmente los inocentes mueren a raíz de las armas, como en el caso de Newtown, Connecticut y de tantas otras ciudades.

He sido testigo de demasiada violencia en el Sur de Los Ángeles donde crecí, en las escuelas públicas a las que asistí y en la vida cotidiana. Estoy harto de esta situación.

Hace poco The California Endowment nos aprobó una propuesta llamada Proyecto para la Prevención de la Violencia del Valle San Gabriel del El Centro de Acción Social. Nuestro objetivo es aumentar la conciencia sobre la violencia considerándola una epidemia que afecta la salud que debemos analizar y atender, además de crear grupos en colaboración que elaboren y propongan nuevas políticas y ayuden a prevenir la violencia a todos los niveles.

Debemos continuar solicitando más fondos para los programas de prevención de la violencia y los programas de salud mental que ayudarán a las personas que crecieron en hogares o vecindarios con altos índices de violencia.

Debemos implementar clases y talleres de educación cívica en las escuelas primarias, secundarias y preparatorias que hagan énfasis en enseñarles a nuestros estudiantes sobre la no violencia y sobre cómo buscar soluciones a los problemas cotidianos sin tener que recurrir a la violencia.

Luchar contra la violencia no es una tarea sencilla, y resulta más fácil señalar con el dedo y culpabilizarnos mutuamente. Se trata de dejar de hablar sobre la violencia y comenzar a hacer algo al respecto para detenerla.

Los distritos escolares, las fuerzas del orden público, los gobiernos municipales, las organizaciones con base en la comunidad, las iglesias, los ciudadanos preocupados por esta causa deben unirse para lograr que se implementen leyes a nivel local, estatal y nacional que reduzcan la violencia en nuestra sociedad.

No esperemos a que ocurra otra tragedia para tomar medidas.

Randy Jurado Ertll, director ejecutivo de El Centro de Accion Social, Inc.

La Opinión

La banda de El Salvador: Los jóvenes venir y volver en autobús por la falta de apoyo a su participación en el desfile
10 de enero de 2013

Comunidades

El 1ro. de enero de 2013 es un día que todos los latinos recordarán con orgullo gracias a que una banda de El Salvador participó en el Desfile del Torneo de las Rosas de Pasadena. Realmente fue una celebración de diferentes culturas.

Los estudiantes salvadoreños viajaron una gran distancia para ser parte de esta histórica tradición. El Desfile de las Rosas de Pasadena se está transformando en un evento con mayor diversidad étnica y Pasadena refleja la riqueza cultural que hay en Estados Unidos.

Muchas de las carrozas se centraron en la diversidad cultural. Fue un día de "unidad" a través de la promoción de la tolerancia y la paz entre nuestras culturas.

Desafortunadamente, aunque se recaudaron muchos fondos, nunca se compraron los boletos de avión para los estudiantes y los integrantes de la banda.

Para poder llegar al Desfile de las Rosas de Pasadena a tiempo, los jóvenes de la banda salvadoreña otra vez tomaron la valiente decisión de viajar en autobuses, cargando sus instrumentos musicales, a través de Guatemala y México.

No se rindieron ante la adversidad por su compromiso y entusiasmo de llegar a Pasadena, California —a Estados Unidos— el país que Hollywood ha creado como un paraíso.

Es una lástima que las organizaciones comunitarias,

el gobierno de El Salvador y las aerolíneas internacionales (especialmente TACA) no fueran capaces de llegar a un acuerdo para ofrecer boletos de avión a estos audaces miembros de las bandas. Para rematar, los estudiantes regresaron en buses a El Salvador. Sabemos que no es seguro pasar por tierra en México o Guatemala, por la tremenda violencia que existe allí.

Algunas organizaciones comunitarias, empresas y funcionarios electos ofrecieron ayuda cuando se supo que los organizadores de la banda necesitaban más fondos que los que habían logrado reunir. Hay indicaciones que se recaudaron más de 100,000 dólares. La Asamblea legislativa de El Salvador supuestamente donó 20,000 dólares.

Debemos darle mucho crédito a Reyna Díaz, quien es integrante de la mesa educativa de Duarte, ciudad ubicada en el Valle de San Gabriel. Ella ayudó para que los estudiantes pudieran practicar y comer en la escuela secundaria Duarte. También hubieron muchísimas otras personas que ayudaron y merecen que se les dé las gracias.

También hubo medios de comunicación que colaboraron en las actividades de recaudación y para ellos van nuestras felicitaciones por su conciencia cívica y humana. Pero debemos pedir cuentas en como se han utilizado los fondos que se recaudaron y debemos saber quien ha recaudado esos fondos.

Nuestros verdaderos héroes fueron los jóvenes estudiantes de la banda salvadoreña que mantuvieron su entusiasmo y demostraron que serían capaces de superar cualquier obstáculo que se interpusiera en su camino. Tuvieron valor, tenacidad, perseverancia y fuerza.

Estos jóvenes estudiantes salvadoreños establecieron un ejemplo a seguir por las organizaciones comunitarias y otros líderes latinos. Ellos vinieron con sacrificio y no por intereses económicos.

Fue emocionante y nos llenó de orgullo ver a nuestros valientes estudiantes desfilar y tocar sus instrumentos musicales en Orange Grove Blvd. y Colorado Blvd. Miles de integrantes de la comunidad fueron a verlos.

Tenemos que tener en mente que no sólo hay que criticar y juzgar, sino contribuir para construir una comunidad unida que se merece respeto. Por eso, habría sido admirable si se les hubiera comprado boletos de avión o si TACA hubiera donado cierto monto de boletos aéreos.

Los dueños e inversionistas de TACA se han hecho millonarios a través de la comunidad salvadoreña/ centroamericana. Ellos deberían de dar el ejemplo en apoyar proyectos humanitarios.

Esperamos que el presidente salvadoreño, Mauricio Funes, y otros funcionarios del gobierno feliciten a los estudiantes de la banda cuando regresen a El Salvador. No sólo con fotos pero también con un respaldo verdadero en programas de música y que les ofrezcan empleos a estos jóvenes.

Realmente merecen ser tratados como héroes y ciudadanos de primera clase.

Randy Jurado Ertll, es autor del libro Esperanza en Tiempos de Oscuridad: La Experiencia de un Salvadoreño Americano.

Pasadena Weekly
Filling the void:Latinos must step up to make a difference on the City Council and school board
June 20, 2013

One would think that a Latino candidate would have been elected to the Pasadena Unified School District Board of Education, since much money and time were placed on redistricting — so that minority candidates would have a better shot at winning in newly created smaller districts. What is most ironic and contradictory is that more than 60 percent of PUSD students are Latino.

Unfortunately, this is a sign that historical institutional discrimination continues to exist throughout the city of Pasadena. Those who would disagree are mainly those who are used to holding power, without being challenged or questioned and may not believe that racism and discrimination continue to exist.

Of course, discrimination is less if we compare it to the 1950s pre-Civil Rights Movement. But the reality is discrimination is alive. The question is simple: How many Latinos hold positions of policy- decision-making power within the city and PUSD?

The truth of the matter is demographics have changed dramatically in Pasadena and younger Latino leaders need to step up to fill the void of representation at the school district and city levels. Having one Latino on the City Council is not enough.

On the issue of school board representation, Ramon Miramontes decided not to run again for the school board, and now there are none. But, he is reportedly considering running for the council. One candidate is not enough. Other Latinos need to consider running for the council and the mayor's seat.

We need highly qualified, energetic, competent and motivated individuals who will step up to advocate for the working-class communities in Pasadena. I am not just being a cheerleader for Latino candidates. We need diverse representation from Asian American, Armenian American and African American communities as well.

Pasadena has a tremendous history, largely because of Caltech, Parsons Engineering and Jacobs Engineering, Pasadena City College, Art Center College of Design and other world-known institutions. However; if we look at history at a closer level, we see that Albert Einstein decided to leave Pasadena and that baseball great Jackie Robinson did the same. One has to wonder why they chose to leave such a beautiful city. Pasadena must retain its homegrown leaders.

Pasadena losing many Latino activists and leaders may be related to the trend that I have observed over the last decade. Most Latino activists, community leaders and political candidates who have lost in elections stick around for a few years, but then leave town or are never seen again. Many feel burned out and underappreciated. No one said that fighting for social justice was easy.

We need to teach our younger generation that chasing money and prestige should not be the only driving factors in their lives. A job title should not determine one's value as a human being. Also, having a big bank account does not make one superior, more intelligent, or better than the less fortunate. Most often, accumulated wealth is inherited anyway.

We need our young leaders to recognize that they must get a quality education and that they should give back to their community — especially by running for political office, so that they may make changes at the institutional policy level. Otherwise, Latinos will continue to be seen as second-class citizens in the City of Roses.

Established leaders need to embrace and support up-and-coming community leaders instead of opposing their drive and motivation. Such opposition shows there is intolerance toward activists who dare to speak up and point out inequities. Nonprofit organizations do have the right to advocate as long as it is not related to electoral politics or political partisanship. Yes, nonprofits can and should tackle issues of health care access, environmental protection, immigration reform, educational equity, law enforcement, women's rights, civil rights, human rights ... I could go on and on. But are nonprofits in Pasadena changing things at the root and policy levels?

Some are doing wonderful work, but they remain quiet on issues that we cannot afford to further ignore, like the fact that Pasadena has a wider gap between the rich and poor than most cities in Los Angeles County.

Programs and social services are essential, but nonprofits can go beyond the safe model of job security and wanting to fit in. Intellectual capacity, innovation and respectful discussions are some things that have made Pasadena world famous. Let us continue the tradition of the Pasadena Way of embracing and promoting tolerance and not contribute to some of the factors that led to people like Einstein and Robinson leaving town. We have to create the opportunities here in our own communities of the San Gabriel Valley. We know that the San Gabriel Valley gets neglected in comparison to other Los Angeles regions, such as Hollywood and West, East and South LA. The San Gabriel Valley should be proud of its history, roots and diverse communities.

My ultimate goal is to motivate young Latino leaders to obtain their educations and to eventually evolve into effective community activists and leaders. We need leaders to aim beyond their own self interests and reach out to improve Pasadena and embrace its diversity.

Randy Jurado Ertll, author of the upcoming book "The Life of an Activist: In the Frontlines 24/7." To obtain more information, please visit randyjuradoertll.com.

La Opinión
Pasadena y los latinos
3 de julio de 2013

Activismo

Sería lógico pensar que la Junta de Educación del Distrito Escolar de Pasadena (PUSD, en inglés) ya podría haber elegido a un representante latino, sobre todo luego de la inversión en tiempo y recursos para facilitar esta representación al crear los nuevos distritos, pero no ha sido el caso. Lo más irónico y contradictorio es que más del 60% de los alumnos de esa ciudad son latinos.

Desafortunadamente, este es un signo de que la discriminación institucional histórica continúa existiendo en toda la ciudad de Pasadena. Los que probablemente están en desacuerdo son los que están acostumbrados a mantener el poder, sin cuestionamiento o desafío y que viven bajo la ilusión de que el racismo y la discriminación son cosas del pasado.

Claro que la situación no es la misma a la que había en los años 50, antes del movimiento de los Derechos Civiles, pero la realidad es que la discriminación sigue viva. La pregunta que debemos plantearnos es simple, ¿cuántos latinos se desempeñan en cargos clave para la toma de decisiones a nivel municipal en la ciudad de Pasadena y en el Distrito Escolar Unificado de Pasadena?

La verdad es que la población ha cambiado de forma drástica en Pasadena y los líderes latinos más jóvenes deben dar un paso adelante para llenar el vacío de representantes a nivel del distrito escolar y del gobierno municipal. Tener un latino en el concejo municipal no es suficiente.

Volvamos al asunto de la representación en la junta escolar de PUSD. Ramon Miramontes decidió no presentarse como candidato para la junta escolar nuevamente, pero está considerando presentarse para el concejo municipal. Un candidato no es suficiente. Otros latinos deben considerar su candidatura para el concejo municipal y para el cargo de alcalde también.

Necesitamos personas altamente calificadas, enérgicas, competentes y motivadas que den un paso al frente para abogar por las comunidades de clase obrera de Pasadena. No estoy simplemente animando a los candidatos latinos para que se presenten. Necesitamos una representación diversa, de otras comunidades también, como asiáticos, armenios y negros.

Pasadena tiene una historia extraordinaria debido a la Universidad Caltech, Parsons, Jacobs, Pasadena City College, el Centro de Artes y otras instituciones conocidas a nivel mundial. Sin embargo, si miramos la historia con mayor detalle, veremos que Albert Einstein decidió dejar Pasadena y que ese reconocido jugador de béisbol, Jackie Robinson, hizo lo mismo. Debemos preguntarnos por qué decidieron abandonar una ciudad tan hermosa. Pasadena debe retener a sus líderes locales.

La pérdida de muchos activistas y líderes de Pasadena puede estar vinculada a la tendencia que he observado en la última década. La mayoría de los activistas, líderes de la comunidad y candidatos políticos latinos que perdieron en las elecciones se quedaron por un par de años y luego abandonaron la ciudad o nunca fueron vistos nuevamente. Muchos se sienten agotados y subestimados. Nadie dijo que la lucha por la justicia social fuera sencilla.

Debemos enseñarle a nuestra generación más joven que la búsqueda de dinero y prestigio no debería ser lo único que importa. Un cargo no debería determinar los valores como ser humano de una persona. Del mismo modo, tener una gran cuenta bancaria no nos hace superiores, más inteligentes o mejores que las personas menos afortunadas. En cualquier caso, la mayor parte de las veces, la riqueza acumulada es heredada.

Es necesario que nuestros líderes jóvenes reconozcan que deben obtener una educación de calidad y que deben retribuirle a su comunidad —especialmente presentándose a cargos políticos para que puedan realizar cambios a nivel de políticas institucionales—. De lo contrario, los latinos continuarán siendo considerados ciudadanos de segunda clase en la ciudad de las rosas.

Los líderes ya establecidos deben adoptar y apoyar a los líderes de la comunidad prometedores en vez de oponerse a su energía y motivación. Es mediante la demostración de que hay intolerancia hacia los activistas que se animan a hablar y a señalar las desigualdades. Las organizaciones sin fines de lucro tienen derecho a hacer trabajo de promoción mientras que no sea política electoral o partidismo político. Sí, las organizaciones sin fines de lucro pueden y deben abordar los problemas de acceso a la atención de la salud, protección ambiental, reforma de la inmigración, acceso y equidad de la educación, aplicación de la ley, derechos de la mujer, derechos civiles, derechos humanos y podría continuar. Pero, ¿las organizaciones sin fines de lucro están cambiando las cosas a nivel de base y de políticas en Pasadena?

Algunos están haciendo un trabajo formidable pero continúan en silencio frente a algunos asuntos que ya no nos podemos dar el lujo de ignorar. Como el hecho de que Pasadena sea una de las ciudades que tiene la brecha más amplia entre los ricos y los pobres.

Los programas y servicios sociales son esenciales, pero las organizaciones sin fines de lucro pueden ir más allá del modelo de seguridad laboral y de querer encajar. Capacidad intelectual, innovación y discusiones respetuosas son todos elementos que han hecho famosa a Pasadena.

Continuemos la tradición de Pasadena Way: la de abrazar y promover la tolerancia.

No contribuir a permitir que líderes reconocidos a nivel mundial como Albert Einstein y Jackie Robinson dejen la ciudad. Tenemos que crear las oportunidades aquí en nuestras comunidades de la zona del Valle de San Gabriel. Sabemos que el Valle de San Gabriel se descuida en comparación con otras regiones de Los Ángeles como la zona Oeste, la zona Este y la zona de Hollywood. El Valle de San Gabriel debe estar orgulloso de su historia, sus raíces y las diversas comunidades. Necesitamos líderes que apunten más allá de sus propios intereses y que mejoren Pasadena y acojan su diversidad.

Randy Jurado Ertll, es autor del libro The Life of an Activist: In the Frontlines 24/7.

La Opinión
Inestabilidad importada
18 de julio de 2013

El Salvador

El Salvador continúa siendo un lugar poco seguro, a pesar de que la sangrienta guerra civil que tuvo lugar en este país finalizó en 1992. Más de 260 salvadoreños abandonan la nación centroamericana a diario. Deciden arriesgar sus vidas y dirigirse hacia Estados Unidos mediante viajes en autobuses viejos y trenes peligrosos o incluso a pie, recorriendo distancias inimaginables.

Muchos son víctimas de robo, secuestro, violación o asesinato al cruzar Guatemala y México. Otros tantos se ven obligados a prostituirse y a convertirse en contrabandistas o traficantes de drogas. Si se niegan, mueren a manos de los carteles o las pandillas que se benefician con el tráfico internacional de drogas. Muchos son obligados a fumar, ingerir o inyectarse drogas. Así los vuelven adictos a las drogas, dejándolos dependientes y descorazonados.

Miles de salvadoreños se ven obligados a abandonar El Salvador debido a la falta de trabajo y a que es un país con un grave índice de peligrosidad donde el respeto por la vida es casi inexistente. El Salvador encabeza la lista de países en América Latina que obliga a sus ciudadanos a emigrar.

Hoy la violencia gira entorno a las pandillas, no a la política. Y al igual que Estados Unidos jugó un papel en la guerra civil de este país, hoy también tiene un impacto en la violencia pandillera.

En la década de 1980, América Central era un lugar de mucho conflicto. El presidente Reagan aprovechó las afirmaciones desmedidas sobre el triunfo del comunismo en esa región y sus avances hacia nuestra frontera al sur para justificar la ayuda y las armas a las cuadrillas de la muerte en El Salvador y el apoyo al gobierno de derecha.

La guerra civil contra los rebeldes de izquierda se cobró la vida de más de 80,000 personas. Muchos de los que fueron asesinados eran personas inocentes, civiles de la clase obrera que no apoyaban ni a los soldados ni a las guerrillas.

Estados Unidos continúa siendo la fuente de inestabilidad en El Salvador de dos maneras.

En primer lugar, ha deportado a miles de prisioneros que se encontraban en la cárcel por asuntos relacionados con las pandillas. Las cárceles en El Salvador no tienen capacidad para albergar la interminable cantidad de presos deportados por EE.UU., por lo tanto, ahora muchos de estos delincuentes ahora deambulan por las calles.

En segundo lugar, la demanda de drogas ilegales en Estados Unidos incita a las pandillas en El Salvador.

Por lo tanto, cuando los políticos de EE.UU. denuncian a la pandilla salvadoreña MS-13, continúan inculcando el temor pero no ofrecen soluciones para ayudar a El Salvador a pelear contra el delito y la violencia.

Una solución es enviar más ayuda de Estados Unidos a El Salvador para combatir la pobreza.

Una solución diferente, que contaba con el apoyo de Ron Paul, ex candidato presidencial del Partido Republicano, es la polémica propuesta de legalizar las drogas en Estados Unidos pararetirar el elemento delictivo y la violencia del tráfico de drogas.

Es el tráfico de drogas —y las pandillas que se benefician del mismo— el que controla a El Salvador, ya que los carteles ahora operan ampliamente en América Central y las principales víctimas son civiles inocentes.

Otra contribución devastadora al aumento en la violencia fue la eliminación de la moneda de El Salvador, el colón.

En el 2001, El Salvador adoptó el dólar como moneda nacional. Los políticos salvadoreños prometieron prosperidad y crecimiento económico como nunca visto para todos los salvadoreños. Pero las cosas no se han dado así.

El presidente Francisco Flores prometió en el 2001 más inversiones extranjeras para El Salvador, y como resultado, procedió a dolarizar la moneda. Esto ha tenido un impacto negativo en los propietarios de pequeñas empresas locales, mientras que la mayoría de los propietarios de grandes empresas extranjeras ha visto beneficios. Especialmente aquellos que operan las maquilas en El Salvador y pagan menos de 5 dólares por día.

Por lo tanto, es claro que El Salvador no está en mejor situación con el dólar. El cambio de moneda ha creado más pobreza y un aumento en los homicidios y demás delitos.

Volver al colón les permitiría a la empresas locales, pequeñas y grandes por igual, a lograr índices más altos de producción. El dólar ha convertido a El Salvador en un lugar atractivo y en un incentivo económico para los carteles de drogas nacionales e internacionales se instalen allí. El lavado de dinero también se está volviendo algo frecuente.

Los salvadoreños hace más de 30 años que no conocen un verdadero estado de paz. Al igual que todos los demás en el mundo, se merecen la oportunidad de tener una vida normal. Una vida en la que puedan ir al trabajo o a la tienda sin el temor de ser asesinados tan sólo por una moneda de 25 centavos de dólar o un dólar.

Estados Unidos debe ayudarlos a lograr esta oportunidad. La oportunidad simplemente de vivir en paz.

Randy Jurado Ertll, es autor del libro Esperanza en Tiempos de Oscuridad: La Experiencia de un Salvadoreño Americano. Su website es WWW.RANDYJURADOERTLL.COM

San Gabriel Valley Tribune - SGVN
Nonprofits and Rose Bowl cost overruns in Pasadena: Commentary
August 22, 2013

The Rose Bowl renovations have gone over budget by $60 million. The mayor of Pasadena is equivalent to the CEO of a corporation. If the Pasadena were a business corporation, the people responsible for leading the Rose Bowl renovations would most likely have been fired or demoted.

Community-based organizations have to fight for the crumbs, which is usually for small peanuts of $450,000 that get divided up through the Community Development Blog Grant (CDBG) process. The Human Services Commission gets appointed by the mayor and City Council members. A few of the members represent community groups. But they are usually outnumbered by the politically appointed commissioners. Nonprofits have to prepare over 100 page proposals that probably take more time and money to prepare than what is actually obtained through CDBG funding awards.

Then, the commissioners take the heat for having to make the tough decisions while the mayor and City Council pretty much approve whatever the Human Services Commission recommends, creating a shield for politicians. We should show gratitude by thanking the Human Services Commissioners since they volunteer their time.

What nonprofits need to do is create a formal group that will advocate for their rights and needs. A conglomeration of an advocacy group that will help to see how the over $700 million city budget is handled and distributed by the city of Pasadena. Why fight for the peanuts when nonprofits in Pasadena wield much power but do not realize it. Nonprofits employ thousands of people and raise hundreds of millions of dollars that actually help to boost the economy in Pasadena.

Many choose to call nonprofits charities, but theythey are more than that. They are powerhouses that raise their own money, create jobs, and help thousands of community members.

Just imagine if YWCA, Day One, Mothers Club, CHAP, Flintridge Center and other key community groups that pour sweat and tears in fundraising, would not exist. Nonprofits need to start asking the tough questions of how can Pasadena overspend $60 million in the renovations of the Rose Bowl when nonprofits have to apply and compete to receive small

RANDY JURADO ERTLL

amounts out of CDBG's allocation of $450,000? Especially if we make note that this money is allocated through the Housing and Urban Development Department. This money does not come from the city budget.

The "Pasadena Way" is to be curious, inquisitive, to use legal know how, and to remain humanitarian. The role of nonprofits is to help bureaucracies remember that their decisions do in fact impact people's daily lives, especially when $25,000 is taken away that would serve youth education programs that help disadvantaged students from the neediest public schools in Pasadena. These are not entitlement programs, it is our taxpayer money. It is imperative for Mayor William Bogaard to understand that taking away $25,000 does negatively impact a nonprofit organization and the city should support community groups and public schools in order to make our city stronger in preparing its future workforce.

Yes, the Rose Bowl is beautiful and brings in much revenue to Pasadena, vendors, contractors and others who have benefited from the Rose Bowl revenues. Another question to ask is, does the community benefit from the revenues received through the Rose Bowl?

As a constituent, I would recommend for Mayor Bogaard to refocus his attention to making sure that the city is not getting the short end of the stick through overruns of over $60 million. Who is profiting from budget overruns anyway? He appears to be allocating criticism to activists and advocates. Community activists should instead receive the support and leadership from the city's mayor and its bureaucracy since it is taxpayer money that pays salaries. He needs to spend more time to ensure that the Rose Bowl Operating Council (RBOC) is meeting budget expectations. Most constituents would agree that $60 million is not chump change, especially in today's tough economy.

Maybe through Rose Bowl revenues some money can be allocated to help the most disadvantaged public schools within the Pasadena Unified School District . A genuine partnership is needed and not just promises.

Nonprofit leaders please start asking the tough questions and do not back down. Just as Bruce Springsteen sings: "Baby, we were born to run."

Randy Jurado Ertll is author of the upcoming book "The Life of an Activist: In the Frontlines 24/7." He will be signing the book at Vroman's Sept. 12 at 7 p.m.

La Opinión

¿Dónde hay un líder?: Es imperativo que la comunidad latina en los Estados Unidos esté más unida
20 de noviembre de 2013

Comunidad

La discusión sobre la definición de lo que es un líder puede causar tanta división como la idea misma de elegir a uno que represente a toda la comunidad latina.

Una de las razones principales para tal división tiene sus raíces en la gama de trasfondos sociopolíticos que traen los latinos de sus países de origen cuando llegan a a los Estados Unidos.

No se pueden descontar las luchas que cada uno trae, más es imperativo que la comunidad latina en los Estados Unidos esté más unida.

Muchos latinos se pueden identificar con la letra del tema de U2 de 1987, cuyo título *I Still Haven't Found What I'm Looking For* se traduce a "Todavía no he encontrado lo que estoy buscando".

Todavía estamos en la búsqueda de ese líder que abogará y dará su vida por las causas sociales de los latinos.

Unos pocos se han acercado a alcanzar estatus nacional, como César Chávez, pero hacen falta sucesores que continúen su batalla y traigan un cambio sólido para la comunidad latina.

Hay muchos latinos que son líderes locales y luchan por buenas causas sociales, pero ninguno ha alcanzado la prominencia de un Martin Luther King u otros luchadores por los derechos civiles.

Una encuesta realizada por el Pew Hispanic Research

Institute halló que los oficiales electos y otros líderes apenas eran reconocidos a nivel nacional. La encuesta incluso tuvo que mencionar ocho nombres a elegir, si no los resultados habrían sido peores.

Quizás el líder que se necesita no es un oficial electo. Además, la comunidad latina es tan compleja que a lo mejor es imposible identificar a una sola persona para el puesto.

Muchos miembros de la comunidad solo apoyarían a alguien de su propio origen étnico, lo cual hace imposible que un líder tenga un alcance más amplio.

Esto es tópico para debatir y analizar. Un líder debe poder aparecer en un programa de televisión nacional en inglés para hablar de temas que vayan más allá de la inmigración o la educación bilingüe.

Debe poder discutir temas como la protección ambiental, acceso a salud, derechos laborales, economía y otros.

Muchas veces vemos a las cadenas de televisión en español cometer el pecado de siempre, de invitar a los mismos "expertos" a hablar una y otra vez sobre los mismos temas.

Las cadenas en inglés hacen lo mismo, pero ahí los invitados latinos brillan por su ausencia.

La televisión, la radio y los periódicos pueden ayudar a establecer las nuevas voces de la comunidad latina.

Pero hay que ver lo parcial que fue la reciente serie de PBS sobre los latinoamericanos: no se incluyeron ni hubo mención alguna de los centroamericanos, que son el segundo grupo latino de los Estados Unidos, después de los mexicanos.

Espero que en los próximos 30 años lleguemos a identificar a unos cuantos líderes nacionales latinos. Que estén dispuestos a morir por una causa de justicia social.

Alguien que luche por la paz, la justicia y la igualdad. Alguien que no se venda o corroa por el camino. Entonces retomaremos la letra del clásico de U2 para decir: "Finalmente encontré lo que buscaba."

Randy Jurado Ertll, es autor del libro Esperanza en Tiempos de Oscuridad: La Experiencia de un Salvadoreño Americano.

Rome News-Tribune
Substitute teachers deserve respect
April 28, 2014

Substitute teachers deserve respect. Let me tell you, it takes courage and commitment to be a substitute teacher.

We have to deal not just with students who are messing around but also with students who are screaming at us or throwing objects at us. Sometimes, we have to contend with the threat or the reality of being assaulted by a student.

It is no piece of cake.

On top of that, it takes years of teaching experience to learn certain classroom management and teaching skills. You have to be an expert in most subject fields since you may be assigned a math, science, English or even physical education class on short notice. It can be an unpredictable job, but substitute teachers become nimble, efficient and effective in navigating various public school bureaucracies.

Also, you have to jump through many hoops to become cleared via state education departments.

But you do it because you have a passion for teaching and a commitment to serve as a role model for students.

Yet you don't get much in return.

The sad reality is that substitute teachers have been getting the short end of the stick for way too long. Most receive only a fraction of what regular teachers get paid. Most have no union representation or a retirement plan.

Fed up, some substitute teachers are finally beginning to organize, throughout the United States, to demand that their pay be more equivalent to that of full-time teachers.

Many substitute teachers are struggling to pay their rent and other basic household bills. Though they perform a crucial task in educating our students in a pinch, too many can barely make ends meet.

We need to treat substitute teaches fairly.

Let us show substitute teachers that we appreciate and respect their work. In the toughest of circumstances, they do not back down. Every day, they are showing our young people that it takes resilience and fortitude to do a job right.

That's an important lesson for our students to learn.

Randy Jurado Ertll, is the author of the book The Life of an Activist: In the Frontlines 24/7. His web-site is www.randyjuradoertll.com

Winnipeg Free-Press
McClatchy-Tribune News Service
U.S. response to border-crossing kids inhumane
June 30, 2014

The Obama administration should stop deporting children. Unfortunately, it seems dead set on doing that.

On June 20, U.S. Vice President Joe Biden met in Guatemala with senior officials from that country, as well as from El Salvador and Honduras. More than 20,000 children from these nations were apprehended on the border last year, twice as many as the year before. This year, the United States is projecting that 90,000 children from these countries will try to cross the border.

Biden notified the Central American leaders that the United States would detain and deport the children who are coming here for refuge from the violence they see every day.

Gangs in these countries are specifically targeting and recruiting young children. If they choose not to join, then they are often murdered. So children are trying to get to the United States any way they can. The Border Patrol apprehends most of them, and holds them in detention centres.

Some have been temporarily released to family members before the immigration service processes them and deports them.

The Obama administration has announced that it is now going to stop releasing children to family members. Instead, it plans to build more detention centres and expel children more quickly.

This is not a humane response.

If they are deported, many of these children will be recruited to join the gangs. Others will be tortured or murdered or disappeared.

UN High Commissioner for Refugees Antonio Guterres earlier this year declared that a majority of the children emigrating from El Salvador, Guatemala and Honduras deserve protection under international treaties. "We must uphold the human rights of the child," he said.

But rather than offer these children temporary asylum, the Obama administration is locking them up and then sending them packing.

Biden was blunt during his Central American visit.

"Those who are pondering risking their lives to reach the United States should be aware of what awaits them," he said. "It will not be open arms. ... We're going to send the vast majority of you back." That is unacceptable. We need to designate most of these children as refugees and treat them with the compassion they deserve.

World Refugee Day was on June 20, but President Obama chose not to mention the Central American children who deserve such status.

He did acknowledge that "some refugees simply cannot return home because the risk of violence and persecution is too great." He needs to apply that reasoning to the tens of thousands of children fleeing violence in Central America. Then he needs to change his policy accordingly.

Let us not forget our humanity.

Randy Jurado Ertll is the author of the recent book Hope in Times of Darkness: A Salvadoran American Experience.

Daily News

Who do you call when LAUSD needs to be fixed? Ray Cortines: Guest commentary
October 16, 2014

The Los Angeles Unified School District (LAUSD) has been needing a shake-up for decades.

Now the LAUSD school board has voted 7-0 to bring back Ray Cortines as interim superintendent of LAUSD.

Change can finally occur in a real and systematic manner,

but Cortines needs to be made permanent superintendent in order to carry weight and power in decision making.

Ray Cortines has the experience and guts to make tough decisions that will rattle a monumental bureaucracy like the LAUSD. He will cut where budget waste is taking place.

We can no longer afford for tens of thousands of youth to continually drop out of school and for no one to be held accountable. Especially when it comes to scandals related to contracts, iPads, and the fiasco occurring at Jefferson High School.

Cortines makes sure that students come first. One of his major first achievements can be to implement ethnic studies courses within LAUSD.

The LAUSD School Board of Education once again is showing confidence in Cortines who needs to be given ample power and independence to hire the right administrators at LAUSD headquarters and principals at various schools.

Let's examine some of Cortines' history to better understand his talents and depth of intelligence.

Cortines' tough early-life experiences have shaped who he is now. He was adopted as a child and he is proud of his Mexican roots.

He served in the arm forces and became a coach/teacher within San Gabriel Valley area schools. He rose up the ranks through hard work. And most importantly, he was in the trenches — in the classrooms.

He understands the mind-set and needs of the poor, middle class, and wealthy parents and students. He has dealt with all social classes and ethnicities. Cortines became a strong educator and moved up the ranks of the Pasadena Unified School District and eventually was selected superintendent. He was in the middle of many battles that included desegregating the Pasadena public schools.

He was a strong and vocal leader for poor minority students. He could identify with their struggles. He believed in providing a top-quality education for all children, with no exceptions.

Cortines is a tough and fair leader who implements and follows through with his ideas. He does not tolerate nonsense and demands for his employees to truly care about the well-being and academic achievement of all children.

Cortines takes the time to visit schools and the classroom. He talks to parents and students and treats them with dignity and respect.

He learned many life lessons while he worked at the Pasadena Unified School District. Believe me; if you can survive Pasadena, then you can survive anything in life.

He was terminated by the School Board of Education from the Pasadena Unified School District (PUSD) and they soon realized what a mistake they had made. The Board had to beg Cortines to return to be superintendent, which he did. The staff at PUSD was so happy and proud to have Cortines back.

He soon took on other challenging positions by becoming superintendent of schools in various major cities such as San Francisco, San Jose and even New York City. He also became a high-ranking education official in President Clinton's administration.

While he was chancellor of schools in New York, he was not intimidated to take on former New York Mayor Rudy Giuliani. Cortines demanded change and improvement among all New York City public schools but clashed with Giuliani's own political agenda and personality.

Cortines became interim superintendent for LAUSD from 1999-2000, then 2009-2011, and now he is back again.

He now has an opportunity to reshape, restructure and create positive change at the district.

Cortines is a factory of ideas and driven to accomplish change. Cortines has the energy of a 30-year-old. He is no puppet or pushover and he is independently wealthy.

He has no financial interests and will not allow himself to be in any politician's hip pocket.

Let's just hope that the school board trusts in him and allows him to make immediate changes from top to bottom. No sacred cows allowed – so give em' hell Ray.

Randy Jurado Ertll is a teacher and author of the book "The Life of an Activist: In the Frontlines 24/7." www.randyjuradoertll.com

Pasadena Weekly
Holy Latino Exclusion, Batman: Where's the Dynamic Duo when you need them to keep an eye on City Hall?
By Kevin Uhrich , Randy Jurado Ertll
October 23, 2014

Although Pasadena is known around the world for things like the Rose Parade and Caltech, a lesser known fact about the Crown City is it was once home to Batman and Robin — at least on television in the 1960s — with the fictional stately Wayne Manor located in patrician Linda Vista.

Imagine if Batman really were a resident of Pasadena. If the Caped Crusader's alter ego, industrialist Bruce Wayne, really existed, would he care about what was happening with his tax dollars? Would he and the Boy Wonder, Bruce's faithful ward Dick Grayson, be involved in exposing political shenanigans at City Hall?

Given the Dynamic Duo's already heavy crime-fighting workload, and the fact that local officeholders like to keep many controversial issues close to the vest, that might be easier said than done.

However, now might a good time for the two superheroes to start reading the papers and tuning into their Bat Scanners.

Recently, there have been rumblings among council members and the mayor related to the Rose Bowl improvement project's cost overruns and renovation contracts awarded for Robinson Park's renovation.

In 2013, Rose Bowl repairs went over budget by $60 million. Mayor Bill Bogaard and council members need to spend more time ensuring the Rose Bowl Operating Co. (RBOC) is meeting budget expectations. Most people would agree that a $60 million renovation cost overrun is not spare change, especially in today's tough economy.

That shortfall has been reduced by $30 million, but at the additional cost of hosting extravagant and loud concerts — right next to Batman's own fictional neighborhood — which have created much traffic, noise and air pollution, and illegal behavior by drunken concertgoers, all causing more frustration for the real residents of the stadium's surrounding neighborhoods.

Just imagine if City Manager Michael Beck would decide to allocate all the proceeds from two or more concerts held at the stadium to help pay for things like low-income senior citizen housing services or afterschool tutoring programs to help struggling Pasadena Unified School District students. Even Batman might see that as a fair trade-off for all the hassles caused by these events. But that's not going to happen.

While events at the Rose Bowl capture the public's attention, residents of Pasadena also need to pay more attention to what's happening with the Robinson Park renovation project.

We know that Gonzalez Goodale Architects, a Pasadena-based minority-owned firm, would have most likely obtained the contract to upgrade the park. But Councilman John Kennedy became involved with the project and changed the selection process. Thus, Gonzalez Goodale did not receive the contract. Kennedy argued that the community had not been involved, that there was not enough public input, and that a new architectural firm should be selected.

Eventually, the GKKworks architectural firm, another minority-owned business based in Newport Beach, obtained the $802,000 contract. What makes this scenario interesting is Ron Carter, who supported Kennedy's council race through a $200 donation, received a $200,000 public relations contract for the project via GKK.

Taxpayers should be asking what has been achieved with this project thus far. Another question that needs to be asked is whether Latino residents who live in Northwest Pasadena have been included in the community meetings related to the park's renovation.

Maybe Batman isn't needed just yet. Perhaps this could be something that the Pasadena Latino Coalition (PLC) could take up. While they're at it, they should also ask for an audit of all city contracts and procurements. Feel-good forums and softball questions are not enough if real empowerment is to occur.

It's time for people to get involved and start asking about who is getting hired, who is getting the juicy contracts at City

Hall, and how much of the city's $700 million annual budget is actually being used to help low-income minority communities.

It's been said that there are two Pasadenas: one for the rich and one for everyone else. But there is another duality: a city that is civil and transparent is also at times sinister, secretive, manipulative, and vindictive — kind of like Gotham City.

It appears Pasadena is actually bipolar. Behind the façade of the flowery parade, millions of dollars quietly flow via contracts that are awarded to a chosen few. Much like Batman might reason if he really did live here, most residents do not have the time or the interest to follow these money trails. We just assume that our elected officials will do their due diligence and represent their constituents well. But that doesn't always occur.

What we need is Batman, a real hero who, as one of the city's many millionaires in his other persona, probably would have lots of questions about how his money was being spent. But since we can't have him, we'll settle for a mayor and City Council that can be staunch advocates for transparency, the underclass and fair play. n

Randy Jurado Ertll is the author of "The Life of an Activist: In the Frontlines 24/7." Visit him at randyjuradoertll.com. Kevin Uhrich is the editor of the Pasadena Weekly. Contact him at kevinu@ pasadenaweekly.com.

Pasadena Star-News
   Pasadena teachers finally have a substitutes' union
   November 26, 2014

The sad reality is that substitute teachers, of which I am one, have been getting the short end of the stick for way too long at the Pasadena Unified School District and throughout the United States.

While substitutes deserve respect, in 2013, the PUSD school board voted to reduce the pay rate from $140 to $120 a day. It was a dramatic reduction, especially for long-term subs who formerly were making $172 daily. Other surrounding school districts pay more than Pasadena, especially the Los Angeles Unified School District, which pays $173 per day and $233 per day for long-term substitute teachers.

PUSD should at least pay $150 per day, and I'm pleased to say that the brand-new Pasadena Substitute teachers United will advocate to restore the money that was taken away by the PUSD administration and board of education.

Even Compton and Paramount pay $150 per day to substitute teachers.

PSTU will advocate for health insurance to be offered to substitute teachers, similar to what teachers receive.

United Teachers of Pasadena does exist, but we felt that we needed to create our own union to advocate for specific needs that are unique to substitute teacher.

Let me tell you, it takes courage and commitment to be a substitute teacher.

But it also takes boldness to establish a labor union. I witnessed and served as the official representative at the state of California Public Employment Relations Board where the ballot vote count took place.

Pasadena Substitute Teachers United overwhelmingly obtained the majority with 73 total votes tallied in favor of PSTU.

The Communications Workers of America proposal to represent us only obtained 17 votes, and 18 substitute teachers voted for no representation.

Substitute teachers will have a voice through the PSTU official labor union, which is homegrown. It only takes a few people to make monumental social change.

Substitute teachers have to deal not just with students who are messing around in class, but also with some students who are screaming or throwing objects at other students or at the substitute teacher. Sometimes, substitute teachers have to contend with the threat or the reality of being assaulted by a student. Some substitute teachers have to go to high-crime areas where public safety is an issue.

It is no piece of cake.

On top of that, it takes years of teaching experience to learn certain classroom management and teaching skills. You have to be an expert in many subject fields since you may be assigned a math, science, U.S. government, English or even physical education class on short notice. It can be an unpredictable job, but substitute teachers become nimble, efficient and effective in navigating various public school bureaucracies.

Also, you have to jump through many hoops to become cleared via state education departments. You have to annually pay to renew your teaching credential through the Commission on Teacher Credentialing, which is managed under the California Governor's administration. You are required to have a bachelor's degree and to have passed the CBEST exam.

You do it because you have a passion for teaching and a commitment to serve as a role model for students.

Yet you don't get much in return.

But now Pasadena Substitute Teachers United can serve as a model to be replicated. Many times the funding provided to substitute teachers is used to fill other budget gaps which is unfair.

Pasadena is setting the example that substitute teachers can organize, mobilize and create a union to represent their basic labor rights.

Pasadena Substitute Teachers United have set an example that you do have a right to organize, to demand fair pay, to negotiate benefits and to serve as a responsible union that will seek out the best interests of the substitute teachers and their students' needs.

Hooray for Pasadena Substitute Teachers United!

Randy Jurado Ertll is author of the newly released novel "The Lives and Times of El Cipitio." www.randyjuradoertll.com

Daily News/San Gabriel Valley Tribune
Revise child-support laws that criminalize fathers
December 21, 2014

We need to revise our approach to fathers who fall behind in their child support payments.

Too often, they lose all custody of their children, and they often end up in jail as well, especially if they are black or Latino.

California's court system is biased toward giving full custody to mothers since the stereotype has been established that minority fathers are unfit to be parents.

Many counties use outdated child-support formulas and a punitive cookie-cutter approach to any father who is behind in his child support.

This is especially the case when it comes to Latino or black fathers who become unemployed.

Counties typically report delinquent child support payments to the credit bureaus. Then the attorneys for the counties gather information that will be eventually used against the father. They want to know why he can't obtain a job, even when the economy does not allow millions to find employment.

They make the father fill out reams of legal paperwork, which can result in thousands of dollars paid to family-law attorneys. But many low-income fathers cannot afford to hire adequate legal representation, and so they are at an even bigger disadvantage.

Most counties proceed to take the driver's license of the father away, which makes it more difficult for him to find or keep a job. Ultimately, counties file criminal charges against the father, who may end up in jail for noncompliance of child support.

That's how counties, through their Department of Child Support Services, turn many minority men into criminals.

The vicious circle gets even more vicious, as these fathers then will have an even harder time finding a decent job once they are released from prison with a criminal record and a ruined credit history.

There has to be a better way.

Yes, the mother deserves child support, and the child deserves it, too. But when the father cannot pay it, due to no fault of his own, counties and courts should not throw the book at him.

Almost every father wants to provide for his child. Let's make it easier, not harder, for him to do so.

Here's one way to do it: Take part of the money from Child Support Services and put it toward job training for fathers. Give them a chance to take this route, rather than force them down the path to prison.

Randy Jurado Ertll, is the author of the newly released novel "The Lives and Times of El Cipitio."

La Opinión
Senadora Warren, lánzate a la presidencia
13 de enero de 2015

Necesitamos una voz independiente y fresco como la de la senadora Elizabeth Warren como candidata presidencial para el 2016.

La exsecretaria de Estado y exsenadora Hillary Clinton no estaría mal tampoco, pero Elizabeth Warren habla para las masas de la clase obrera y la clase media.

No me refiero a sonar como un simpatizante sólo de Elizabeth Warren, pero ella inspira la audacia y el compromiso con la justicia social que muchos de los otros candidatos han perdido en el camino, ya que han sido comprados por los intereses especiales y por los poderosos grupos de presión en Washington DC.

Hillary Clinton declaró incluso públicamente que el niño centroamericano debería ser deportado. Esto se puede interpretar como insensible. Necesitamos alguien con calor humano que pueda comprender y relacionarse a nuestro dolor.

Lo que hace especial a Elizabeth Warren es ser una persona altamente cualificada, que resulta ser una mujer. Y eso es lo que Estados Unidos necesita: una presidenta auténticamente progresista. No alguien que se va a vender a un grupo de interés especial y a los Comités de Acción Política (PAC) gigantescos.

Los afroamericanos, asiáticos y latinos ayudaron a impulsar a Barack Obama para que llegue a la Casa Blanca.

Y lo mismo se puede hacer con la senadora Elizabeth

Warren. Pero esta vez, tanto las mujeres como el nuevo voto latino será más que fundamental.

Sentimos que la senadora Warren posee calor y humanidad. Es hora de que elijamos a una presidenta que tiene compasión, pero que no dé marcha atrás ante amenazas y matones. Ella puede incluso tener a un afroamericano o un latino como compañero de fórmula presidencial.

Necesitamos en la Casa Blanca a una persona intelectual, que también sea práctica como lo es Elizabeth Warren. Ella seguramente va a pensar dos veces antes de enzarzarse en guerras mortales innecesarias. Ella va a ver que es mucho mejor gastar aquí nuestros preciosos recursos en vez de construir más armamento mortal.

La avaricia corporativa individualista está arruinando nuestro país. Elizabeth Warren tiene la experiencia y el conocimiento político como para solucionar estas desigualdades. No es extraño que los plutócratas de Wall Street le teman.

Warren ha sido profesora de Derecho en la Universidad de Harvard desde hace más de 30 años y no se la puede engañar con una charla jurídica o ni con los detalles legales. Es muy simple, ella sabe mucho.

¡Elizabeth, lánzate! Así serás la candidata presidencial del pueblo y para el pueblo

Daily News/San Gabriel Valley Tribune
Pope Francis should make El Salvador's Archbishop Oscar Romero a saint — not Junipero
January 16, 2015

The pope should make El Salvador's Archbishop Oscar Arnulfo Romero a saint, not Junipero Serra.

Pope Francis has declared that he plans to canonize Junipero Serra, a Franciscan Catholic priest who in the 1700s helped to establish multiple Catholic missions throughout California. One of them was Mission San Gabriel Arcangel, established in 1773 and now a historical site in the city of San Gabriel.

Much of the way of life of the Tongva and Gabrielino Native American communities were disrupted tremendously.

Canonizing Junipero Serra is indeed a controversial decision since many minority groups in California and the United States do not see Junipero Serra in the most positive manner — since many Native Americans were mistreated, enslaved, beaten, murdered and forced to convert to Catholicism.

It would be more appropriate to canonize Archbishop Romero, who close to 35 years ago was gunned down by Salvadoran death squads linked to that country's military. He gave his life defending the rights of the poor and standing up to the brutality of the powerful.

He was murdered on March 24, 1980. The day before, he had publicly asked the Salvadoran military and National Guard to stop murdering their own brothers and sisters. After his murder came a deluge of more blood, as more than 80,000 Salvadorans were murdered — and tens of thousands tortured — during the following dozen years of civil war. Most of the deaths came at the hands of the Salvadoran military and paramilitary forces, which the U.S. government supported. Yes, the leftist guerrillas also participated in inhumane murders, but at a much lower rate as found by the United Nations Commission on Human Rights.

For many years, Romero served the wealthy families of El Salvador. He seemed to hide from the cruel injustices that were occurring in his country.

But he had a life-changing experience when he visited a poor village known as "Los Naranjos." He realized that children were starving and farmworkers were essentially enslaved to work the lands. He saw that they were abused and mistreated. He understood they were not allowed to speak up or to denounce injustices. If they did, then torture, beatings or death would be their fate.

Another turning point for Romero came in 1977, when his friend and fellow priest Rutilio Grande was murdered in cold blood.

And so he started to speak out for the poor and the persecuted. And when the Salvadoran death squads brutally murdered labor advocates, peasant organizers, human rights workers and religious leaders, he denounced these horrors in no uncertain times.

"I would like to make a special appeal to the men of the army, and specifically to the ranks of the National Guard, the police and the military," he said in his last sermon. "Brothers, you come from our own people. You are killing your own brother peasants when any human order to kill must be subordinate to the law of God, which says, 'Thou shalt not kill.' ... I implore you, I beg you, I order you in the name of God: Stop the repression."

Almost 35 years have passed since Romero was murdered but his spirit and legacy are alive and well.

He had to endure many accusations and defamations. He was not a communist archbishop, as he was falsely labeled. At bottom, he was a true man of the cloth. Millions of Salvadorans revere Romero as a national hero.

The archbishop of San Salvador, José Luis Escobar Alas, announced that he had written to Rome to ask that Romero be canonized "as soon as possible" and that the pope declare him as "San Romero de las Americas."

Archbishop Romero did not die in vain. Let's keep his legacy alive by supporting the efforts to make him a saint. He deserves no less.

Come on Pope Francis, you can do better than that. Canonize Monsenor Oscar Romero. Not Junipero Serra.

Randy Jurado Ertll is the author of the newly released novel "The Lives and Times of El Cipitio." He lives in Pasadena. www. randyjuradoertll.com

San Gabriel Valley Tribune
More environmental protections needed for poor, minority communities
February 6, 2015

An old phrase states that the more things change, the more they stay the same. I have been away from the environmental very,

community since 2000. Fifteen years later, I have chosen to return and I have realized that much work still needs to be done in poor, minority communities which are the most impacted by air, water and toxic contamination.

One major challenge is that many foundations do not fund minority-led environmental protection community-based organizations. These inequities in funding environmental groups need to change in order for newer, grassroots, environmental protection nonprofits to do more work in the communities that are most polluted.

A report just released by Earthworks and Clean Water Fund, titled "Californians at Risk: An Analysis of Health Threats from Oil and Gas Pollution in two communities: Lost Hills and Upper Oja," provides a spotlight on environmental issues that can be easily ignored. Most of us just drive past Lost Hills and Upper Ojai via freeways, not realizing that much contamination takes place in these areas.

The report states that "in regulating the oil and gas industries, California agencies have failed to prioritize public health and natural resources, ranging from lax regulation of wastewater disposal, air emissions, seismic impacts, and protection of water resources."

That is the major problem that poor communities face. The lax oversight from agencies that are taxpayer-funded such as California Environmental Protection Agency (Cal EPA), the Resources Agency, and more specifically the Air Quality Management District (AQMD), the California Air Resources Board (ARB) and other institutions that are vested with the job of protecting our environment and health.

Why is it that these agencies tend to overlook or ignore regulating the oil and gas industries? One reason may be that polluting industries have billions of dollars to spend on public relations and extremely well-paid anti-environmental lobbyists. These lobbyists and public relations hired guns know how to counteract and dismiss studies conducted by Earthworks and Clean Water Fund.

It is a David vs. Goliath type of work.

Therefore, foundations need to diversify their funding

appropriations. They need to do more research in identifying and seeking out small, minority-led, and environmental protection nonprofits that need funding.

In my 15-year absence from the environmental movement, most environmental justice organizations have disappeared such as the Madres del Este de Los Angeles – Santa Isabel and Concerned Citizens of South Central. A few, new organizations have been established but they work on survival mode since the major foundations tend to support the well-established, multi-million dollar, mainstream, environmental groups.

Why are small, startup, minority led environmental protection nonprofits expected to do work for free? These low-income, minority communities are already existing on a day-to-day survival mode. Therefore, environmental justice work is twice or triple the work since the barriers and obstacles are multiple. Doing environmental protection work in cities such as Santa Monica and other affluent cities is much easier since the mainstream environmental groups have powerful development/fundraising departments.

Minority community members, especially our newly established nonprofit, the California Latino Environmental Advocacy Network — CLEAN — applaud Earthworks and Clean Water Fund for taking the leadership role in providing this report, in English and Spanish.

Now, let's work together to protect our environment and public health by advocating for environmental protection agencies simply to do their jobs.

Randy Jurado Ertll is executive director of the California Latino Environmental Advocacy Network—CLEAN. www.cleannetwork.org

La Opinión

Más fondos para el medio ambiente: Los grupos ecológicos de minorías, pequeños y sin fines de lucro necesitan más fondos para operar

16 de febrero de 2015

Una vieja frase dice que cuando más cambian las cosas - más siguen igual. He estado fuera de la comunidad ambiental desde 2000. Quince años más tarde decidí volver y veo que todavía queda mucho trabajo por hacer en las comunidades pobres, las minorías que son los más afectados por el aire, el agua y la contaminación tóxica .

Un desafío importante es que muchas fundaciones no financian las organizaciones comunitarias de protección del medio ambiente. Estas desigualdades en la financiación de los grupos ecológicos tienen que cambiar para que los grupos más nuevos de base de protección ambiental y sin fines de lucro puedan trabajar mejor en las comunidades que están más contaminadas.

Un nuevo informe recién publicado por Earthworks and Clean Water Fund titulado "Californianos en riesgo: un análisis de amenazas para la salud por la contaminación de petróleo y gas en dos comunidades: Lost Hills y Superior Ojai" pone atención en las cuestiones ambientales que pueden pasarse por alto fácilmente.

El informe señala que "en la regulación de las industrias de petróleo y gas, agencias de California han fallado en priorizar la salud pública y los recursos naturales, que van desde la regulación laxa de eliminación de aguas residuales, emisiones atmosféricas, los impactos sísmicos, y la protección de los recursos hídricos".

¿Por qué es que los organismos de protección del medio ambiente tienden a pasar por alto o ignorar la regulación de las industrias de petróleo y gas?

Una razón puede ser que las industrias contaminantes tienen miles de millones de dólares para gastar en relaciones públicas y un muy bien pago cabildero anti-ambiental. Estos grupos de presión y de relaciones públicas saben cómo contrarrestar y dejar de lado los estudios de Earthworks and Clean Water Fund.

Por lo tanto, las fundaciones deben diversificar lo que financian. Tienen que hacer más investigación en identificar y buscar las organizaciones protectoras del medio ambiente sin fines de lucro pequeñas y de minorías que necesitan fondos.

Los integrantes de comunidades minoritarias, especialmente en la nuestra sin fines de lucro de reciente creación, la California

Latino Enviromental Advocacy Network (CLEAN) aplauden a Earthworks and Clean Water Fund por su rol de líder en la prestación de este informe - en inglés y en español.

Ahora, vamos a trabajar juntos para proteger nuestro ambiente y la salud pública mediante la promoción de los organismos que e protegen el medio ambiente para que simplemente hagan su trabajo.

Pasadena Weekly
Still Waiting: LA's poorer communities are left wanting 23 years after the Los Angeles Riots
February 26, 2015

If the beating of former Altadena resident Rodney King had not been captured on video, the same intense brutality and insanity would probably still be a normal occurrence in LA's poor areas.

In the 1980s and early 1990s, countless individuals were beaten by rogue Los Angeles police officers who were influenced by then-Chief Daryl Gates. Gates liked to portray himself as a tough-as-nails, no-holds-barred cop. He was willing to use any means necessary — including excessive force — against the so-called bad guys.

During that time, the LAPD's mission became murky. Some LAPD officers who were fighting against the thugs became thugs themselves, engaging in unethical and illegal activities, under the protection of a badge. Many felt unrestrained power with that badge, a baton and a gun. Remember the LAPD Rampart Division scandals?

Many officers were seen as members of an occupying force who did not live in the areas that they patrolled. Racism was not subliminal, but obvious.

Then the officers who savagely beat King on a traffic stop the year before were acquitted. People in South Central and Central LA were outraged. They were all too familiar with such inequities and injustices. Incredibly, these injustices continue to occur to this day, throughout the United States.

In 1992, the rage exploded in one of the most destructive riots in US history.

A few of the positive outcomes of the riots were that the LAPD was forced to reform, Gates resigned as chief, and the Christopher Commission was created. The Christopher Commission came up with many proposals for reform, including revising the City Charter to make the chief of police subject to term limits.

It is also important to point out that the media chose to portray the LA riots as a white, black and Korean issue.

The Latino community was mostly ignored in the coverage. The main Latino spokesperson to emerge was actor Edward James Olmos, who on live television decided to take a broom and asked others to join him in cleaning up Los Angeles after the looting and out-of-control fires initiated by arsonists.

Despite Latinos' invisibility to the media, the riots served as a wake-up call to the broader Latino community. It ignited concern largely from Central American immigrants who had quietly endured abuse by police for years. Street vendors, day laborers and youths began gathering at community meetings, telling their stories of harassment and abuse.

The fear of the LAPD was particularly pronounced among school-age teens (who were frequently profiled as gang members, even if they were just walking home from school with their friends). The fallout of the verdict meant elected officials would now have to begin hearing concerns raised in Latino neighborhoods about police misconduct. It spread to questions not only about the LAPD, but criticism of how the Los Angeles County Sheriff's Department treated Latinos as well.

Also, the real underlying political and socioeconomic issues were finally addressed by political and business leaders.

Twenty three years later, we now have a Los Angeles mayor of Latino descent, a chief of police who believes in community policing, and a City Council that actually acknowledges certain social justice issues. However, we still have a long way to go and the injustices of the past still linger. We also have to question, what does community policing really mean and is it effective since distrust continues?

Areas such as South LA, Koreatown, Pico-Union/Westlake, and other high poverty communities continue to be neglected. Liquor stores and cheap motels are still commonplace in South LA and other poor areas. The business leaders of Los Angeles have not done enough to bridge the gap between rich and poor.

The real question going forward should be how will future elected officials help create real jobs and opportunities in poor, neglected areas that have not improved much since 1992?

Ana Cubas should seriously consider running again for Council District 9 — it is inevitable that a Latino or Latina will eventually represent this high-poverty area that is now predominantly Latino. The continual challenge is to educate our youth and to prepare them to take positions of leadership in which they can implement humane policies and ensure that our civil and human rights are upheld.

Otherwise, the same vicious cycle of poverty will continue and the city's poor areas will remain neglected, dangerous and left with no real hope.

Let's just hope and pray that real change will one day arrive. Let us not wait another 23 years.

Randy Jurado Ertll grew up in South Central Los Angeles. He is the author of the newly released novel "The Lives and Times of El Cipitio." Readers can find out more on his website randyjuradoertll.com.

The Atlanta Journal-Consitution
We need to remember Archbishop Romero, 35 years later
March 15, 2015

We need to remember Archbishop Oscar Romero thirty-five years after his assassination on March 24, 1980.

Romero's political evolution took place once he was named to head the Catholic Church in El Salvador.

He was transferred to the capital San Salvador, where he was met with much antagonism and dislike. It was not just Roberto D'Aubuisson (the politician who hatched the conspiracy), the death squads and some members of the Salvadoran elite who murdered him. Many others were complicit, too.

While in the capital, leading the church, he gained incredible spiritual strength to defend the poor and the voiceless. Millions would listen to his homilies on radio.

The people who truly embraced Romero were the poor campesinos who attended his mass and those who had the privilege to get to know him when he would visit their villages. Romero came from a middle-class background but he purposely chose to live a humble life.

Romero was not afraid to die. He was a valiant man who did not accept bodyguards. He consciously chose to give his life for the poor.

But he was very afraid of the demons that were being unleashed upon the Salvadoran populace. He knew much blood would be spilled. He even risked his life by having a dialogue with the guerrilla leaders, asking them to avoid using violence. He tried everything in his power to stop the oncoming bloodbath.

Before his assassination, Romero visited Pope John Paul II, who snubbed Romero. Romero was deliberately made to wait an inordinate amount of time and relegated to a long line to meet the pope. The pope chastised Romero and ordered him to stop speaking up for the rights of the poor and involving himself in political issues.

Romero returned heartbroken to El Salvador. But he still continued to denounce the regime's human rights abuses and killings. He made up his mind that he would give his life for the persecuted Salvadoran people, even if the Vatican refused to acknowledge the atrocities.

Ironically, the same church that turned its back on Romero is all set to venerate him. The Catholic Church formally beatified Romero on May 23 in San Salvador, one step short of sainthood.

Even if not a saint, Romero did actually conduct countless miracles. He saved the lives of numerous people who would otherwise have been tortured and killed. He sheltered and protected innocent victims in his churches.

He fed the poor, clothed them, and he spoke up for them,

knowing that he would possibly be killed. In fact, the miracle is that Romero has been now recognized as an international hero by the Catholic Church, when before he was demonized by many of his fellow clergy. Finally, the church is atoning for its sins toward him.

Romero taught us all an invaluable lesson: He stood up to bullies and he did not turn his back on his people.

Archbishop Romero was a hero and martyr. We honor him on his assassination anniversary by remembering all the good that he did.

Randy Jurado Ertll is the author of Hope in Times of Darkness: A Salvadoran American Experience.

La Opinión
Romero en camino a la santidad
16 de marzo de 2015

Tenemos que recordar al Arzobispo Oscar Romero 35 años después de su asesinato el 24 de marzo 1980. Su evolución política se llevó a cabo una vez que fue nombrado al frente de la Iglesia Católica en El Salvador.

Ya en San Salvador, fue recibido con antagonismo y disgusto, no sólo de parte de Roberto D'Aubuisson (el político que urdió la conspiración), de los escuadrones de la muerte y de integrantes de la élite salvadoreña que lo asesinaron. Muchos otros también fueron cómplices .

Allí Romero obtuvo una fuerza espiritual increíble para defender a los pobres y los sin voz. Millones escucharon sus homilías en la radio.

Las personas que realmente abrazaron a Romero fueron los campesinos pobres que asistieron a su misa y los que lo conocieron durante sus visitas a las aldeas. Romero venía de una familia de clase media, pero eligió una vida humilde.

Romero no tenía miedo de morir. Era un hombre valiente que no aceptaba guardaespaldas. Él eligió conscientemente dar su vida por los pobres.

Pero él temía los demonios que se estaban desatando sobre la población salvadoreña. No tuvo temor de arriesgar su vida por tener un diálogo con los líderes de la guerrilla, pidiéndoles que eviten el uso de la violencia. Lo intentó todo en su poder para detener el baño de sangre que se aproximaba.

Antes de su asesinato, Romero visitó el papa Juan Pablo II, que desairó Romero. El Papa le ordenó que dejara de hablar a favor de los derechos de los pobres y de involucrarse en cuestiones políticas.

Romero regresó desconsolado a El Salvador. Pero siguió denunciando los abusos y asesinatos de los derechos humanos del régimen. Allí tomó la decisión que iba a dar su vida por el pueblo salvadoreño perseguido, incluso si el Vaticano se negaba a reconocer las atrocidades.

Irónicamente, la misma iglesia que dio la espalda a Romero tiene ahora todo listo para venerarlo.

La Iglesia Católica beatificará formalmente Romero el 23 de mayo en San Salvador, un paso por debajo de la santidad.

Aunque todavía no es un santo, Romero llevó a cabo realmente innumerables milagros. Salvó la vida de muchas personas que de otro modo habrían sido torturados y asesinados.

Alimentó a los pobres, los vistió, y él tomó la palabra por ellos, sabiendo que posiblemente sería asesinado. De hecho, el milagro es que Romero ha sido ahora reconocido como un héroe internacional por la Iglesia Católica, cuando antes había sido demonizado por muchos de sus compañeros de clero. La iglesia está expiando sus pecados hacia él.

Romero nos enseñó a todos una lección muy valiosa: Se puso de pie ante los matones sin darle la espalda a su pueblo.

Monseñor Romero fue un héroe y mártir. Nosotros lo honramos en su aniversario de asesinato al recordar todo lo bueno que él lo hizo

Fresno Bee
For Earth Day, let's diversify environmental movement
April 17, 2015

For Earth Day, let's pledge to diversify the U.S. environmental movement.

It is not ethnically diverse and, to make matters worse,

funding sources inadequately support minority-led environmental efforts.

Environmental justice work is too often seen as merely hiring one or two people of color to do community organizing. Many times, this work is expected to be done for free.

Poor, minority communities are the most impacted by environmental contamination. Ironically, they are the least empowered to push back, since they typically have no minority-led environmental organizations to take on their specific battles.

Mainstream environmental organizations have been around for decades, and they sometimes have massive budgets. For example, the Nature Conservancy has assets of more than $6 billion. Imagine if such outfits would choose to fund small minority-led grassroots environmental groups.

This is not just about breaking the green ceiling, even though opportunities inside the environmental movement are scarce for people of color. What is needed even more is a revolution where black, Asian and Latino community members organize to create their own environmental nonprofits. It is not easy, but it is possible.

The California Latino Environmental Advocacy Network, the organization I have helped establish, has taken the initiative to create the first statewide, Latino-led and founded environmental nonprofit in California. It's a big step, since the system makes it difficult for such groups to obtain nonprofit status.

Now the question is: Will funders help such an organization get off the ground? Or will CLEAN meet the fate of Concerned Citizens of South Central and Madres del Este de Los Angeles, Santa Isabel, which disappeared due to lack of support and funding.

A recent report, "The State of Diversity in Environmental Organizations: Mainstream NGOs, Foundations & Government Agencies," published by the Green 2.0 organization has some useful recommendations on this issue. Foundations, nonprofits and government agencies should integrate diversity goals into performanceevaluations and grant-making criteria, it says, and environmental associations should showcase leaders andlaggards. The report recommends that increased resources be allocated for diversity initiatives and that sustainable funding be provided for networking and support.

Adding to this, a scorecard should be developed to see which environmental groups are making progress in relation to diversity. Similar criteria should be applied to foundations and green corporations - to assess if they are making solid progress in helping to identify and fund minority-led environmental efforts. These steps and other such efforts need to be implemented as soon as possible.

By next Earth Day, we should make significant progress on diversity within the environmental movement. Now that would be something to celebrate and applaud.

Randy Jurado Ertll, is the executive director of the California Latino Environmental Advocacy Network – CLEAN. Please visit the website at www.cleannetwork.org

Palm Beach Post

Commentary: For Earth Day, let's diversify environmental movement
Wednesday, April 22, 2015

For Earth Day, let's pledge to diversify the U.S. environmental movement.

It is not ethnically diverse and, to make matters worse, funding sources inadequately support minority-led environmental efforts.

Environmental justice work is too often seen as merely hiring one or two people of color to do community organizing. Many times, this work is expected to be done for free.

Poor minority communities are the most impacted by environmental contamination. Ironically, they are the least empowered to push back, since they typically have no minority-led environmental organizations to take on their specific battles.

Mainstream environmental organizations have been

around for decades, and they sometimes have massive budgets. For example, the Nature Conservancy has assets of more than $6 billion. Imagine if such outfits would choose to fund small minority-led grass-roots environmental groups.

This is not just about breaking the green ceiling, even though opportunities inside the environmental movement are scarce for people of color. What is needed even more is a revolution where black, Asian and Latino community members organize to create their own environmental nonprofits. It is not easy, but it is possible.

The California Latino Environmental Advocacy Network, the organization I have helped establish, has taken the initiative to create the first statewide, Latino-led and founded environmental nonprofit in California. It's a big step, since the system makes it difficult for such groups to obtain nonprofit status.

Now the question is: Will funders help such an organization get off the ground? Or will CLEAN meet the fate of Concerned Citizens of South Central and Madres del Este de Los Angeles, Santa Isabel, which disappeared due to lack of support and funding.

A recent report, "The State of Diversity in Environmental Organizations: Mainstream NGOs, Foundations & Government Agencies," published by the Green 2.0 organization has some useful recommendations. Foundations, nonprofits and government agencies should integrate diversity goals into performance evaluations and grant-making criteria, it says, and environmental associations should showcase leaders and laggards. The report recommends that increased resources be allocated for diversity initiatives and that sustainable funding be provided for networking and support.

Adding to this, a scorecard should be developed to see which environmental groups are making progress in relation to diversity. Similar criteria should be applied to foundations and green corporations — to assess if they are making solid progress in helping to identify and fund minority-led environmental efforts. These steps and other such efforts need to be implemented as soon as possible.

By next Earth Day, we should make significant progress on diversity within the environmental movement. Now that would be something to celebrate and applaud.

Randy Jurado Ertll, is the executive director of the California Latino Environmental Advocacy Network – CLEAN. Please visit the website at www.cleannetwork.org

Pasadena Star-News
Can Mayor Tornek and Councilman Hampton turn Pasadena around?
May 9, 2015

It's about time that we had some fresh leadership in Pasadena. New Mayor Terry Tornek and new Councilman Tyron Hampton need to step up to the plate. And the real question should be, do they have the guts to fire people who are responsible for the various scandals that have plagued and blemished the image of Pasadena?

Hampton has deep roots in Pasadena. What is extraordinary is that he goes against the grain. It seemed that former Fire Chief Calvin Wells should have won since the old guard power brokers of Pasadena backed him.

What truly won Hampton's race was his dynamic charisma and Colgate smile. Dressing GQ does not hurt him at all, either. Now, we hope that Pasadena will provide him with the resources that he needs for his special needs due to his dyslexia.

Some of the city's legal jargon and bureaucratic talk does indeed need to be made simple. We need for Hampton to effectively question staff recommendations and to obtain help in fully comprehending the extraordinary reams of paper and budgets that elected officials are expected to review and vote on.

Tornek can serve as his mentor. But does he have the bite to make Pasadena great again? We know that over $6 million were stolen and top administrators need to be held accountable.

Also, the Pasadena Police Department used to be a model police force in the nation. Now it is plagued with scandals and corruption. The question remains, can Chief Phil Sanchez keep his troops in line and will some of these officers follow the rules or simply leave town?

Lots of healing needs to take place, ever since Kendrec McDade was shot and killed by Pasadena Police Department officers.

Some of these scandals are just the tip of the iceberg in how Pasadena evolved from a world-class city into a chaotic Gotham City.

We hope that Pasadena will not resort to COINTEL type of surveillance methods to control its citizenry. Elected officials that partake in these illegal activities create an atmosphere of corruption and fear. Many people who work with institutions here feel that they have to walk on egg shells and that they need to protect their jobs by any means necessary.

Some begin to imitate the leadership style of the people at the top.

The new leadership can either rule through fear and surveillance, as has occurred in the recent past, or they can rule through transparency and respect. I would rather much have a mayor who is so confident that he will not allow any rogue city employees, including police officers, who feel that they can intimidate and put fear into low income, minority community members.

We ask Tornek and Hampton to make changes swiftly. Pasadena needs to be a place in which people of all races and economic backgrounds are treated with respect.

The Police Department needs to become allies with community members. Trust needs to be rebuilt.

Nonprofits need to play more of an active role in helping with social needs and social issues. Offering services is good, but nonprofits can play more critical roles in supporting to make Pasadena great again.

We know that Hampton will speak up for minorities. He is homegrown and a product of the Pasadena Unified School District. He will be a critical ally and advocate for the PUSD.

After many recent scandals plaguing Pasadena, former

Mayor Bill Bogaard can shift his focus and enjoy his retirement years. He can now focus his attention on writing his memoirs.

Randy Jurado Ertll will receive the Seal Award for Service to the Community from his alma mater Occidental College in June.

La Opinión

El genocidio indígena de 1932: El tiempo ha olvidado lo que ocurrió en 1932 en El Salvador
   12 de mayo de 2015

Muchos genocidios se han producido a lo largo de la historia. Ellos son aterradores y dejan cicatrices profundas, sufrimiento humano y un dolor inmenso para los familiares que se ven afectados directa o indirectamente.

En especial, cuando los gobiernos o facciones gobernantes que perpetran estos hechos se niegan a admitir que cometieron atrocidades a través del genocidio.

A lo largo del tiempo, nos hemos olvidado de muchos de ellos y hay otros que no están debidamente incluidos en los libros de historia actuales.

El tiempo ha olvidado lo que ocurrió en 1932 en El Salvador. Más de 30,000 indígenas fueron asesinados por órdenes del general Maximiliano Hernández Martínez, quien era partidario de los nazis de Adolfo Hitler y del general Francisco Franco de España. Hernández Martínez gobernó desde 1931 hasta 1944.

Para muchos el militar es visto como un héroe que se enfrentó al comunismo en El Salvador. El llegó incluso a pedir ayuda y entrenamiento al aparato militar/policial de Franco en España. Ellos entrenaron a la Guardia Nacional salvadoreña en su represión y brutalidad.

La Guardia Nacional de El Salvador era conocida por golpear, torturar y matar a cualquiera que no hubiera seguido las reglas establecidas por el general Martínez. La tasa de delincuencia era extremadamente baja ante el temor a las represalias del general Martínez.

En 1932, el líder campesino Farabundo Martí y junto otros tales como Modesto Ramírez, dirigieron y organizaron el movimiento revolucionario/resistencia salvadoreña – que con el tiempo pasó a ser el Partido Comunista Salvadoreño y el movimiento revolucionario. El héroe invisible, similar a Camilo Cienfuegos de Cuba, fue Ramírez, quien viajó por todo El Salvador organizando a la población campesina. Ramírez y Miguel Mármol, sobrevivieron al genocidio y, de hecho contaron lo ocurrido a través de la palabra oral y escrita.

Las costumbres y la forma de vestir de los nativos e indígenas fueron completamente erradicados y prohibidos. Eventualmente, los comunistas salvadoreños y los líderes campesinos decidieron llevar a cabo un levantamiento en 1932.

El general Martínez ordenó a su Guardia Nacional y a los soldados buscar y destruir. Por coincidencia, algunos de los volcanes de El Salvador explotaron de furia y sirvieron de telón de fondo a los olvidados del genocidio indígena de 1932.

El general Martínez ordenó el asesinato de todos los simpatizantes comunistas y agitadores. En realidad esto fue un disfraz para erradicar de El Salvador a la población Maya/Pipil y robar sus tierras.

El general Martínez consolidó su poder y gobernó durante más de una década. Sin embargo, las semillas ya habían sido plantadas por el Partido Comunista de El Salvador. Debemos aprender las lecciones de la historia y hacer todo lo que esté a nuestro alcance para evitar futuros genocidios.

Recordemos y reconozcamos el genocidio de 1932 en El Salvador. Eso fue más que una masacre o matanza. Llamémoslo por lo que fue, un genocidio.

Randy Jurado Ertll, autor y activista. Su web-site es www. randyjuradoertll.com

La Opinión
¿Aceptaría Monseñor Romero su beatificación?: Gran parte del pueblo salvadoreño ve a Monseñor Romero como un símbolo heroico, valiente, honesto, que sigue dando fe y esperanza
22 de mayo de 2015

Si estuviera vivo, Monseñor Romero rechazaría su beatificación para enviar un mensaje al gobierno que todavía sigue ignorando las necesidades de su pueblo y que no ha hecho lo suficiente para protegerlo de las pandillas y instituciones gubernamentales corruptas.

Claro, sabemos que la beatificación y asignación de santo, la persona tiene que haber fallecido. Lo que debe contar es mantener vivo el mensaje de nuestros mártires y poner en práctica su enseñanzas. Especialmente las de Monseñor Romero – quien practicaba lo que predicaba. Y eso es muy raro entre las personas y los políticos en especial.

Monseñor Romero no murió en vano. Él, como otros grandes líderes de la talla de Gandhi y Martin Luther King, sabía por su propia experiencia y extraordinaria sabiduría que la violencia no es la major va para solucionar problemas. Irónicamente, estos tres líderes murieron víctimas de la violencia.

Monseñor Romero fue víctima de una violencia que el mismo haba tratado de evitar. Desde temprana edad ya era talentoso, sensible y tenía una inclinación hacia la religión y academia.

Por muchos años, Romero atendió las necesidades de las familias adineradas. Aun no conocía la cruel realidad en su propio país ni las injusticias que ocurrian a diario en El Salvador. Él venía de una familia de clase media.

Tenemos que aprender de Monseñor Romero, que tuvo que regresar a su pueblo y vivir entre su propia gente trabajadora y humilde para ver y entender la cruda realidad de la pobreza e injusticias.

Desgraciadamente, ahora la tierra de El Salvador sigue absorbiendo la sangre tibia de tantos asesinatos. El país es considerado unos de los más violentos en todo el mundo. La mayor parte de las víctimas son civiles que viven en áreas pobres o marginadas. Son los invisibles. A los que el gobierno ignora.

Monseñor Romero trató de evitar que la guerra estallara en El Salvador. Él no era un arzobispo comunista, pero tuvo que aguantar estas difamaciones de la propia Iglesia Católica y de sus enemigos.

Gran parte del pueblo salvadoreño ve a Monseñor Romero como un símbolo heroico, valiente, honesto, que sigue dando fe y esperanza.

Pero no permitamos que se utilize su imagen para fines politicos y lucrativos. Debemos poner en práctica sus enseñanzas.

Él vivía en humildad y con honestidad. No creía en el enriquecimiento propio. Los políticos deberían seguir su ejemplo y no vivir en opulencia. Deberían exigirle a los criminales que no maten a sus propios hermanos y hermanas salvadoreños.

La pregunta debe ser – ¿qué estuviera haciendo Monseor Romero si estuviera vivo para denunciar la continua violencia de las pandillas/maras que extorsionan y les cobra 'renta' a la gente pobre?

Pero más importante, ¿qué está haciendo el gobierno para proteger a sus propio pueblo, para contrarrestar esta violencia?

¿Estarán de vacaciones en la playa o estarán luchando en proteger a su propio pueblo que los eligió?

Randy Jurado Ertll, author de libro Esperanza en Tiempos de Oscuridad: La Experiencia de un Salvadoreño Americano. Su website es www.randyjuradoertll.com

Daily News
Pope should stand up for poor in minority communities
June 27, 2015

The message of Pope Francis on the environment is welcome, but he needs to go further.

The pope showed tremendous courage and leadership on this issue. He will persuade a lot of Catholics not just to recycle but to advocate for real environmental protections at the international, national, state and local levels.

But it is much easier to make big declarations than to make small, concrete changes when it comes to the environment. Environmental fights often take place on the very local level. I meet poor community activists who have to confront giant corporate polluters and developers. Many do not get support from the government, foundations or major environmental nonprofits.

These community members have to struggle on their

own, and some have lost their lives due to pollution. Others have been murdered, including Chico Mendes, a well-known Brazilian environmental activist who was killed in 1988. He was fighting to protect the Amazon rainforest and ranchers and the government saw him as a threat.

We have many activists in the United States waging lonely battles in poor communities and advocating for environmental justice. When Pope Francis visits the United States in September to make Junipero Serra a saint, he should take the time to visit the most invisible, polluted and disempowered communities — specifically low-income black, Asian and Latino neighborhoods.

The pope should also meet with major foundations to ask them why they do not adequately fund minority-focused environmental justice efforts. And he should also request that their investments be made public. We may find some interesting links with corporate polluters. The New York Times recently reported that the Nature Conservancy makes profits from oil investments in Texas. The group has assets exceeding $6 billion.

The pope's efforts to raise awareness about climate change are very important, but he should also advocate for poor black, Asian and Latino communities in the United States that have been the most negatively affected by adverse environmental conditions. They need him to intercede on their behalf.

Randy Jurado Ertll is a Pasadena-based environmentalist and author of the recent novel "The Lives and Times of El Cipitio."

Pasadena Weekly
Death in the Air: Political posturing and American indifference have put bloody El Salvador on the path toward a second civil war
July 16, 2015

If you make a pact with the devil, the devil will expect much in return.

That is exactly what El Salvador's former leftist President Mauricio Funes did in 2012 with his party, the Farabundo Martí

National Liberation Front (FMLN), and the Mara Salvatrucha 13 (MS-13) and 18th Street, or Barrio 18 gangs — both created in Los Angeles, and responsible for many murders and much anguish here and throughout the United States.

We now know that many young children who were coerced into joining these gangs had been previously involved as government child soldiers or guerrilla fighters in their home countries of El Salvador, Honduras, Guatemala, Nicaragua and Mexico. These children eventually grew into vicious gang members who attacked their enemies — other gangs and civilians — without mercy.

In the 1990s, President Bill Clinton quietly ordered the deportation of gangsters living in the United States. Thousands of Mexican and Central American gang members were deported to their home countries and stripped of their US naturalized citizenship, permanent residency, and Temporary Protected Status (TPS).

They arrived in their home countries desolate and without hope of finding any type of work. Most established new cliques throughout El Salvador and other countries. While the FMLN and Arena, El Salvador's two main political parties, fought for electoral power throughout the first few years of the new century, MS-13 and 18th Street gang members were growing up and busily consolidating their drug-fueled power in the country's poorest and most neglected areas.

Funes served as president from 2009 to 2014. Yes, he and some of his top military brass and the Catholic Church negotiated a truce between MS-13 and 18th Street gang members in 2012. But they apparently did not take into account what such a deal with those particular devils might bring.

There are an estimated 25,000 gang members at large in El Salvador, with another 9,000 in prison. Another 60,000 youth are believed to be involved with juvenile gangs. The Mexican cartels have infiltrated their ranks and now recruit these gangsters as foot soldiers and drug traffickers.

After the FMLN made this pact, which saw gang leaders agreeing to stop murdering people in return for better prison conditions, including transfers and family visits, the killings tapered off.

The truce was credited for a drop in homicides, from an average of 14 per day to five, over 16 months. People living in gang-controlled areas said the truce had an unanticipated effect, allowing gangs to increasingly prey on everyday citizens through extortion and terror. Ultimately, according to The Asociated Press, "homicide numbers started rising again in June 2013 and never came back down."

To take care of the growing body count, Salvadoran gangsters have created clandestine cemeteries in remote areas, according to a number of news websites. They also entomb the bodies of their victims within the cement floors of "destroyer homes" or "crazy houses," where they congregate, torture victims and conduct satanic rituals.

According to The AP, El Salvador had more homicides in March than any other single month in a decade. Data from the National Civil Police, The AP reported, show 481 homicides recorded in March, or more than 15 a day. There were 73 murders in the first five days of April. In the month of June, over 677 individuals were murdered, more than any other single month since the country's civil war ended in 1992, amounting to an average of 22.6 killings per day.

The United States, the FMLN and Arena have been responsible for allowing these gangs to grow astronomically. Thousands of civilians have been brutally murdered while the United States and the two political parties have turned a blind eye to the gravity of the situation.

The US State Department recently warned of the unsafe conditions in El Salvador, as more than 35 US citizens have been murdered in the last few years. Most were Salvadorans who became naturalized US citizens and returned as tourists without knowing what might be involved in dealing with gangsters.

Some have romanticized gang culture. But there is nothing romantic or glamorous about living in impoverished areas most affected by bloody gang violence.

Shame on the United States and El Salvador's political

powers for not doing more to stop the murders of innocent poor people in that nation and other Central American countries. Now is not the time to ignore what is going on. Now is the time to act, before the situation becomes even worse.

Randy Jurado Ertll is the author of "Hope in Times of Darkness: A Salvadoran American Experience." randyjuradoertll.com.

Pasadena Star-News
No more business as usual at Pasadena City College: Guest commentary
Sunday, July 26, 2015

Pasadena is known for its world-class Rose Parade, Rose Bowl, Art Center College of Design and Caltech. Some other institutions use to be considered world class, but no longer. One such institution is Pasadena City College, no longer one of California's top three community colleges.

PCC has slipped in its rankings. Under the leadership of former President Mark Rocha, scandals and chaos occurred. And he did the classic move. He ran out of town once the heat in the kitchen got too hot.

And now, after a March visit to the campus, the Accrediting Commission for Community and Junior Colleges has placed the school on probation, citing administrative problems and loss of faith by the faculty in PCC's academic management.

Rocha left the current administration to fix the mess. The faculty and students continuously voted to oust Rocha and that finally occurred due to multiple scandals such as the PCC professor who was literally teaching porn to some PCC students.

Then, to make matters worse Rocha disinvited PCC alumnus and Oscar winner Dustin Lance Black to be the keynote speaker at graduation because of alleged inappropriate pictures/videos on the Internet related to Black.

Rocha was so bold that he even predicted the breakdown of PCC. To his chagrin, some of his emails were leaked to the press and public.

Now, the professors/faculty have taken a vote of no confidence in relation to the leadership of the Board of Trustees. Even though the Board of Trustees have now tried to distance themselves from scandals by bringing in former Fullerton College President Rajen Vurdien to head PCC. President Vurdien may be in for a rude awakening.

Some of the rumblings have not gone away. What PCC really needs is a major shake-up in regard to institutional culture. Bureaucracies get used to doing things the same ways as in the past.

But let's give President Vurdien a chance to make things right. A chance to prove that he has the mettle to take on PCC faculty issues. A chance to help adjunct professors to eventually become full-time professors. A chance to hire some new staff and professors who will reinvigorate and recharge the campus with new ideas and enthusiasm. He needs to surround himself with new key advisers who will tell him the truth and advise him correctly on key community college and education issues. He needs to establish new advisory groups that are reflective of the community needs.

We hope that Vurdien will not be a company man, because what PCC really needs is an outsider such as him to shake things up. He needs to hire people based on qualifications and not friendships or family connections.

The true test of making PCC great again will be on who gets elected to be on the PCC Board of Trustees. They are the ones who set policy and leadership at the top level. The problem is that over 90 percent of community members probably do not even know who are the current board members.

This provides an opportunity for new candidates such as Tom Selinske to become well known, not just in Pasadena but in other areas that Pasadena City College serves.

Yes, it is time for a change. We need new blood via new candidates to step up and run for the PCC Board of Trustees who will hold everyone accountable; who will take into account the needs of faculty, and most importantly, the needs of students. Not the needs or special interests of adults who are seeking overpaid administration positions or contracts. No more business as usual at Pasadena City College.

Randy Jurado Ertll is author of the recent novel "The Lives and Times of El Cipitio."

San Diego Union-Tribune
"Straight Outta Compton" shouldn't glorify gangster culture
August 14, 2015

I have yet to see the "Straight Outta Compton" movie that premieres this week. I cannot deny that the billboards and promotional pictures are gigantic and catchy. They take me back to when I was growing up in South Central Los Angeles. I use to even wear similar clothing.

Through the decades, I have been trying to figure out the root causes of violence and gang culture. One of the myths that many Hollywood movies and others have perpetrated is the glorification and justification for the formation of gangs. Some have even gone so far as to claim that they were formed to protect the community.

The harsh reality is that gangs have been established to prey on the poorest community members who tend to be the most vulnerable and invisible in our society. Gangs also provide job security for law enforcement officers.

Have you ever heard of a gang establishing an after-school tutoring program or a scholarship program from drug proceeds?

What Dr. Dre, Eazy-E, Suge Knight, Ice Cube and others in the music and movie industry
did was to become wealthy through the glorification of the gangster lifestyle.

What is even more ironic is that most of these artists were never original gangsters (OGs). Some of NWA's members came from middle class families.

The cruel reality is that thousands of young men and women have been murdered in South Central Los Angeles. We will never know their names since they have been perceived as the disposable human beings of the 1980s. Many innocent civilians have also been the victims of the gang culture.

Crack cocaine and drug trafficking caused much chaos and violence in South Central.

I did not see it via the television or rap videos. I saw it firsthand, on a daily basis. And let me tell you – it was no Disneyland. It was serious business. Survival mode on a daily basis.

I am sure that "Straight Outta Compton" is entertaining and superficially touches on some serious issues that have not been resolved.

South Central continues to be rigged with poverty and violence. It is really not about investing billions of dollars – since it will mostly not trickle down to the most needy. Government and foundation programs usually benefit the recipients/staff of the funds and not the community members who are struggling on a daily basis to provide food, clothing and shelter to their children. Sufficient jobs have not been created in South Central. Try finding a job in South L.A.

Some claim progress by obtaining funding and building shiny, state-of-the-art buildings or community centers. Do these community centers hire or create jobs for the thousands of needy community members that live in South Central?

A comprehensive plan has not been developed nor implemented. If you drive around Compton, Watts and South Central Los Angeles, you still see the chronic poverty. Yes, you will find more fast-food restaurants and tons of churches. But you will still see the dilapidated housing and crumbling small businesses that exist on a day-to-day basis.

What continues to thrive is drug trafficking and sales. It is an underground economy that destroys lives and helps perpetuate poverty.

Some think that medicinal marijuana is a luxury and now many show off that they inhale it with fancy pipes. Especially since it is a booming business for smart entrepreneurs who have the capital to invest in the drug trade.

But the reality is that thousands of young people go beyond smoking or inhaling medicinal marijuana. They are sold serious drugs that destroy the brain and other vital organs in the body. It is mainly black and Latino youth that consume these toxic and murderous drugs. Many act and walk like zombies. They lose a sense of reality and they commit horrendous crimes to obtain money for their livelihoods or to buy more drugs.

"Straight Outta Compton" was and is a Hollywood creation. The reality is much different for the community members who are truly stuck or trapped in these poverty-stricken areas.

Let us not glorify what we have not experienced firsthand.

Let's change the title of the song since we should be talking "Straight Outta of Reality." Let's not buy into the hype that Hollywood sells us. Let us continue to work toward social justice and to continue fighting to expose the truth. 'Cause the truth shall set you free.

Ertll is the author of the novel "The Lives and Times of El Cipitio" and "Hope in Times of Darkness: A Salvadoran American Experience."

Sacramento Bee
Ethnic studies should go nationwide
September 18, 2015

When I was growing up in California, I never read a book in school by a Latino writer. Now, at long last, that situation is set to change for the state's schoolchildren.

Gov. Jerry Brown has an opportunity to sign a bill into law that "would require the superintendent to oversee the development of, and the state board to adopt, a model curriculum to ensure quality courses in ethnic studies." It would be a historic day if Brown indeed assents, since it would provide a great example for other states.

Ironically, the ban on ethnic studies a few years ago in Arizona actually invigorated the ethnic studies movement in other states. Texas, for instance, is moving toward a statewide ethnic studies curriculum in its public schools.

Just a handful of major book publishers have cornered the textbook market in the nation's schools. Minority writers are most often left out.

More than 50 million Latinos now live in the United States. Latino students need to encounter writing that speaks to them. Books that include diverse characters and that reflect the lives of these kids can get them reading and give them a sense of belonging, in school and in society at large.

For instance, it would be amazing if a school district in Los Angeles or Washington, D.C., would adopt books that talk about the experiences of Salvadoran-Americans, the community I belong to. Central Americans (a grouping that includes Salvadoran-Americans) are the second-largest U.S. Latino population after Mexican-Americans, but books related to the Central American experience are virtually invisible in public schools. Salvadoran-American students are in great numbers in public schools in California, Virginia, Maryland and Washington, D.C., but they almost never get to read books about their community.

We need to push for ethnic studies to be adopted nationwide. Our students deserve to read books that speak to their diverse experiences and viewpoints, something I never got to do in school. By taking the lead, Brown, the governor of a state that is on the leading edge of a national demographic shift as the proportion of Latinos grows, can set an example for the rest of the United States.

Randy Jurado Ertll (www.randyjuradoertll.com) is the author of "Hope in Times of Darkness: A Salvadoran American Experience" and other books.

Las Vegas-Sun

Pope setting an example we should pray changes hearts, minds
October 7, 2015

Pope Francis has helped countless Catholics regain and reclaim their faith.

He stands up for the most ignored in society. He loves to hang out with the poor. He washes the feet of the destitute. He spends time with people who have leprosy. In doing all this, he is following Jesus Christ's example.

And he speaks truth to power. The pope is the world's best spokesperson on environmental and immigration issues. The challenge is for politicians in the United States and other world leaders to respond with real action.

The United States, Europe, India, China and other global powerhouses are the biggest polluters on the planet. And a number of countries have contributed to creating the instability that has caused the current refugee crisis.

The pope is teaching the world that greed destroys our environment.

"A selfish and boundless thirst for power and material prosperity leads both to the misuse of available natural resources and to the exclusion of the weak and disadvantaged," he said in his speech to the United Nations. "Economic and social exclusion is a complete denial of human fraternity and a grave offense against human rights and the environment."

Immigrants and refugees are suffering throughout the world, and Pope Francis is setting a great example that we have to "love thy neighbor."

He is nudging the United States to advance on immigrant rights. It would be a momentous occasion if Congress were to favorably respond.

On the environmental front, the United States can set an example to the rest of the world by adopting the major resolutions that will be proposed at the climate conference taking place in Paris at the end of this year.

Let all of us -- Catholic and otherwise -- pray for Pope Francis to be successful in his quest to truly change "hearts and minds" on the environment and immigrant rights. We cannot afford to wait any longer.

Randy Jurado Ertll (www.randyjuradoertll.com) is the executive director of the California Latino Environmental Advocacy Network, or CLEAN, and author of "Hope in Times of Darkness: A Salvadoran American Experience" and other books.

Randy Jurado Ertll has published columns in the following over 100 major newspapers:
Los Angeles Times, San Diego Union-Tribune, Houston Chronicle, Sacramento Bee, Winnipeg Free-Press from Canada, Business Mirror from the Phillipines, Gulf Today from United Arab Emirates, La Prensa Grafica from El Salvador, La Opinion, The Progressive Magazine (Progressive Media Project), The Atlanta Journal-Constitution, Pasadena Star-News, News & Observer, Korean Daily News, The Olympian, Pasadena Weekly, Daily News, HOY, San Gabriel Valley News Tribune, Tri-City Herald, News and Observer, The Seattle Times, Whittier Daily News, Rochester Post Bulletin, Augusta Chronicle, The Times, The Vindicator, The Norman Transcript, Daily News, The Pantagraph, Merced Sun-Star, The Jewish Journal-Boston North, Savannah Now, Fresno Bee, The Hour, Columbus Telegram, Spokesman Review, The News-Herald, The Gardner News, North New Jersey, Washington Times, Las Vegas Sun, Reporter News, North Iowa, The Pantagraph, The Iola Register, Sentinel Source, The Monitor, Argus Leader, Northwest Georgia News, Appeal-Democrat, Real Clear Politics, Kearney Hub, My Statesman, North Iowa Today, Press of Atlantic City, The Derrick, Youngstown News – Vindy.com, Salt Lake Tribune, El Diario La Prensa in New York, La Raza in Chicago, San Luis Obispo County Telegram-Tribune, El Mensajero in San Francisco, La Prensa in Orlando, Hoy Nueva York, Rumbo in Houston, Press Reader –Rome News-Tribune, Long Beach Press-Telegram, Arcamax, My Dayton Daily News, Times-Herald Online, Appeal-Democrat, Vallejo Times-Herald, The Sentinel, New America Media, Jewish Journal, Huffington Post, The Leader, Scranton Times-Tribune, The Record – North Jersey, La Prensa-

283

San Diego, The Daily Democrat, The Washington Times, The Sun, Lexington Herald- Leader/Kentucky.com, DailyMe.com, The Bellingham Herald, The Californian, The Island Packet, The Salt Lake Tribune, Pasadena Sun, Free Lance-Star, Times Union, SentinelSource, Dayton Daily News, The Palm Beach Post, The Press Telegram, The San Bernardino County Sun, Redlands Daily News, Daily Item, Visalia Times-Delta, Redlands Daily Facts, Monterey County Herald, Carroll County Times, Eastern Group Publications-EGP, Inland Valley Daily Bulletin, Daily Hampshire Gazette, Hispanic Link, Daily Item, Bradenton Herald, The Abilene Reporter-News, Santa Maria Times, The Daily Bulletin, Austin American-Statesman, Journal-News, Missoulian, Springfield News Sun, Gloucester County Times, Wyoming Tribune Eagle, South Jersey Times – Today's Sunbeam, The Daily Breeze, South Florida Sun Sentinel, The Salinas California and others that may not have been identified.

www.ingramcontent.com/pod-product-compliance
Lightning Source LLC
Chambersburg PA
CBHW021853020426
42334CB00013B/304